2020年度 ［第2回］

日本留学試験 試験問題

聴解 聴読解問題 CD付

Examination for Japanese University Admission for International Students

2020 [2nd Session]

はじめに

独立行政法人日本学生支援機構は、外国人留学生として、我が国の大学（学部）等に入学を希望する者について、日本語力及び基礎学力の評価を行うことを目的として、年に2回、国内外において日本留学試験（EJU）を実施しており、2020年の第2回目の試験は、11月8日（日）に実施されました。

本書には、日本留学試験の第2回（2020年11月8日実施分）に出題された試験問題が掲載されており、その構成・内容は次のとおりです。

1．本書は、本冊子とCD1枚から成っています。CDには、日本語科目の「聴解・聴読解」の音声が収録されています。

2．日本語科目の「聴解・聴読解」のスクリプト（音声を文章にしたもの）を掲載しています。

3．実際の試験問題冊子と解答用紙は、A4判です。ここに収められている試験問題冊子と解答用紙は、実物より縮小してあります。

4．試験の出題範囲については、本書に「シラバス」として掲載しています。

試験問題の公開は、日本留学試験について受験希望者及び関係機関に広報するとともに、受験希望者の試験勉強の便宜をはかるために行うものであり、本書が国内外の多くの日本留学希望者の助けとなれば幸いです。

2021年1月

独立行政法人　日本学生支援機構（JASSO）

目　次

試験問題

日本語…… 7

記述問題　9　　聴読解問題　41
読解問題　13　　聴解問題　57

〈日本語版〉

理科…… 59

物理　61
化学　83
生物　99

総合科目……115

数学……137

数学コース１（基本コース）　139
数学コース２（上級コース）　153

〈英語版〉

Science ……167

Physics　169
Chemistry　191
Biology　207

Japan and the World ……223

Mathematics ……247

Mathematics Course 1 (Basic Course)　249
Mathematics Course 2 (Advanced Course)　263

解答用紙……276

参考資料……283

2020年度（令和２年度）日本留学試験実施要項　285
2020年度日本留学試験（第２回）実施地別応募者数・受験者数一覧　288
2020年度日本留学試験（第２回）試験会場一覧　289
日本語シラバス　290
理科シラバス　293
総合科目シラバス　304
数学シラバス　306
EJU Syllabus for Japanese as a Foreign Language　311
EJU Syllabus for Basic Academic Abilities (Science)　314
EJU Syllabus for Basic Academic Abilities (Japan and the World)　325
EJU Syllabus for Basic Academic Abilities (Mathematics)　327
聴読解問題スクリプト　332
聴解問題スクリプト　338

正解表　The Correct Answers……349

2020年度

日本留学試験（第２回）

試 験 問 題

The Examination

2020年度　日本留学試験

日本語

（125分）

I　試験全体に関する注意

1．係員の許可なしに，部屋の外に出ることはできません。

2．この問題冊子を持ち帰ることはできません。

II　問題冊子に関する注意

1．試験開始の合図があるまで，この問題冊子の中を見ないでください。

2．試験開始の合図があったら，下の欄に，受験番号と名前を，受験票と同じように記入してください。

3．問題は，記述・読解・聴読解・聴解の四つの部分に分かれています。
それぞれの問題は，以下のページにあります。

	ページ
記述	1～3
読解	5～31
聴読解	33～47
聴解	49～52

4．各部分の解答は，指示にしたがって始めてください。指示されていない部分を開いてはいけません。

5．足りないページがあったら手をあげて知らせてください。

6．問題冊子には，メモなどを書いてもいいです。

III　解答用紙に関する注意

1．解答は，解答用紙に鉛筆（ＨＢ）で記入してください。

2．記述の解答は，記述用の解答用紙に日本語で書いてください。
読解・聴読解・聴解の問題には，その解答を記入する行の番号 1 ，2 ，3 ，…がついています。解答用紙（マークシート）の対応する解答欄にマークしてください。

3．解答用紙に書いてある注意事項も必ず読んでください。

※　試験開始の合図があったら，必ず受験番号と名前を記入してください。

受験番号			*				*					
名　前												

記述問題

説明

記述問題は，二つのテーマのうち，どちらか一つを選んで，記述の解答用紙に書いてください。

解答用紙のテーマの番号を○で囲んでください。

文章は横書きで書いてください。

解答用紙の裏（何も印刷されていない面）には，何も書かないでください。

記述問題

以下の二つのテーマのうち，どちらか一つを選んで 400～500字程度で書いてください（句読点を含む）。

1．

ものの値段が安いことは，買う人にとってうれしいことです。しかし，値段が安いことは，良いことばかりではないようです。

値段が安いことの良い点と悪い点の両方に触れながら，ものの値段について，あなたの考えを述べなさい。

2．

最近，毎日の生活の中で，紙の使用を減らす動き（ペーパーレス化）が進んでいます。しかし，ペーパーレス化は，良いことばかりではないようです。

ペーパーレス化の良い点と悪い点の両方に触れながら，ペーパーレス化について，あなたの考えを述べなさい。

問題冊子の表紙など，記述問題以外のページを書き写していると認められる場合は，０点になります。

―――― このページには問題はありません。――――

読解問題

説明

読解問題は，問題冊子に書かれていることを読んで答えてください。

選択肢１，２，３，４の中から答えを一つだけ選び，読解の解答欄にマークしてください。

Ⅰ　筆者は，討論にはどのような態度で臨むべきだと言っていますか。 **1**

討論にとって有効な意見というのは，正しいかどうかできまるのではなくて，それが討論を発展させるかどうかできまる。ものの本に書いてあるような「正しい」ことを，いくら並べたところで，それが発展しないようでは，有効性はない。

とんでもない意見というのは，討論にはとてもよい。かりに，その意見の誤りがすぐにわかってしまっても，討論に新しい視角を与えることがよくある。ありふれた正しい意見より，とんでもない誤った意見のほうが，討論には有効なことが多いのだ。

しかし，誤るのをおそれていると，「正しい」意見ばかりを求めたくなる。正しいかどうか，わからぬことを言う勇気が，なかなか出ない。

こうしたとき，ちょっとした*ヤジウマ気分で，誤ってモトモトと，気楽に口出しすることにしたらどうだろう。その誤りがすぐにわかったところで，気にすることはない。もしも，きみをバカにするやつがいたら，それは討論のなんたるかを知らぬ人間だと，逆にそいつをバカにしてやればいいのだ。

（森毅『まちがったっていいじゃないか』筑摩書房）

＊ヤジウマ：自分には無関係なことに意見を言ったり騒いだりする人

1．「正しい」と思ったことは，反対されても堂々と主張するべきだ。

2．あやふやで間違っているかもしれない意見は，述べないほうがいい。

3．人の意見がわからないときは，わからないと言える勇気が必要だ。

4．正しいかどうかわからない意見でも，気軽に述べたほうがいい。

II　次のお知らせの内容と合っているものはどれですか。　**2**

清水湖の環境を守ろう！　ボランティア募集

清水湖にて清掃活動，外来植物駆除，環境講座を実施します。みなさん一緒に清水湖の環境保全に取り組みませんか。

1．日時：20XX年 4 月27日（土）9:00～16:00
2．活動場所：午前…清水湖東岸　午後…東町公民館
3．集合場所：山里大学　図書館前
4．集合時間：9:00（大学への帰着は15:30頃の予定）
5．活動内容：午前…清水湖東岸での外来植物駆除活動及び清掃活動
　　　　　　午後…清水湖を守る会の方からの話「環境問題について考える」
6．参加費：1,500円（往復貸切バス・昼食代として）
7．服装・持ち物：汚れてもいい服装，長靴，帽子，雨具
8．保険：ボランティアセンターで加入いたします（支払不要）。
9．申込方法：下記いずれかの方法で申し込んでください。
　・窓口申込→山里大学ボランティアセンター（月～土　9:00～17:00）
　・メール申込→件名は「清水湖ボランティア参加希望」とし，本文に「氏名，学籍番号，携帯電話番号，メールアドレス」を書いて，以下のメールアドレスに送信してください。
　　メールアドレス　volunteer@×××××.jp
　・募集人数：30名（参加希望者が30名を超えた場合は抽選を行います。）
　・申込締切：4 月10日（水）17:00まで

山里大学ボランティアセンター

1．参加希望者が多い場合でも，早く申し込めば参加できる。
2．大学から活動場所までの交通費は参加費に含まれている。
3．清水湖を守る会の人の話を聞いた後，外来植物駆除活動を行う。
4．参加者は当日大学のボランティアセンター前に集合する。

III　筆者は，どのような司会者がイベントにおけるよい司会者だと述べていますか。 **3**

イベントの司会者の仕事は，言うまでもなく，出演者とやりとりをしながら彼らの魅力を引き出したり，プログラムの紹介をしたりして，そのイベントを順調に進行させることだ。だが，よい司会者はただの進行役ではない。

テレビ番組で，一つの問題について様々な分野の専門家がそれぞれの立場から情報を提供したり，見解を述べたりしたとしよう。それが正しい内容でも，一般の視聴者にとってはわかりにくかったり，納得いかなかったりすることがある。こんな場合，司会者が「それって，どういうことなんですか」とか「そうはいっても，普通はこういう風に考える人が多いんじゃないでしょうか」などと質問をしたらどうだろう。多くの視聴者が「自分も今そう思っていたんだ」と共感し，番組により引き込まれるのではないだろうか。

イベントでも同じである。参加者が出演者に聞きたいであろう質問をし，その答えが得られたなら，参加者は満足するはずだ。参加者の気持ちを代弁する司会者は，会場を一つにする。そして見知らぬ参加者同士が話を始め，場が和んでくる。これは成功するイベントに共通する現象だ。

（テリー植田『誰も教えてくれないイベントの教科書』本の雑誌社　を参考に作成）

1．参加者の知りたい答えを出演者から聞き出し会場を一体化させる司会者
2．出演者やプログラムに突然の変更があってもうまく対応できる司会者
3．自分がプロであるという自覚をもって仕事をしている司会者
4．進行役であるだけでなく，自分の意見を積極的に発言できる司会者

IV　下線部「ハッとした」のはなぜですか。 **4**

小学校の遠足や子ども会のイベントで，子どもたちをバスに乗せて移動することはよくある。教師や世話役の大人たちは，その移動中の車内で，子どもたちのためにみんなで楽しめるようなゲームや遊びを行ったりする。そのレクリエーションが終わったとたん「もう遊んでもいいですか」と子どもから言われてハッとした，という話を聞いた。

子どもにとって遊びというのは，友だちに遊ぼうと声をかけ，何をしたいかを言い合い，どうやってそれを決めるかも自分たちで話し合うことから始まるものだ。バスの中で大人の指示を受けてそのとおりにやるレクリエーションは，彼らが思っている遊びとは少し違っていたというわけだ。

（神代洋一『楽しいバスレクアイデアガイド④似顔絵リレーほか』汐文社　を参考に作成）

1．レクリエーションが終わったことを，子どもたちに伝え忘れたことに気づいたから
2．大人が主導したレクリエーションが，子どもたちには遊びでなかったと気づいたから
3．子どもたちがレクリエーションを早く始めたいと思っていることに気づかなかったから
4．大人が準備した遊びの方法を，子どもたちが理解できていなかったとわかったから

Ⅴ　次の文章で，筆者の意見として最も適当なものはどれですか。　**5**

外国人が多く訪れる土産物店や飲食店などでのクレジットカード対応はすでに進んでいるところも多くありますし，おそらくこれからも順調に対応が進んでいくものと思われます。

問題は観光地以外の地域の*キャッシュレスの推進だと個人的には感じています。これからより**FIT化が進み外国人の訪問先が多様化する上でも重要ですし，今後は住む人のためにもキャッシュレス化を進める必要があると考えられます。それも地方ほどです。

その理由は，今後は***ATMが地方部から減少すると想定されるためです。ATMを維持するためには一定以上の利用件数があり採算が取れることが条件となりますが，人口減少により厳しい状況になることが予想されるからです。そうした意味では地方に住む，特に高齢者をいかに取り込めるかがキャッシュレス推進のカギを握るのではないでしょうか。

…（略）…

ではどうすれば地域のキャッシュレス化は進むのでしょうか。

日本人が現金主義なのは，電子決済やクレジットカードなどはお金の動きが見えないことや，スキミングなどの犯罪に対する不安感が大きな理由のひとつだと言われています。こうした不安を払しょくするためには，サービスを正しく理解して適切に使用できるようにする以外の解決策はないように感じます。

（相澤美穂子「地域のキャッシュレス化を推進するために」日本交通公社
https://www.jtb.or.jp/column-photo/column-photo-column-cashless-society-aizawa/）

*キャッシュレス：現金を使わないで支払いをすること

**FIT化：個人での海外旅行が多くなること

***ATM：現金自動預け払い機。預金通帳やキャッシュカードで現金が引き出せる機械

1．地方のキャッシュレス化を進めるためには，ATMを撤去していく必要がある。
2．外国人が多く訪れる観光地のキャッシュレス化を早急に推進すべきだ。
3．キャッシュレスの推進よりクレジットカード犯罪の取り締まり強化を優先すべきだ。
4．キャッシュレス決済を安心して使用できるようにするための取り組みが必要だ。

VI　筆者が，下線部「安全性バイアスは必要だ」と考える理由として，最も適当なものはどれですか。　**6**

近年，防災関係者が「安全性バイアス」という言葉をよく使います。「自分は災害には遭わない」とか「万一災害に遭ったとしても，自分だけは助かる」といった根拠のない安心感を指すようです。安全性バイアスがあるから，災害への危機感が薄れ，その結果，防災教育が広がらないという指摘もあります。

しかし，安全性バイアスは必要だと私は考えています。

もし私たちが，明日災害が起こって自分や家族が死ぬかもしれないと怯(おび)えながら暮らすとしたらどうでしょうか。…（略）… そんなことをいつも思っていては，私たちの心は疲れ果ててしまいます。

安全性バイアスは，私たちの心が必要以上に疲れないように守ってくれる安全弁のような機能を持っているとは考えられないでしょうか。

もちろん，だからといって，災害に対して*能天気であっていいわけではありません。災害多発国日本に暮らす以上，やはり，自然へのアンテナは高く上げておきたいものです。災害の怖さを徹底して教えることで安全性バイアスを取り除くのではなく，安全性バイアスという機能があることを知って，それとうまく付き合っていけばいいのです。

（諏訪清二『防災教育の不思議な力――子ども・学校・地域を変える』岩波書店）

＊能天気：何事も深く考えない様子

1．災害に対する備えをしなくてすむから
2．防災教育が社会に普及しやすいから
3．過剰な心配をしなくてすむから
4．災害に遭う危険が減るから

VII　下線部「ここで問題になるのは」とありますが，筆者が問題だと思っていることはどれですか。 **7**

これまでに発見されたバクテリアのサイズは，もっとも小さいものでも0.2マイクロメートル以上です。そのため，食品業界や医薬品業界で使用する除菌フィルターの目の大きさも，0.2マイクロメートルが一般的でした。加熱による滅菌ができないものに関しては，その除菌フィルターを使って雑菌の侵入を防いでいます。

ところがオリゴフレキシアは，0.2マイクロメートルの除菌フィルターを通り抜けられることが，私たちの研究で判明しました。もしこんなサイズのバクテリアがどこにでも当たり前にいるとしたら，もっと目の細かい除菌フィルターを使わなければなりません。

しかし<u>ここで問題になるのは</u>，「バクテリアはどこまで小さくなれるのか」です。オリゴフレキシアは0.2マイクロメートルより小さくなるので現在のところ最小サイズ級ですが，もっと小さいものがいるかもしれません。そして，仮にそういうバクテリアが見つかったとしても，それが最小とはかぎらない。可能性はいくらでもあるので，「いちばん小さいバクテリア」の最終解答を得るのはとても困難です。

でも，「原理的にこれ以上は小さくなれない」という下限があることが証明できれば，それより小さい生物はいないと断言できるでしょう。これは，実用的な意味で重要なだけでなく，生物学そのものにおけるきわめて興味深いテーマです。

（長沼毅『辺境生物はすごい！』幻冬舎）

1．オリゴフレキシアを通さないフィルターが開発できるかどうかということ
2．除菌フィルター以外にバクテリアの侵入を防げるものがあるかどうかということ
3．オリゴフレキシアを除菌する医薬品が開発できるかどうかということ
4．最小のバクテリアがどのくらいの大きさなのかわからないこと

VIII　次の文章で，筆者が最も言いたいことはどれですか。 **8**

「……室での会談を終えて出てきた××議員を記者団が取り囲んで，結果について次々に質問をぶつけると，議員は一瞬絶句したあと，複雑な表情を浮かべた……」

では，「複雑な表情」とは，どんな表情なのであろうか。喜んでいるのか悲しんでいるのか，怒っているのか，冷静でいるのか。なんとも判断できない表情というものは確かにある。であるなら，たとえば，「表情から結果を推測することはできなかった」と書けばいい。わたし自身の貧しい経験から言えば，表情をなんとか正確に表現しようと努めるよりは，便利な「複雑な表情」を，つい用いてしまう。観察はおろそかでも，なんとか記事の体をなしてくれるというのが，常套語（じょうとうご）の「利点」なのだ。

もうおわかりいただけると思う。常套語を無批判に使えば，物ごとの本質に目が向かなくなってしまう。

常套語は，表現力の乏しさの，一つの表れであるだけではなく，物の見方のすべてを，常套語ふうにしてしまう。決まりきった，いい古された物の見方しかできなくなってしまう。

（轡田隆史『就職・転職にいきる文章術』角川書店）

1．常套語（じょうとうご）を使うと，物ごとを的確に表現できる利点がある。
2．常套語（じょうとうご）は，文章の体裁を整えるのに便利である。
3．常套語（じょうとうご）に頼ると，物ごとの本当の姿がとらえられなくなる。
4．常套語（じょうとうご）を多用するのは，語彙（ごい）が少ない証拠である。

IX　筆者は，反省するときにはどうするのがいいと述べていますか。　**9**

何かを反省するとき，注意したいのは，反省しすぎてネガティブになってしまうことだ。「あれもできない」「これもダメだ」と反省点ばかり見えてしまって，鬱々（うつうつ）とした状態から抜け出せなくなる。大切なのは「いまの状態がどうまずいのか」「それをどうしたらいいのか」「いまできることは何なのか」，整理することだ。

堂々めぐりしているようなら，紙と鉛筆を用意する。そしてひとつひとつ問題を書き出していく。

たとえばテストの点数が悪くて，「ああ，もうダメだ」とパニックになりそうになったら，「いまの状態がどうまずいのか」「それをどうしたらいいのか」「いまできることは何なのか」ひとつずつ紙に書いていくのだ。

「いまのままだと就職試験に落ちてしまう」「落ちたらどうするか」「別の会社に入って一番をめざそう」「そのためにいまからちゃんと準備しておこう」でもいいし，「何としてもこの会社に入りたい」「いまは一日二時間しか勉強していないから，倍の四時間勉強する」「そのためには他の時間を短くしないといけない」などとやるべきことが見えてくる。

このように細かく区切ってやるべきことをあげていくと，鬱々と落ち込まずに，先の展望が見えてくる。

（齋藤孝『おとな「学問のすすめ」』筑摩書房）

1．落ち込まずに，すぐに失敗は忘れるようにする。

2．問題点，改善案などを書き出し，対策を見つける。

3．問題点を一人で考えず，他の人に助言をもとめる。

4．考えてばかりいないで，すぐに再挑戦してみる。

X　次の文章で筆者は，音楽文化について何と述べていますか。　**10**

激動する国際社会のなかで民族という言葉がキーワードの一つとなり，諸民族の音楽文化もこれまでになく広く関心をもたれるようになってきた。また新しいテクノロジーの発達やインターネットなど最新のメディアとコミュニケーションの普及が時間と空間の隔たりをへらし，世界の音楽文化を一層*ハイブリッドでグローバルな性格のものにしつつある。そのような中で人々の音楽への嗜好もいままでになく多様化してきている。

一方，社会全体に目を向ければ，いたるところで国際理解の重要性が叫ばれ，多様な価値を認めつつ，人間と社会をより広い視野からとらえていこうとする気運が高まっている。そんな中にあって，世界の音楽文化も異文化理解の手がかりとしてその重要性をましてきた。学校の教材にアジアやアフリカの音楽が取りあげられはじめたのもそのような時代の流れを端的にあらわしている。いまや諸民族の音楽文化への関心の高まりとそれに関する教育の必要性は社会的な事実になったとさえ言えるだろう。

（柘植元一他編『はじめての世界音楽』音楽之友社）

＊ハイブリッド：混成

1．自国の音楽文化を大切にすべきだ。
2．世界の音楽文化は時間と空間によって隔てられている。
3．音楽文化の理解は異文化を知るためのいい方法である。
4．現代の教育現場では音楽文化への関心が低い。

このページには問題はありません。
次のページに進んでください。

XI　次の文章を読んで後の問いに答えなさい。

人間にとって個性の追求はなぜ必要なのか。それは，人間が人生に幸福を求め続ける存在であることと不可分である。人間が幸福であろうと願うのは最も基本的な自然の欲求である。そして，近代以降は，人間の幸福を個人の幸福ととらえるようになった。一人ひとりの人生はみなそれぞれ違う人生であり，何を幸福とみなすかは，人それぞれに固有のものである。誰(だれ)であろうと，他人が自分の幸福を決められない。自分が自分らしくあることではじめて幸福は得られるという考え方である。人間は生きている限り，個性を追求し続ける。

個性の追求が保障される社会とはどんな社会だろうか。それを人と人の間の関係として見れば，お互いに自由であることが前提となる。他人から束縛されずに，自分のことは自分の意思で決めるということである。しかし，「人間同士の*絆(きずな)」という観点から見れば，個性の追求にとって，一見，絆を維持する秩序は<u>矛盾するものに見える</u>。人間と人間の絆を維持するために作った秩序が，もし，個性を制限したり押さえたりすることになるとしたら，「秩序」は外からの強制となり，苦痛を我慢しなければならない厄介者になってしまう。しかし，社会のルールを定める法の目的は強制や制限にあるのではない。幸福の実現こそ法の目的であるはずである。だとすれば，一人ひとりの幸福を実現するために，個人のそれぞれの生き方を尊重しなければならない。それを社会のルールとして定着させることは，個人を尊重し，個人の自由を保障する制度を作るということである。

（土岐茂「第一編　秩序と法」土岐茂他『人間と法〔改訂版〕』北樹出版）

＊絆：家族・友人などの結びつきをつなぎとめているもの

問1　下線部「矛盾するものに見える」とはどのようなことですか。　**11**

1．絆（きずな）を維持する秩序は，個性の追求を妨げるように見えること
2．絆（きずな）を維持する秩序は，社会のルールと一致しないように見えること
3．絆（きずな）を維持する秩序は，人間と人間を対立させるように見えること
4．絆（きずな）を維持する秩序は，人を束縛しないように見えること

問2　筆者の考えと合っているものはどれですか。　**12**

1．幸福を実現するためには，苦痛や我慢も必要である。
2．法の秩序から逃れることで，個人の幸福は実現する。
3．法は，人間が自由に作ることができるものである。
4．法は，個人が幸福になるためのものである。

XII　次の文章を読んで後の問いに答えなさい。

魚にも口があり，舌がある。しかし，魚の舌は私たちのように味覚器官としての発達はせずに，ものを喉(のど)の奥に押しこむための道具であり，また，かたい，やわらかいという食べ物の舌触りを感じる役割に徹している。

味覚を受けとめる感覚細胞（味細胞）は味蕾(みらい)と呼ばれる。私たちの舌の上にある味細胞を顕微鏡で観察すると花の蕾(つぼみ)に似ているために名づけられたという。魚の場合にはこの味蕾が舌の上ではなく，口の中に分布している。また唇や顔のまわりといった身体の表面にも分布しているのが特徴である。水そのものが味物質を含み，味覚刺激をもたらすことを考えると，水中生活へのすばらしい適応である。特に，コイやドジョウ，ナマズ，ヒメジといった魚のヒゲはすぐれた味覚器官となっており，水底を移動しながらこれを動かしてエサを探すために使われる。私たちが食べられないものを口の中に入れてしまうような心配なしに，口の外にある段階でエサの吟味を済ませてから口に入れるという安心な食べ方ができることになる。…（略）… ホウボウという魚の胸ビレにも味蕾が広く分布しており，広げた状態で海底をこすって味を調べるようにできている。

（有元貴文『魚はなぜ群れで泳ぐか』大修館書店）

問１　魚の舌の説明として，最も適当なものはどれですか。 **13**

1．食べ物の味を感じ，喉(のど)の奥に押しこむことができる。
2．食べ物のかたさを感じ，喉(のど)の奥に押しこむことができる。
3．食べ物をやわらかくし，喉(のど)の奥に押しこむことができる。
4．食べ物の安全性を確認し，喉(のど)の奥に押しこむことができる。

問２　この文章によると，魚の，口以外の部分に分布している感覚細胞には，どのような役割があると考えられますか。 **14**

1．エサを口に入れる前に，消化しやすくする。
2．エサを探したり，味を感じたりする。
3．海底に潜む敵の存在を確かめる。
4．口の中では感じられない味覚を感じる。

XIII　次の文章を読んで後の問いに答えなさい。

2015年の調査によると，日本では一人暮らしの世帯が約三分の一を占めている。若年層では，晩婚化と未婚率の上昇がその一因である。一方，高齢者の場合，日本人の寿命，特に女性の寿命が延びたため，配偶者が亡くなったあと一人暮らしになる人が増えていると考えられる。

若年層を対象に一人暮らしのメリットをたずねると「時間，収入を自分の思うとおりに使える」，「部屋を自分の好みに合った空間にできる」などの答えが返ってきた。デメリットは「さびしい」，「何かあったときに不安だ」などの回答が多い。高齢者ではメリットの回答がない。デメリットは「夜一人でいると不安で眠れない」「家事が大変だ」などである。

この結果を見るとやはり高齢者の一人暮らしは孤独で不安だと納得してしまう。だが実は，高齢者対象の調査には，一人暮らしの楽しさを問う項目がないのだ。つまり調査を行う側が，その負の面にしか注目していないのである。

高齢者についても，若年層同様に一人暮らしの良い点があるはずだ。孤独や不安を解消する，あるいは軽減する方法を見つけていけるのではないだろうか。

（大久保恭子「シングルライフをより豊かに，楽しくする創造的な住まい」

アキュラホーム　住生活研究所編著『変わる暮らしと住まいのかたち』創樹社　を参考に作成）

問１　日本で，高齢者の一人暮らし世帯が増えた理由として，筆者が指摘していることはどれですか。 15

1．離婚率が上がって，一人暮らしが増えたこと
2．結婚しない人，結婚が遅い人が増えたこと
3．一人暮らしがしやすい社会になったこと
4．夫の死後，妻が長生きする場合が多くなったこと

問２　筆者が問題だと考えていることはどれですか。 16

1．若年層の多くが自由さばかりを重視していること
2．高齢者は一人暮らしのメリットを感じることができないこと
3．若年層が高齢者と同じような不安を感じているということ
4．高齢者の一人暮らしのメリットには目がむけられていないこと

XIV　次の文章を読んで後の問いに答えなさい。

*江戸時代の人々の日常から見ると，現代日本（および世界）は「消え去らないゴミにあふれ続ける場所」である。そのゴミで人類は窒息するだろう。

江戸時代は江戸という都市が急激にふくれ上がって世界最大の人口を抱えたとき，すでに生活廃棄物や人間の排泄物（はいせつぶつ）や，さまざまなものを燃やした後の灰を，土の中で分解して肥料に転換する技術とシステムをもっていた。川や海に流すことを禁止し，土に入れて分解するのである。肥料についての詳細な解説本も刊行されており，それによると髪や爪，風呂の残り水，魚の洗い水などあらゆる生活廃棄物を肥料に使っていた。土中の微生物が分解してくれるのであれば，何ら人工的なエネルギーを使わなくとも循環は可能で，（　A　）衣食住を生み出す植物に養分として吸収されてこの世に戻ってくる。取引や運搬をされる際には，そこに金銭のやりとりが生じ，それが経済をまわす。現代のようにゴミを出す方が支払うのではなく逆だったので，不法投棄が生まれない。取引は**下肥問屋に代表されるような問屋制度でおこなわれ，循環が経済の外ではなく内側に位置した。

（田中優子「降りる」岩波書店編集部編『これからどうする――未来のつくり方』岩波書店）

＊江戸時代：1603～1867年までの約260年間。江戸は現在の東京

＊＊下肥問屋：人の排泄物を肥料にしたもの（下肥）を取り次ぐ業者

問１　（　A　）に入るものとして，最も適当なものはどれですか。　**17**

1．ところが
2．ただし
3．ところで
4．しかも

問２　江戸時代の江戸におけるゴミ処理について，この文章の内容と合っているものはどれですか。　**18**

1．ゴミはみな肥料になったので，売買の対象になっていた。
2．ゴミを出す側が処理費用を負担するシステムが成立した。
3．現代と同様に，あらゆるゴミの運搬から処理までを公的機関が行った。
4．ゴミが少なかったので，川や海に流してもすべて分解された。

XV　次の文章を読んで後の問いに答えなさい。

気をつけていないと，日常生活の責任のことですぐ腹をたててしまう。いったん気分が落ち込むと，一日にやるべきことが一千件もあるんじゃないかと思ってしまう。もちろん気分がいいときは，その数字は半減する。

考えてみると，自分がやることや果たすべき責任のことは簡単に思い出せるからふしぎだ。でも，同時に，私の妻が日常やっていることはすぐに忘れてしまう。なんて都合がいいんだろう！

自分がやるべきすべてのことをチェックしつづけていると，なかなか充足した人にはなれない。だれがなにをやるのか，どっちが多くやるのか，そんなことばかり考えていると憂鬱(ゆううつ)になるだけだ。じつは，これこそが「小さなこと」なのだ。ゴミを出すのはだれの番かとあれこれ考えるより，自分でさっさと出して家族の責任を一つでも減らしてやったほうが，もっと人生は楽しくなる。

この戦略にたいして強い反論があるだろう。そんなことをしたら利用されるだけだ，と。

それは，自分の正しさを主張するべきだというのと同じようなまちがいだ。ほとんどの場合，自分の正しさは重要ではなく，あなたがほかの人たちより何度か多くゴミを出すのも重要ではない。

ゴミ出しみたいな小さいことにくよくよするのをやめれば，本当に重要なことについやす時間とエネルギーがつくり出せるというものだ。

（リチャード・カールソン著　小沢瑞穂訳『小さいことにくよくよするな！』サンマーク出版）

問１　下線部「この戦略」とは何をすることですか。正しいものを一つ選びなさい。 19

1．自分がやるべきすべてのことをチェックし続けること
2．自分と妻のどちらが多くやるべきことをやっているか考えること
3．家族の誰がやるべきかは考えずに，自分がさっさと作業すること
4．自分が正しいと主張し続けること

問２　この文章の内容と合っているものはどれですか。 20

1．気分によって，やるかどうかを決めるべきではない。
2．お互いに，やることの量を平等にすることは重要なことだ。
3．やると約束したことなら，小さいことでもやるべきだ。
4．ささいなことにこだわらず，大切なことに力を入れるべきだ。

XVI　次の文章は，日本の森林について書かれています。文章を読んで後の問いに答えなさい。

森林には天然林と人工林があり，それぞれの面積は天然林が約1300万ha，人工林が約1000万haとなっています。

天然林とは，地面に落ちた種が発芽したり，あるいは根元や切り株から自然に芽が出たり（萌芽（ほうが））して育った森のことです。「天然」と言っても人の手がまったく入っていないというわけではなく，例えば，*薪や**炭を得るために人が利用し続けてきた里山も天然林に含まれます。森の機能を高めたり，種子の発芽を促したりするために一部の木を伐採するというように人手をかけて整備される天然林もあります。人の手がまったく入らずに更新が繰り返されてきた天然林は原生林と呼ばれますが，人々の暮らしが森と深く関わってきた日本では，本当の原生林はそう多くはありません。

一方，人工林とは，おもに木材の利用を目的として，人が苗木を植えたり，挿し木をしたりして人工的につくる森のことです。単一の樹種が植え育てられる場合が多く，スギやヒノキ，アカマツ，カラマツといった針葉樹がよく選ばれます。

かつての日本は，森林の多くが天然林でした。しかし，1960年代前後の高度経済成長期にエネルギー革命で薪や炭が使われなくなり，その一方で建築用木材の需要が大幅に増加したことを受け，天然林を伐採して人工林に植え替える拡大造林が盛んに進められました。その結果，自然の姿の森が多く失われましたが，<u>豊富な木材資源が蓄えられることになりました</u>。

（赤堀楠雄『図解入門　よくわかる　最新　木材のきほんと用途』秀和システム）

＊薪：火をつけるのに使う細長い木

＊＊炭：燃料として使うために，木を炭化させて黒くしたもの

問１　森林の種類について，筆者の説明と合っているものはどれですか。 **21**

1．「天然林」のうち，単一の樹種が集まっている森林が「原生林」である。
2．「天然林」の中には，「里山」や「原生林」が含まれている。
3．「原生林」とは，「天然林」と「里山」を合わせたものである。
4．「原生林」のうち，人の手が入っていない森林が「天然林」である。

問２　下線部「豊富な木材資源が蓄えられることになりました」とありますが，それはどうしてですか。 **22**

1．植林によって利用価値のある森林が人工的に多く作られたから
2．燃料としての木材の需要が大幅に高まり人工林が増えたから
3．外国から様々な建設資材用の樹種を輸入して植林したから
4．自然を保護して増やす活動が盛んになり天然林が増えたから

XVII　次の文章を読んで後の問いに答えなさい。

元旦から３日間，パソコンもケータイも，ついでにテレビ，ラジオもすべてシャットアウトしました。活字以外の情報を断つことによって，それまでパソコンのネットサーフィンで２時間，３時間と費やすような情報漬けの生活から抜けだすことができました。

私は26歳のときに禁煙し，それ以来タバコに手を出していません。30年ほど前には，ある寺に籠もって１週間断食をやったこともあります。禁煙や食べ物を断ったときの空腹感に比べると，情報断食は案外簡単でした。

しかし食べ物を永久に断つことが不可能なように，情報も永続的にシャットアウトできるものではありません。完全な情報断絶は不可能です。ネットは現代社会で生きていくために欠かせないものになっています。

私の「書く」という仕事にもネットは必要不可欠です。せめて仕事に関係すること以外のネット接続を，きっぱりやめてしまえばいいのですが，これまたむずかしい。パソコンをつけると，ついネットに手が出てしまいます。愛煙家が火のついたタバコを目の前に，「さあ禁煙だ」というようなものです。

そこで３日間の情報断食の後に，１日，２日の短い情報断ちを，月に１回，２回やることにしました。すると，いつのまにか，かつてのように野放図にネットにアクセスするということが減っていきました。ネットのアクセスを，ある程度コントロールすることができるようになったといっていいかもしれません。…（略）…

情報断食をやってしばらくすると，私はテレビの解説番組で情報断食をテーマに話をしたり，新聞にその記事を書いたりしました。すでにそのころになると，情報断食という言葉をそこかしこで耳にするようになっていました。どこの誰がいいだしたのか分かりませんが，デジタル情報一辺倒の流れに，多くの人が危機感や問題点を意識していたのでしょう。

私たちは情報へのアクセスをコントロールする必要があります。なぜなら，ほんとうに必要なのは大量の情報を入手し処理することではなく，それを咀嚼して自分の思いや考えに役立てることなのですから。人は情報にアクセスして，その上っ面を通りすぎただけなのに，それで満足してしまいがちです。多くの情報に接すると，なんだかそれだけで賢くなった気になる。それは大いなる幻想にちがいありません。

（藤原智美『スマホ断食――ネット時代に異議があります』潮出版社）

問1　筆者は，現在どのように情報と向き合っていますか。　23

1．1か月に数日はテレビやネットなどを使わない。
2．毎月1日からの1週間を完全にネットを使わない週とする。
3．1年のうちで完全にネットを使わない月を数か月決める。
4．仕事に関係することだけに限定してネットを使う。

問2　筆者は，自身の体験から，ネットへのアクセスについてどのように感じていますか。　24

1．努力すれば，人はネットをずっと使わないで生きていける。
2．仕事に関わりのないネット接続は容易にあきらめられる。
3．ネットをどの程度使うかは，自分の意志で調節することが可能だ。
4．ネットへのアクセスが制限されるのは問題だ。

問3　筆者の考えと合っているものはどれですか。　25

1．現代社会では，大量の情報を入手し処理する力をのばす必要がある。
2．手に入れた情報を自分にとって有意義に使うことが重要である。
3．多くの情報に接すると，人はそれだけ賢くなれる。
4．現代社会で最も必要なのは，多くの情報が集められることである。

―――― このページには問題はありません。――――

聴読解問題

説明

聴読解問題は，問題冊子に書かれていることを見ながら，音声を聴いて答える問題です。

問題は一度しか聴けません。

それぞれの問題の最初に，「ポーン」という音が流れます。これは，「これから問題が始まります」という合図です。

問題の音声の後，「ポーン」という，最初の音より少し低い音が流れます。これは，「問題はこれで終わりです。解答を始めてください」という合図です。

選択肢１，２，３，４の中から答えを一つだけ選び，聴読解の解答欄にマークしてください。

１番の前に，一度，練習をします。

聴読解問題

練習

学生がコンピュータの画面を見ながら先生の説明を聞いています。学生は今，画面のどの項目を選べばいいですか。

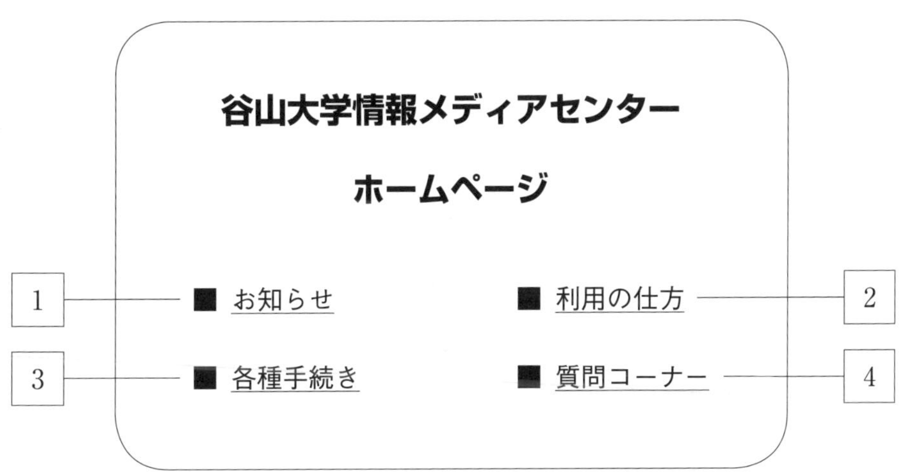

1番

女子学生と男子学生が，消費スタイルについての図を見ながら自分たちの場合について話しています。この男子学生が話している経験は，図のどの項目に当てはまりますか。

1

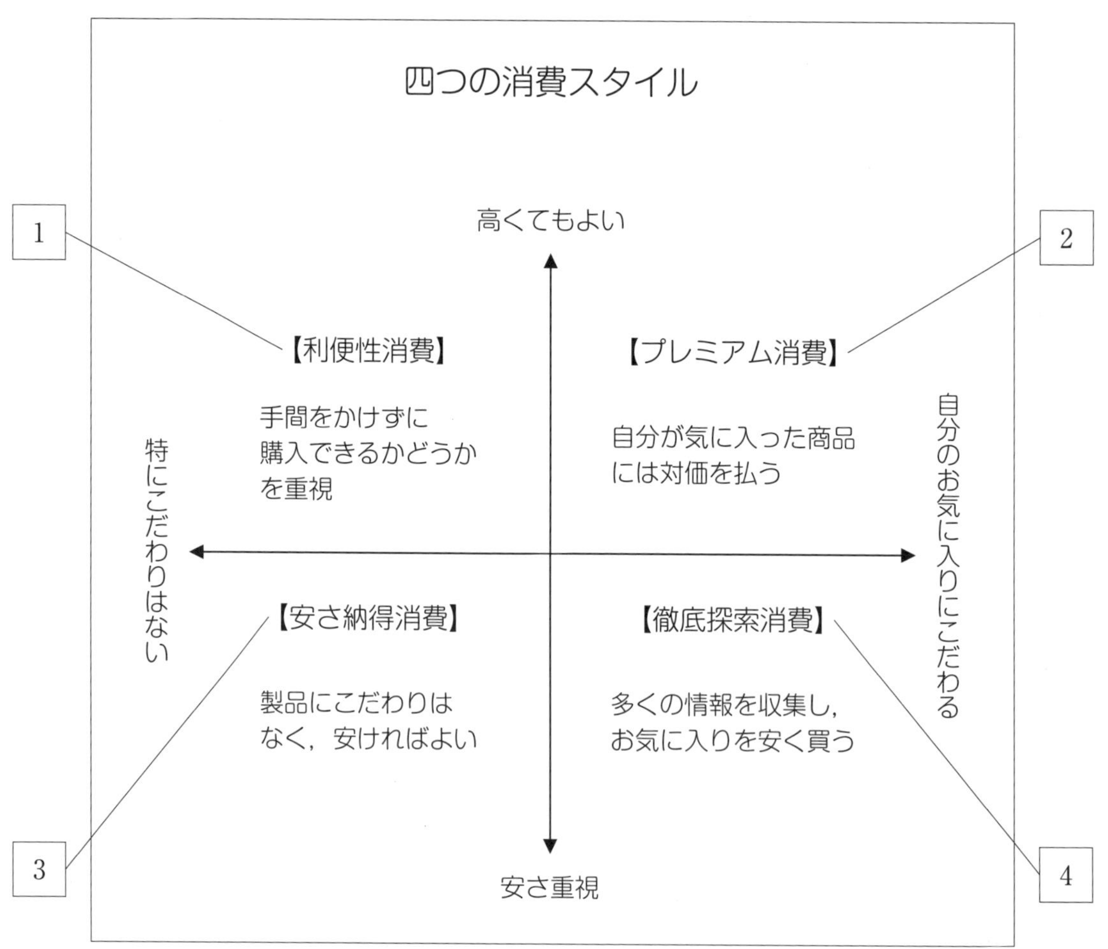

（野村総合研究所　松下東子・日戸浩之・濱谷健史
『なぜ，日本人はモノを買わないのか？』東洋経済新報社　を参考に作成）

2番

先生が，人と人との間で行われるモノのやりとりの相互性について，資料を見せながら説明しています。この先生の質問に対する答えはどれですか。 **2**

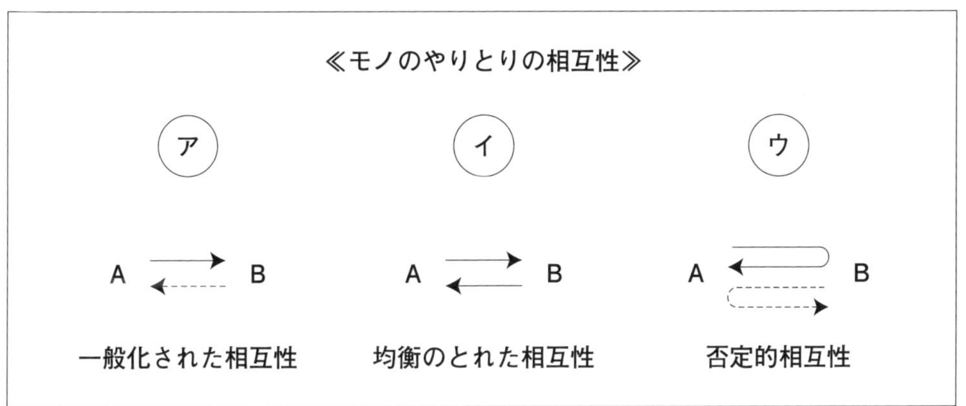

（マーシャル・サーリンズ著　山内昶訳『石器時代の経済学』法政大学出版局　を参考に作成）

1．アの関係
2．イの関係
3．ウの関係
4．ア～ウ以外の関係

3番

生物学の先生が，ある実験について話しています。魚が体をこする行動をしたのはどの場合ですか。 **3**

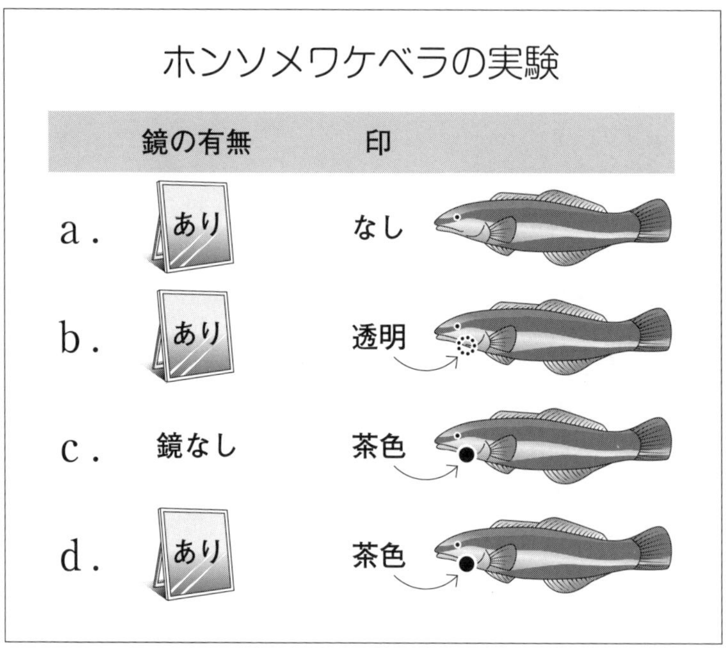

(「魚だって鏡に映った自分がわかる」『NEWTON 2019年5月号』ニュートンプレスを一部改変)

1. a，b，d
2. b，c，d
3. c，d
4. d

4番

先生が,「おかゆ」を冷凍した実験について話しています。この先生は,「おかゆ」を冷凍して保存するのに適した条件はどれだと言っていますか。 **4**

おかゆを冷凍保存する条件

温度	形	重量	
−20℃	シート状	100g	……A
		200g	……B
	かたまり	100g	……C
		200g	……D
−40℃	シート状	100g	……E
		200g	……F
	かたまり	100g	……G
		200g	……H

（貝沼やす子「粥の冷凍保存を可能とする保存条件の検討」『日本家政学会誌』第57巻第12号を参考に作成）

1．A，C
2．B，D
3．E，G
4．F，H

5番

試験問題として成立していますが，
出版上の都合により本問題の掲載はいたしません。

6番

男子学生と女子学生が，救急車の有料化について話しています。この男子学生は，最後に資料のどの意見に賛成しましたか。 **6**

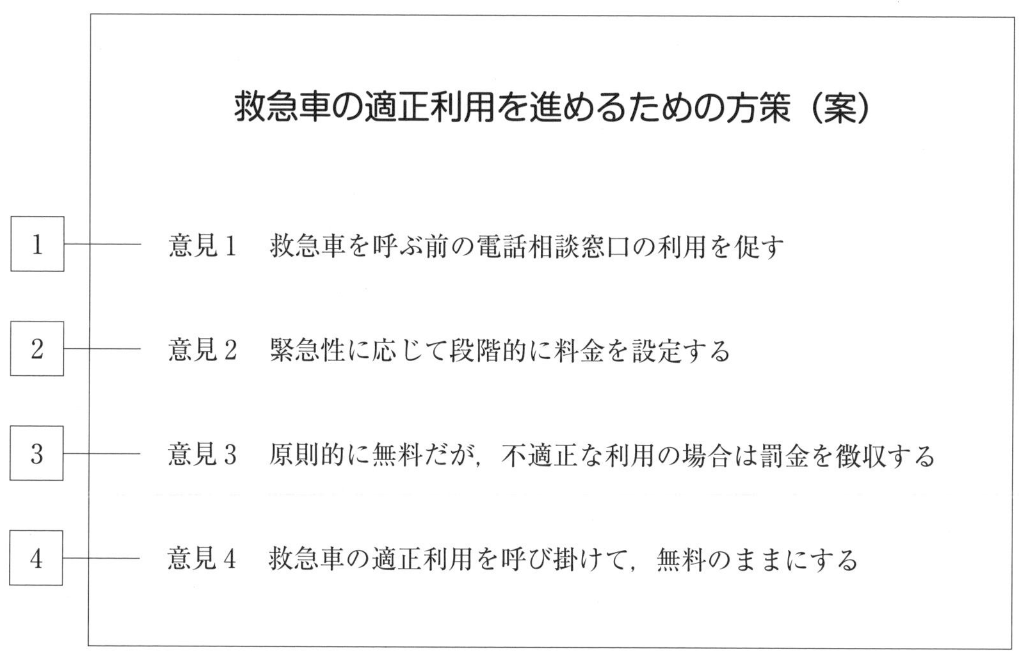

救急車の適正利用を進めるための方策（案）
1
意見１　救急車を呼ぶ前の電話相談窓口の利用を促す
2
意見２　緊急性に応じて段階的に料金を設定する
3
意見３　原則的に無料だが，不適正な利用の場合は罰金を徴収する
4
意見４　救急車の適正利用を呼び掛けて，無料のままにする

（「大学１年生の化学（北里大学・野島高彦）」
http://takahikonojima.hatenablog.jp/entry/2014-thu-12　を参考に作成）

7番

先生が，チームで仕事をするときのリーダーの役割について話しています。この先生の話によると，リーダーが最も力を入れるべきなのは，図のどのサポートだと言っていますか。 **7**

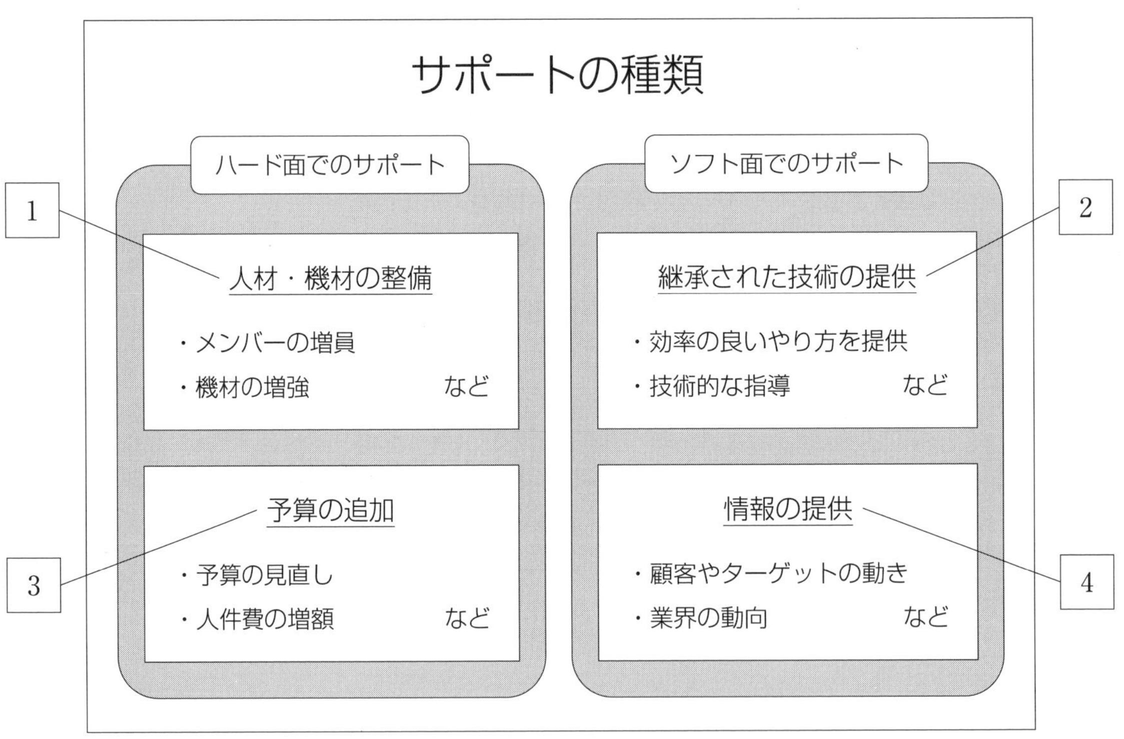

（日本能率協会マネジメントセンター『仕事が早くなる！計画力＆習慣力』 を参考に作成）

8番

先生が，ツチハンミョウという虫について話しています。この先生の話によると，この虫の成長過程で死ぬ確率が最も高いのは，どの段階ですか。 **8**

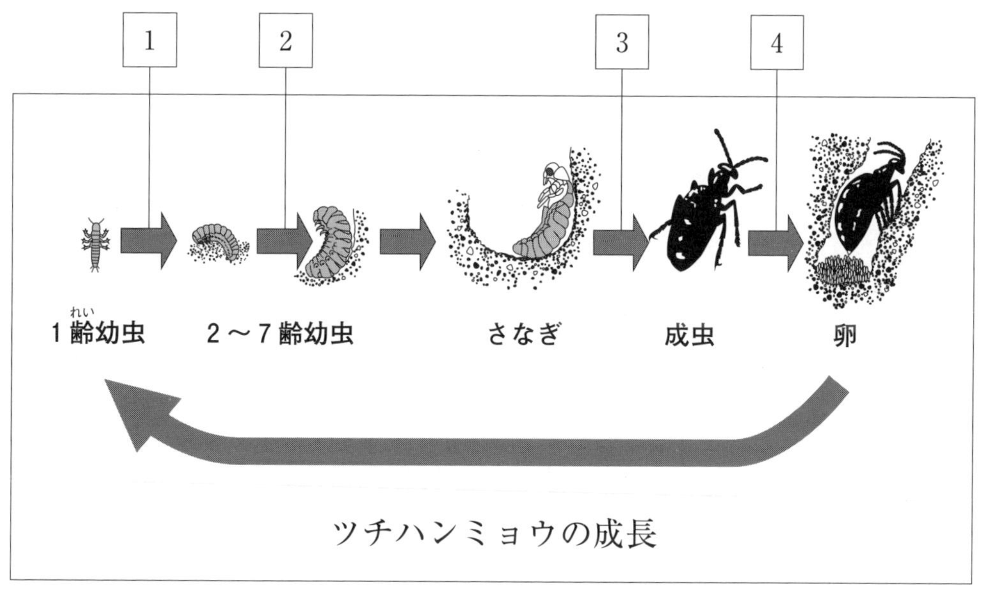

（岡島秀治監修『徹底図解　昆虫の世界』新星出版社　を参考に作成）

9番

先生が，プレゼンテーションのための視覚資料の作成について説明しています。この先生が挙げた例では，視覚化の種類のうち，どれに問題があったと言っていますか。 **9**

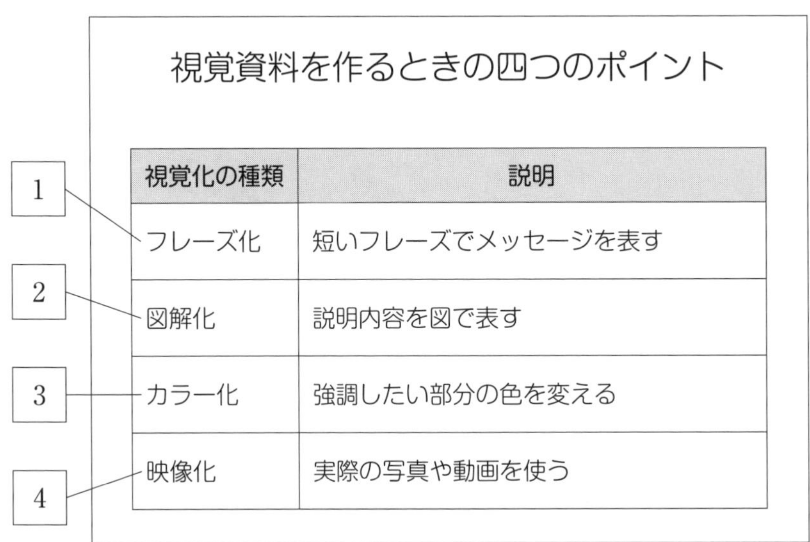

視覚化の種類	説明
フレーズ化	短いフレーズでメッセージを表す
図解化	説明内容を図で表す
カラー化	強調したい部分の色を変える
映像化	実際の写真や動画を使う

（池内健治・高澤圭一『30時間アカデミック　プレゼンテーション＋PowerPoint2007/2010』実教出版　を参考に作成）

10番

先生が，広告の効果を上げるための戦略について話しています。この先生が最後に挙げる例は，図のどの戦略が成功したと言えますか。 **10**

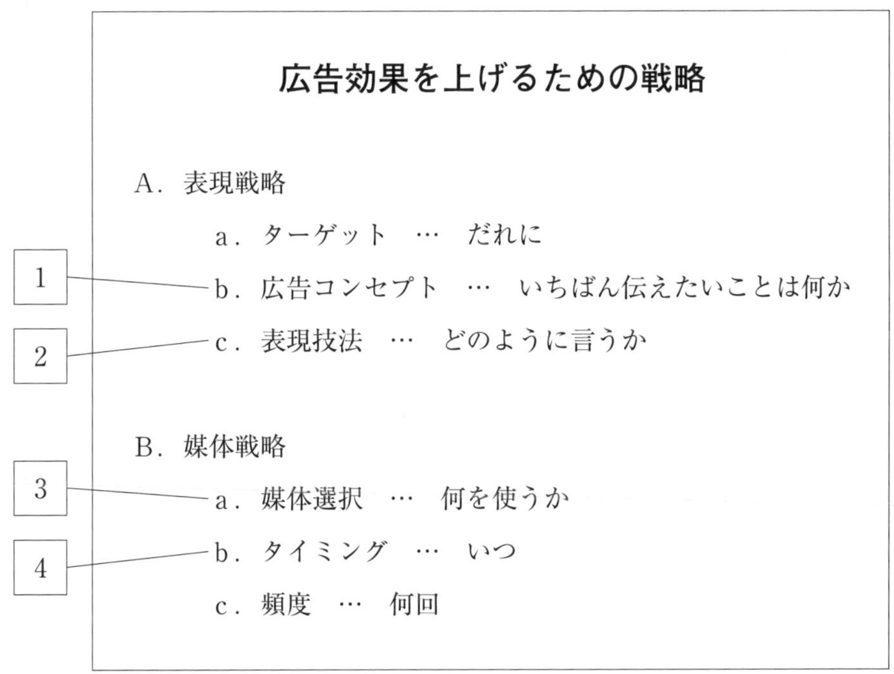

(嶋村和恵「第３章　広告計画の流れと目標設定」嶋村和恵他著　小林太三郎他監修『新版　新しい広告』電通　を参考に作成)

11番

先生が，日本国内での大豆と米の生産量の関係について説明しています。この先生の話によると，米の生産量が増加したのは大豆生産量のグラフのどの部分に対応しますか。

11

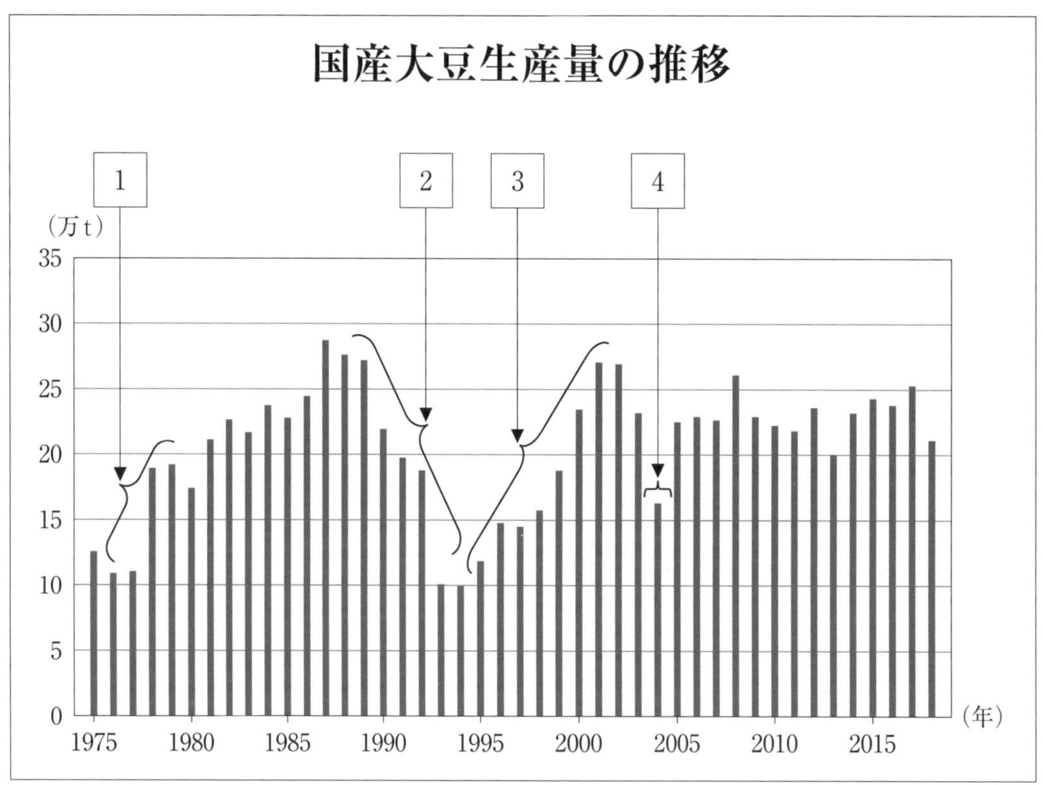

（青山隆『豆腐入門』日本食糧新聞社，農林水産省　「大豆関連データ集　過去の生産実績」を参考に作成）

12番

先生が授業で，CCライセンスについて話しています。この先生が最後にする質問の答えはどれですか。 **12**

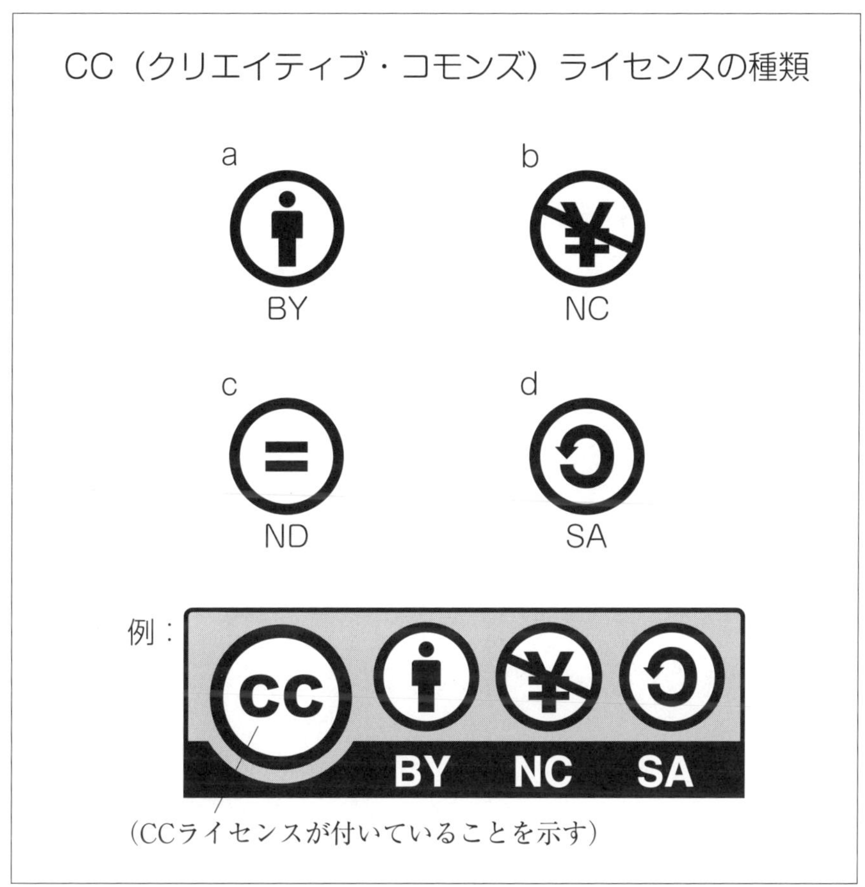

（クリエイティブ・コモンズ・ライセンス　https://creativecommons.jp/licenses/，
デイリー法学選書編修委員会『著作権法のしくみ』三省堂　を参考に作成）

1．作品名を表示しない
2．元のものとは異なるCCライセンスを付ける
3．営利目的で使用する
4．元の作品に手を加えて使用する

――― このページには問題はありません。―――

聴解問題

説明

聴解問題は，音声を聴いて答える問題です。問題も選択肢もすべて音声で示されます。問題冊子には，何も書かれていません。

問題は一度しか聴けません。

このページのあとに，メモ用のページが３ページあります。音声を聴きながらメモをとるのに使ってもいいです。

聴解の解答欄には，『正しい』という欄と『正しくない』という欄があります。選択肢１，２，３，４の一つ一つを聴くごとに，正しいか正しくないか，マークしてください。正しい答えは一つです。

一度，練習をします。

この問題冊子を持ち帰ることはできません。

— メ　モ —

2020年度　日本留学試験

理　科

（８０分）

【物理・化学・生物】

※　３科目の中から，２科目を選んで解答してください。

※　１科目を解答用紙の表面に解答し，もう１科目を裏面に解答してください。

Ⅰ　試験全体に関する注意

1．係員の許可なしに，部屋の外に出ることはできません。

2．この問題冊子を持ち帰ることはできません。

Ⅱ　問題冊子に関する注意

1．試験開始の合図があるまで，この問題冊子の中を見ないでください。

2．試験開始の合図があったら，下の欄に，受験番号と名前を，受験票と同じように記入してください。

3．各科目の問題は，以下のページにあります。

科目	ページ
物理	1　～　21
化学	23　～　37
生物	39　～　53

4．足りないページがあったら，手をあげて知らせてください。

5．問題冊子には，メモや計算などを書いてもいいです。

Ⅲ　解答用紙に関する注意

1．解答は，解答用紙に鉛筆（ＨＢ）で記入してください。

2．各問題には，その解答を記入する行の番号 **1**，**2**，**3**，…がついています。解答は，解答用紙（マークシート）の対応する解答欄にマークしてください。

3．解答用紙に書いてある注意事項も必ず読んでください。

※　試験開始の合図があったら，必ず受験番号と名前を記入してください。

受験番号			*				*						
名　　前													

物理

「解答科目」記入方法

解答科目には「物理」,「化学」,「生物」がありますので，この中から2科目を選んで解答してください。選んだ2科目のうち，1科目を解答用紙の表面に解答し，もう1科目を裏面に解答してください。

「物理」を解答する場合は，右のように，解答用紙にある「解答科目」の「物理」を○で囲み，その下のマーク欄をマークしてください。

<解答用紙記入例>

解答科目 Subject		
物 理 Physics	化 学 Chemistry	生 物 Biology
●	○	○

科目が正しくマークされていないと，採点されません。

I　次の問い **A**（問1），**B**（問2），**C**（問3），**D**（問4），**E**（問5），**F**（問6）に答えなさい。ただし，重力加速度の大きさを g とし，空気の抵抗は無視できるものとする。

A　次の図のように，密度が一様でない細い棒（長さ L，質量 M）の両端に鉛直上向きの力をそれぞれ加えて棒を水平に保った。このとき，棒の左端に加えた力の大きさは f であった。棒の左端から棒の重心Gまでの距離を x とする。

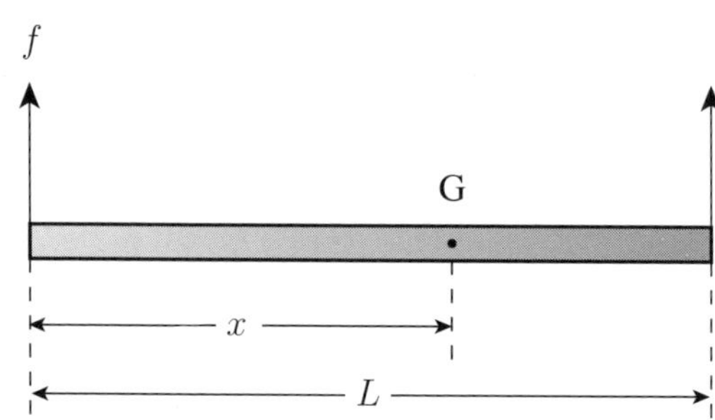

問1　$\dfrac{x}{L}$ はどのように表されるか。正しいものを，次の①～⑥の中から一つ選びなさい。 **1**

① $\dfrac{Mg}{f}$　② $\dfrac{f}{Mg}$　③ $\dfrac{Mg}{f}-1$

④ $1-\dfrac{f}{Mg}$　⑤ $\dfrac{f}{Mg-f}$　⑥ $\dfrac{f}{Mg+f}$

B　次の図のように，上面が水平で滑らかな台車の上に，ばね定数 30 N/m のばねが台車の運動方向と平行になるように置かれている。ばねの一端は台車の右の壁に固定され，他端には質量 0.5 kg の小物体が付けられている。台車は水平面上を図の右向きの速度をもって直線運動していて，一定の加速度（加速度の大きさ 3 m/s^2）で減速している。このとき，台車に対して小物体は静止していた。

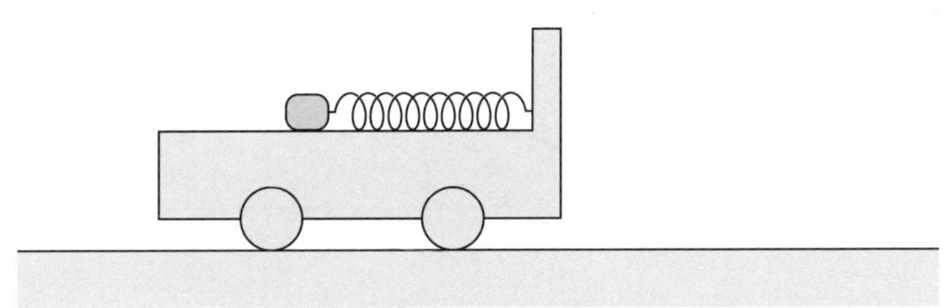

問2　ばねの長さは自然長からどれだけ変化していたか。最も適当なものを，次の①～⑥の中から一つ選びなさい。　**2**

①　0.03 m 縮んでいた　②　0.05 m 縮んでいた　③　0.1 m 縮んでいた

④　0.03 m 伸びていた　⑤　0.05 m 伸びていた　⑥　0.1 m 伸びていた

C　ある速度で運動している物体に，時刻 $t = 0$ s から時刻 $t = 3.0$ s の間，物体の速度と同じ向きの力を加えた。その力の大きさ F は次の図のように変化していた。

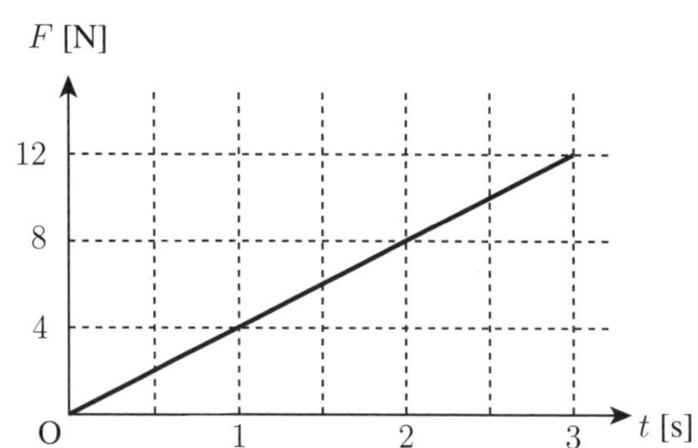

問3　$t = 0$ s から $t = 3.0$ s の間に物体の運動量の大きさはどれだけ変化したか。最も適当な値を，次の①～⑥の中から一つ選びなさい。　**3** kg·m/s

①　2.0　　②　4.0　　③　8.0　　④　9.0　　⑤　18　　⑥　36

D　次の図のように，摩擦のある水平な床の上で，静止している小物体Aに小物体Bがある速さで衝突した。Aの質量とBの質量は等しい。衝突後，Aは床の上を距離 L_A だけすべって静止し，Bは床の上を距離 L_B だけすべって静止した。AとBの間の反発係数を e とする。Aと床の間の動摩擦係数と，Bと床の間の動摩擦係数は等しい。

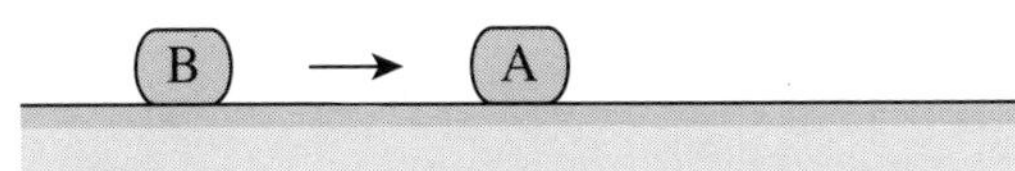

問4　$\dfrac{L_A}{L_B}$ はどのように表されるか。正しいものを，次の①～④の中から一つ選びなさい。　**4**

①　$\dfrac{1-e}{1+e}$　　②　$\dfrac{1+e}{1-e}$　　③　$\left(\dfrac{1-e}{1+e}\right)^2$　　④　$\left(\dfrac{1+e}{1-e}\right)^2$

E　長さLの軽くて伸び縮みしない糸の一端を天井に固定し，他端に小物体をつける。次の図のように，糸と鉛直方向とのなす角が60° の位置から小物体を静かにはなす。小物体は最下点に達した後，最下点より距離r上にある細い釘（くぎ）のまわりに半径rの円運動を始める。rがある長さRより大きくなると，小物体は釘の真上の位置まで円運動することができない。

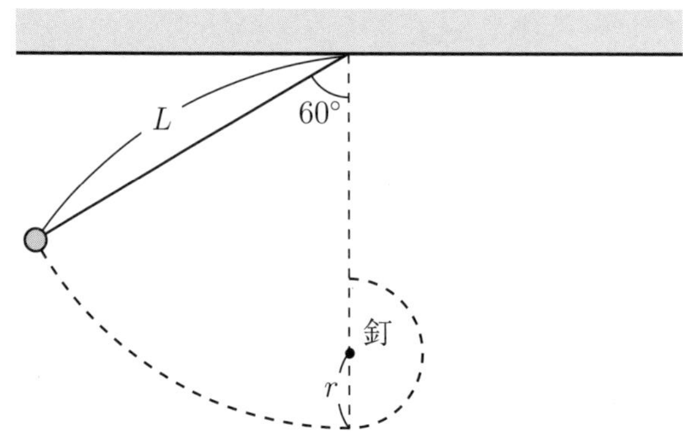

問5　$\dfrac{R}{L}$はいくらか。正しい値を，次の①～⑥の中から一つ選びなさい。　**5**

①　$\dfrac{1}{8}$　　②　$\dfrac{1}{6}$　　③　$\dfrac{1}{5}$　　④　$\dfrac{1}{4}$　　⑤　$\dfrac{1}{3}$　　⑥　$\dfrac{2}{5}$

F　人工衛星が地球の重心を1つの焦点とした楕円(だえん)軌道上を運動している。人工衛星が地球に最も近づいたとき，地球の重心と人工衛星の距離は地球の半径の5倍であった。また，地球に最も近づいたときの人工衛星の速さは，地球から最も遠ざかったときの人工衛星の速さの2倍であった。

問6　人工衛星が地球から最も遠ざかったときに，人工衛星が地球から受ける万有引力の大きさは，人工衛星が地球表面上にあったときに地球から受けていた万有引力の大きさの何倍か。最も適当な値を，次の①～⑧の中から一つ選びなさい。　**6** 倍

① 0　② $\frac{1}{500}$　③ $\frac{1}{250}$　④ $\frac{1}{100}$

⑤ $\frac{1}{50}$　⑥ $\frac{1}{25}$　⑦ $\frac{1}{10}$　⑧ $\frac{1}{5}$

II　次の問い **A**（問 1），**B**（問 2），**C**（問 3）に答えなさい。

A　温度 t，熱容量 150 J/K の容器に，10 °C の水 100 g を入れたところ，じゅうぶん時間がたった後，容器の温度は 0.0 °C になった。また，容器に入れた水の一部が氷となり，容器内は 0.0 °C の氷 5.0 g と 0.0 °C の水 95 g になった。水の比熱を 4.2 J/(g · K)，氷の融解熱を 330 J/g とする。外部との熱の出入りはないものとする。

問 1　t は何 °C か。最も適当な値を，次の①～⑥の中から一つ選びなさい。　**7** °C

① −54　　② −43　　③ −39

④ −21　　⑤ −17　　⑥ −4.0

B　次の図のように，断熱壁でできた容器の内部を，熱を通す移動しない壁で２つの領域に分ける。一方の領域に物質量 n_1[mol]，絶対温度 T_1 の単原子分子理想気体を入れ，他方の領域に物質量 n_2[mol]，絶対温度 T_2 の単原子分子理想気体を入れたところ，じゅうぶん時間がたった後，２つの領域の気体の絶対温度が等しくなった。このときの絶対温度を T_3 とする。ただし，$n_1 > n_2$，$T_1 > T_2$ とする。

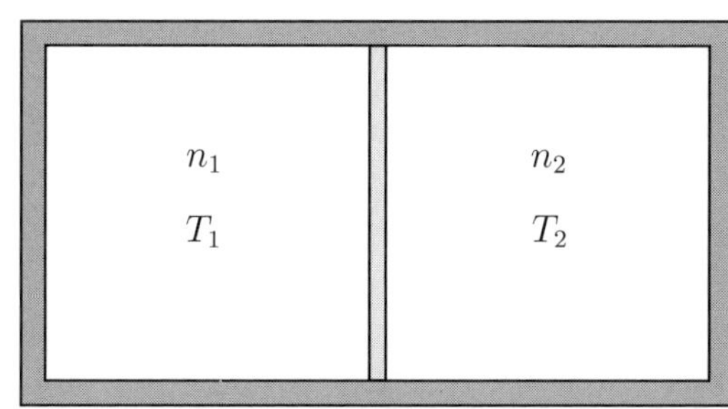

問２　T_3 はどのように表されるか。正しいものを，次の①～⑦の中から一つ選びなさい。 **8**

① $\dfrac{T_1+T_2}{2}$　② $\dfrac{T_1}{2}+\dfrac{n_2T_2}{2n_1}$　③ $\dfrac{T_1}{2}+\dfrac{n_1T_2}{2n_2}$

④ $\dfrac{n_1T_1}{2n_2}+\dfrac{T_2}{2}$　⑤ $\dfrac{n_2T_1}{2n_1}+\dfrac{T_2}{2}$　⑥ $\dfrac{n_1T_1+n_2T_2}{n_1+n_2}$

⑦ $\dfrac{n_2T_1+n_1T_2}{n_1+n_2}$

C　一定量の単原子分子理想気体をシリンダーの中に入れ，その状態を次の p–V 図のように，状態A→状態Bと変化させる過程（1），状態A→状態Cと変化させる過程（2），状態A→状態Dと変化させる過程（3），状態A→状態Eと変化させる過程（4）を考える。過程（1）と過程（3）は定圧変化，過程（2）と過程（4）は断熱変化である。

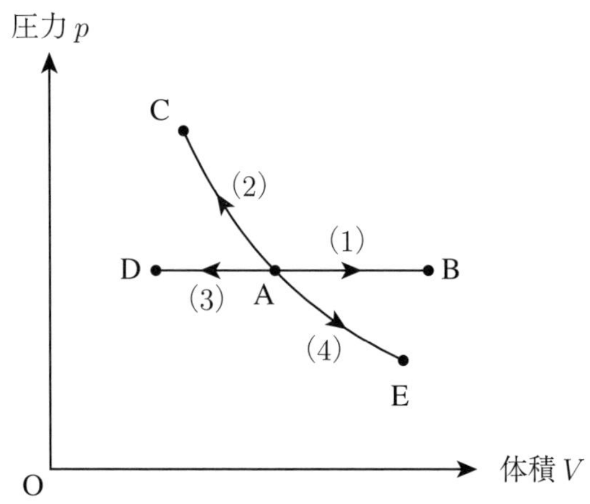

問3　過程（1）～過程（4）のうち，気体の内部エネルギーが減少する過程はどれか。正しいものを，次の①～④の中から一つ選びなさい。　**9**

①　過程（1）と過程（2）

②　過程（2）と過程（3）

③　過程（3）と過程（4）

④　過程（1）と過程（4）

III　次の問い **A**（問1），**B**（問2），**C**（問3）に答えなさい。

A　x 軸上を進む正弦波がある。図1は，この波の時刻 $t = 0$ s の時の媒質の変位 y と位置座標 x との関係を示したグラフである。図2は，$x = 0$ m の位置における y と t との関係を示したグラフである。

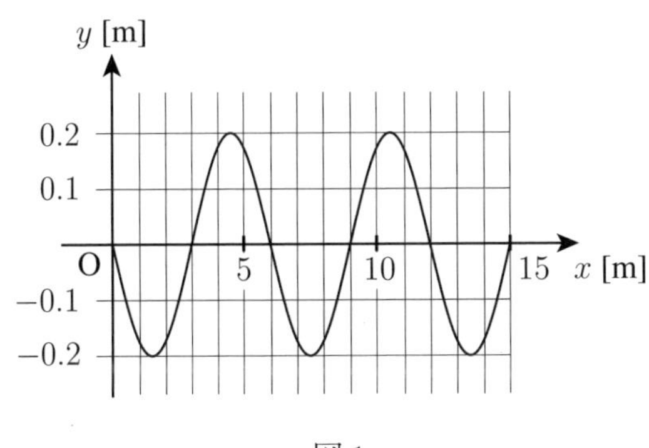

図1

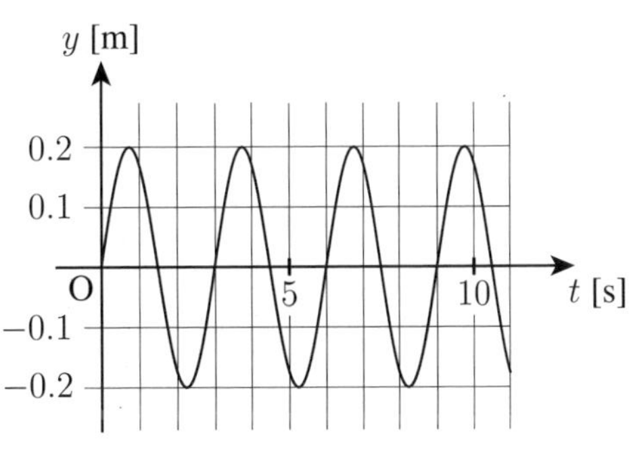

図2

問1　この正弦波は数式でどのように表されるか。最も適当なものを，次の①～⑧の中から一つ選びなさい。ただし，y と x の単位は m，t の単位は s である。　**10**

① $y = 0.2\sin\left(\dfrac{\pi}{3}t - \dfrac{2\pi}{3}x\right)$　　② $y = 0.2\sin\left(\dfrac{\pi}{3}t + \dfrac{2\pi}{3}x\right)$

③ $y = 0.2\sin\left(\dfrac{2\pi}{3}t - \dfrac{\pi}{3}x\right)$　　④ $y = 0.2\sin\left(\dfrac{2\pi}{3}t + \dfrac{\pi}{3}x\right)$

⑤ $y = 0.4\sin\left(\dfrac{\pi}{3}t - \dfrac{2\pi}{3}x\right)$　　⑥ $y = 0.4\sin\left(\dfrac{\pi}{3}t + \dfrac{2\pi}{3}x\right)$

⑦ $y = 0.4\sin\left(\dfrac{2\pi}{3}t - \dfrac{\pi}{3}x\right)$　　⑧ $y = 0.4\sin\left(\dfrac{2\pi}{3}t + \dfrac{\pi}{3}x\right)$

B　図1のように，弦の一端を固定し，その他端に質量 m_1 のおもりをつけ，弦を滑車にかけておもりをつるし，間隔 L_1 で固定した2つのこまの間に弦を水平に張る。こまの間の弦を基本振動させたところ，その振動数は f であった。次に，図2のように，おもりの質量を m_2 $(> m_1)$ に変え，2つのこまの間隔を L_2 に変え，こまの間の弦を基本振動させたところ，その振動数は f で変わらなかった。弦を伝わる波の速さは弦を引く力の大きさの平方根（$\frac{1}{2}$ 乗）に比例するものとする。

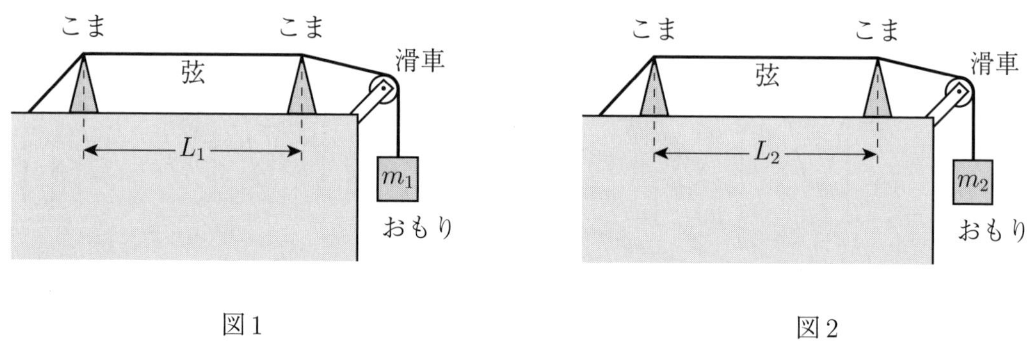

図1　　　　図2

問2　$\dfrac{L_2}{L_1}$ はどのように表されるか。正しいものを，次の①～⑦の中から一つ選びなさい。 **11**

①　$\left(\dfrac{m_1}{m_2}\right)^2$　　②　$\dfrac{m_1}{m_2}$　　③　$\sqrt{\dfrac{m_1}{m_2}}$　　④　1

⑤　$\sqrt{\dfrac{m_2}{m_1}}$　　⑥　$\dfrac{m_2}{m_1}$　　⑦　$\left(\dfrac{m_2}{m_1}\right)^2$

C　次の図のように，水，ガラス，空気が平行な境界面で接している。水中から光を入射させ，その入射角θを0から徐々に大きくしていったところ，θが小さいときはガラスと空気の境界面で屈折した光が空気中へ進んだ。しかし，θがθ_0より大きくなると，光はガラスと空気の境界面で全反射した。水の絶対屈折率を$\frac{4}{3}$，ガラスの絶対屈折率を$\frac{3}{2}$，空気の絶対屈折率を1とする。

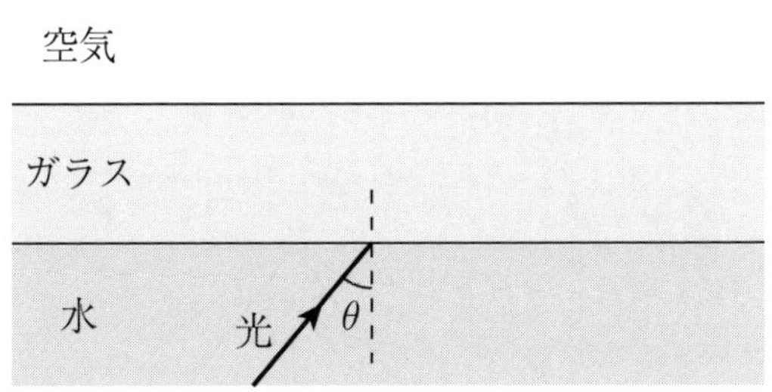

問3　$\sin\theta_0$の値はいくらか。最も適当な値を，次の①～⑦の中から一つ選びなさい。**12**

①　$\frac{1}{4}$　　②　$\frac{1}{3}$　　③　$\frac{1}{2}$　　④　$\frac{2}{3}$

⑤　$\frac{3}{4}$　　⑥　$\frac{4}{5}$　　⑦　$\frac{8}{9}$

IV　次の問い **A**（問1），**B**（問2），**C**（問3），**D**（問4），**E**（問5），**F**（問6）に答えなさい。

A　2本の長さℓの絶縁体の軽い糸の端に，2つの質量mの小球AとBをそれぞれつけた。Aに電気量q（>0）の電荷を，Bに電気量Q（$>q$）の電荷を与え，同じ点からつるしたところ，次の図のように，AとBは糸と鉛直線とのなす角がθの位置で鉛直面内で静止した。クーロンの法則の比例定数をk，重力加速度の大きさをgとする。

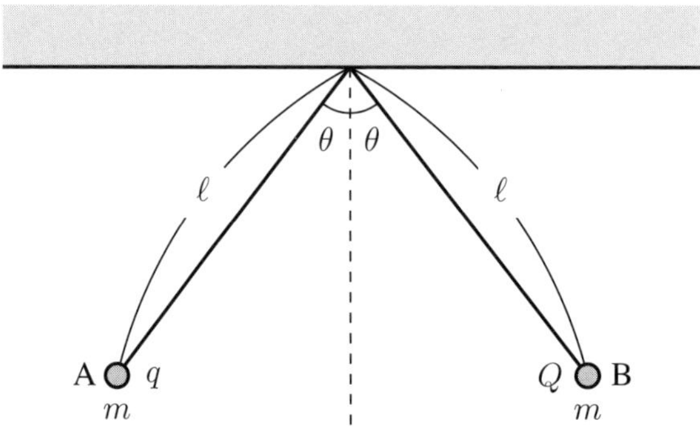

問1　Qはどのように表されるか。正しいものを，次の①～⑦の中から一つ選びなさい。 **13**

① $\dfrac{4mg\ell^2\sin\theta}{kq}$　② $\dfrac{4mg\ell^2\cos\theta}{kq}$　③ $\dfrac{4mg\ell^2\sin\theta\cos\theta}{kq}$

④ $\dfrac{4mg\ell^2\sin^2\theta}{kq\cos\theta}$　⑤ $\dfrac{4mg\ell^2\cos^2\theta}{kq\sin\theta}$　⑥ $\dfrac{4mg\ell^2\sin^3\theta}{kq\cos\theta}$

⑦ $\dfrac{4mg\ell^2\cos^3\theta}{kq\sin\theta}$

B　次の図のように，一辺の長さが a の立方体の頂点A，C，Hに電気量 Q（>0）の点電荷を固定し，頂点B，D，E，F，Gに電気量 $-Q$ の点電荷を固定した。無限遠を電位の基準とし，クーロンの法則の比例定数を k とする。

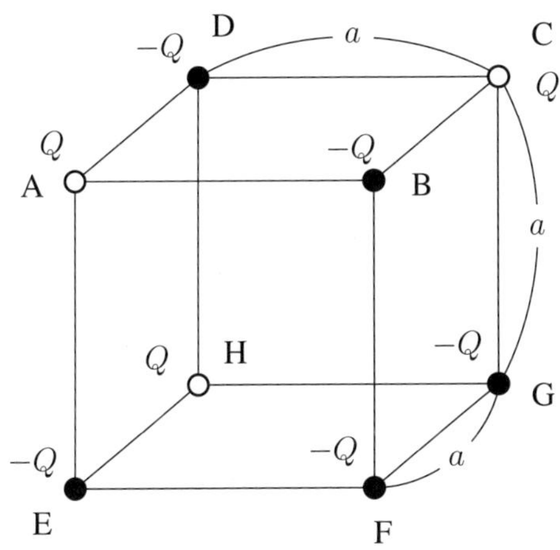

問2　立方体の中心（線分AGの中点）における電位はどのように表されるか。正しいものを，次の①～⑧の中から一つ選びなさい。 **14**

① $-\dfrac{2\sqrt{3}\,kQ}{3a}$　② $-\dfrac{4\sqrt{3}\,kQ}{3a}$　③ $-\dfrac{\sqrt{2}\,kQ}{a}$　④ $-\dfrac{2\sqrt{2}\,kQ}{a}$

⑤ $\dfrac{2\sqrt{3}\,kQ}{3a}$　⑥ $\dfrac{4\sqrt{3}\,kQ}{3a}$　⑦ $\dfrac{\sqrt{2}\,kQ}{a}$　⑧ $\dfrac{2\sqrt{2}\,kQ}{a}$

C　次の図のように，3つの電気容量Cのコンデンサーと起電力Vの電池と抵抗を接続し，3つのコンデンサーに電荷がない状態から，じゅうぶん時間をかけて3つのコンデンサーを充電した。回路中の点Pを電位の基準とする。

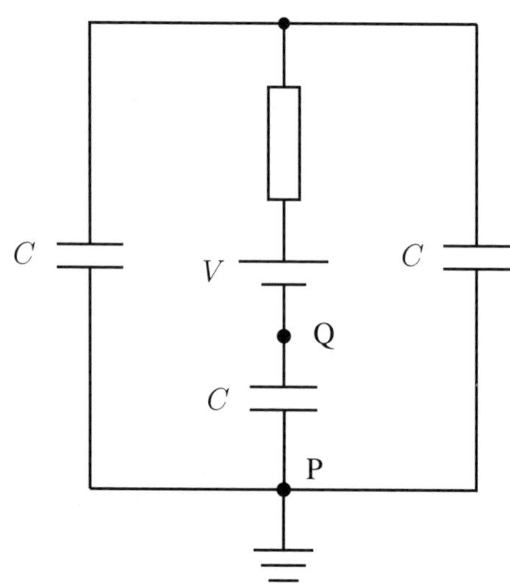

問3　回路中の点Qの電位はどのように表されるか。正しいものを，次の①～⑧の中から一つ選びなさい。　**15**

①　$-V$　　②　$-\frac{2}{3}V$　　③　$-\frac{1}{2}V$　　④　$-\frac{1}{3}V$

⑤　V　　⑥　$\frac{2}{3}V$　　⑦　$\frac{1}{2}V$　　⑧　$\frac{1}{3}V$

D　次の図のように，抵抗値 R の抵抗，2つの抵抗値 $2R$ の抵抗，起電力 V の電池を接続した。電池の内部抵抗は無視できるものとする。

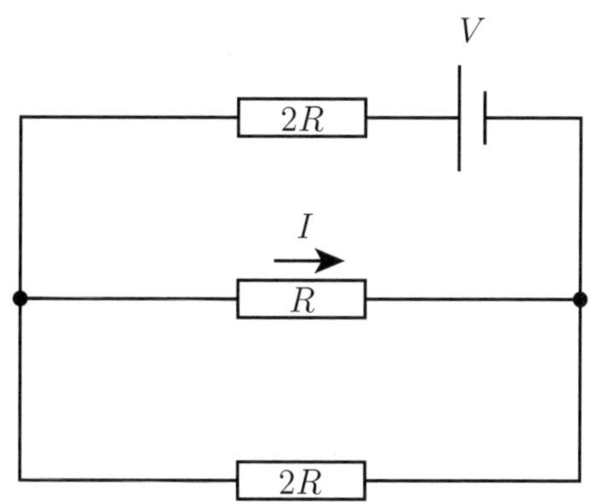

問4　抵抗値 R の抵抗を流れる電流の大きさ I はどのように表されるか。正しいものを，次の①～⑥の中から一つ選びなさい。 **16**

① $\dfrac{V}{8R}$　② $\dfrac{V}{6R}$　③ $\dfrac{V}{5R}$

④ $\dfrac{V}{4R}$　⑤ $\dfrac{V}{3R}$　⑥ $\dfrac{2V}{5R}$

E　次の図のように，長方形ABCDの領域に，紙面に垂直で紙面の裏から表の向きに一様な磁場が加えられている。辺BCと辺DAの長さはℓ，辺ABと辺CDの長さは2ℓである。辺ABの中点を点O，辺CDの中点を点Pとする。電気量q（> 0），質量mの荷電粒子を，紙面に平行で，辺ABに垂直な向きに速さvでOからこの領域に入射させたところ，粒子は等速円運動をし，頂点Bと頂点C以外の辺BC上のある点を通り，この領域から飛び出した。次に，電気量$-q$，質量$2m$の荷電粒子を同じ向きに速さvでOからこの領域に入射させた。

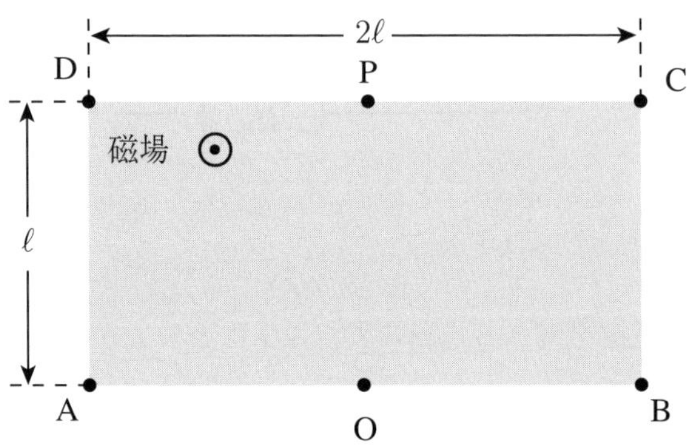

問5　電気量$-q$，質量$2m$の荷電粒子が磁場の加わった領域から飛び出す点はどこにあるか。正しいものを，次の①～⑥の中から一つ選びなさい。 **17**

① 線分OB上　② 辺BC上　③ 線分CP上

④ 線分PD上　⑤ 辺DA上　⑥ 線分AO上

F　紙面上に xy 平面をとり，z 軸の正の向きを紙面の裏から表の向きにとる。図1のように，抵抗と導線を用いて長方形の回路ABCDを作り，辺ABが y 軸に平行になるように xy 平面上に固定する。回路を含む領域には，時刻 t とともに変化する空間的に一様な磁場が z 軸に平行に加えられている。図2は，この磁場の磁束密度の z 成分 B_z と時刻 t の関係を示したグラフである。導線の辺ABの部分が磁場から受ける力の x 成分を F_x とする。回路を流れる電流がつくる磁場は無視できるものとする。

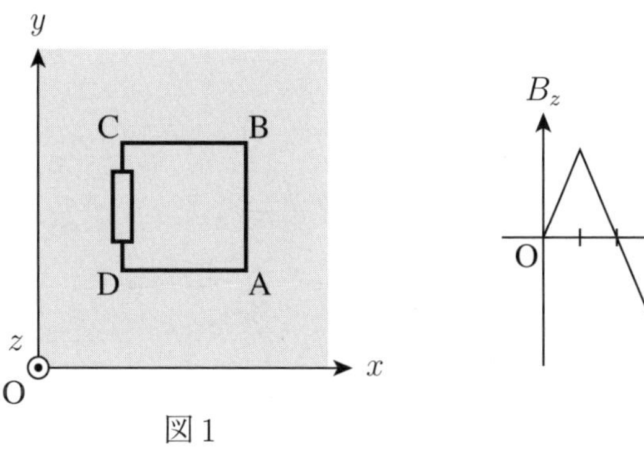

図1　　　　図2

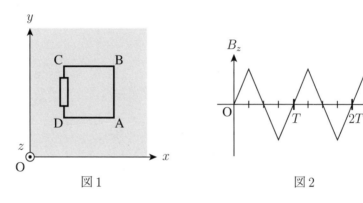

問6　F_x と t の関係を表すグラフとして，最も適当なものを，次の①～④の中から一つ選びなさい。 **18**

①

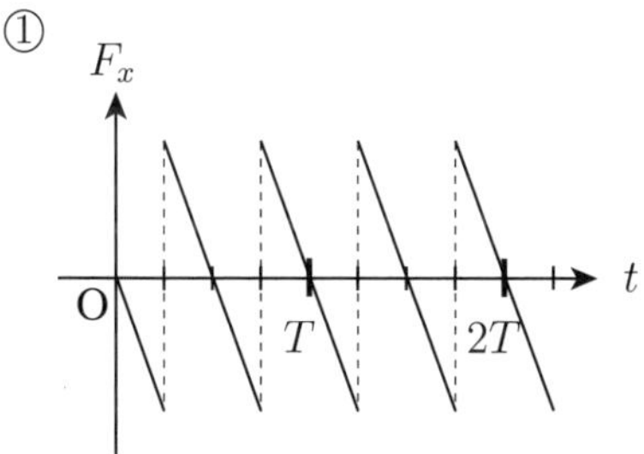

②

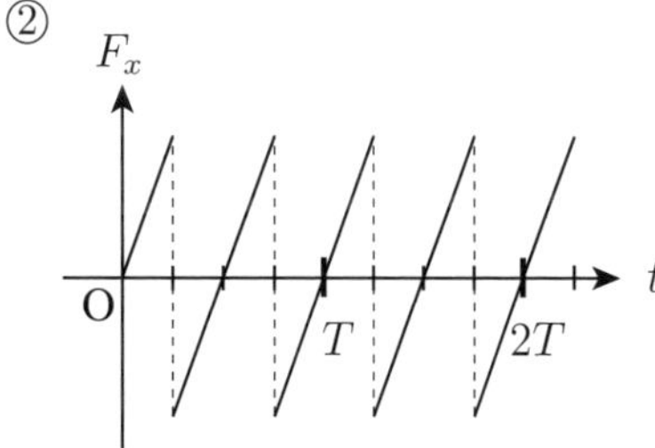

③

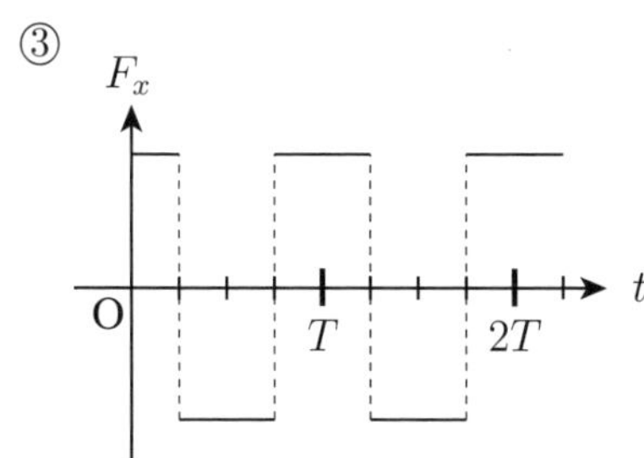

④

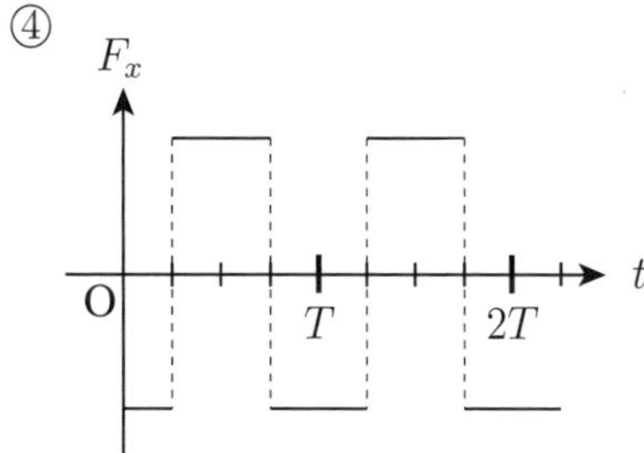

V　次の問い **A**（問 1）に答えなさい。

A　真空中で電子の運動エネルギーが K のときの電子波（物質波）の波長（ド・ブロイ波長）を λ とする。電子の質量を m とし，プランク定数を h とする。

問 1　K は λ を用いてどのように表されるか。最も適当なものを，次の①～④の中から一つ選びなさい。　**19**

①　$\dfrac{h^2}{2m\lambda^2}$　　②　$\dfrac{\lambda^2}{2mh^2}$　　③　$\dfrac{mh^2}{2\lambda^2}$　　④　$\dfrac{m\lambda^2}{2h^2}$

物理の問題はこれで終わりです。解答欄の **20** ～ **75** はマークしないでください。

解答用紙の科目欄に「物理」が正しくマークしてあるか，もう一度確かめてください。

この問題冊子を持ち帰ることはできません。

化学

「解答科目」記入方法

解答科目には「物理」,「化学」,「生物」がありますので,この中から2科目を選んで解答してください。選んだ2科目のうち,1科目を解答用紙の表面に解答し,もう1科目を裏面に解答してください。

「化学」を解答する場合は,右のように,解答用紙にある「解答科目」の「化学」を○で囲み,その下のマーク欄をマークしてください。

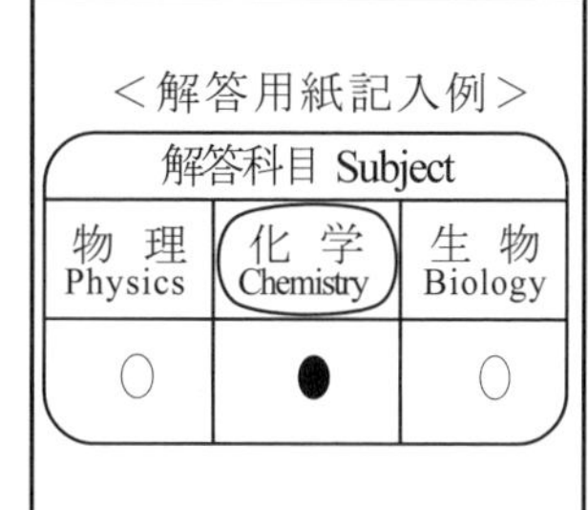

科目が正しくマークされていないと,採点されません。

計算には次の数値を用いること。また,体積の単位リットル (liter) はLで表す。

標準状態 (standard state): 0 ℃, 1.01×10^5 Pa (1 atm)

標準状態における理想気体 (ideal gas) のモル体積 (molar volume): 22.4 L/mol

気体定数 (gas constant): $R = 8.31 \times 10^3$ Pa·L/(K·mol)

アボガドロ定数 (Avogadro constant): $N_A = 6.02 \times 10^{23}$ /mol

ファラデー定数 (Faraday constant): $F = 9.65 \times 10^4$ C/mol

原子量 (atomic weight): H : 1.0 C : 12 O : 16 Na : 23 Al : 27 Cl : 35.5

この試験における元素 (element) の族 (group) と周期 (period) の関係は下の周期表 (periodic table) の通りである。ただし,**H** 以外の元素記号は省略してある。

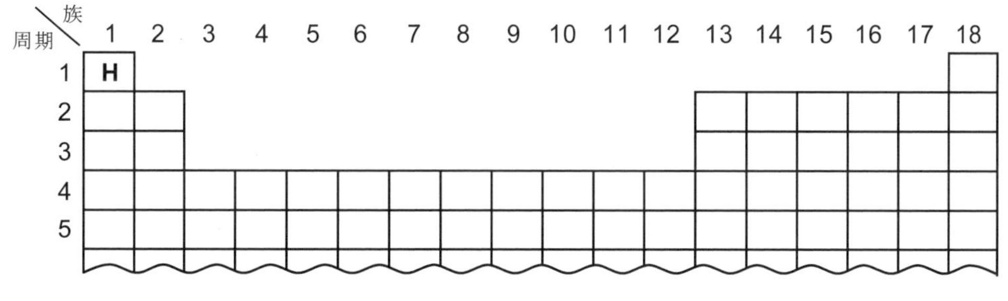

問１　原子構造と電子配置（electron configuration）に関する次の記述(**a**)〜(**d**)のうち，正しいものが二つある。それらの組み合わせを，下の①〜⑥の中から一つ選びなさい。　**1**

(**a**)　Na 原子と K 原子では，陽子（proton）の数が異なる。

(**b**)　^{12}C 原子と ^{13}C 原子では，中性子（neutron）の数が異なる。

(**c**)　Ne 原子と Mg^{2+}では，電子（electron）の数が異なる。

(**d**)　O 原子と S 原子では，価電子（valence electron）の数が異なる。

①　**a**，**b**　②　**a**，**c**　③　**a**，**d**　④　**b**，**c**　⑤　**b**，**d**　⑥　**c**，**d**

問２　次の化合物①〜⑥のうち，非共有電子対（unshared electron pair）を最も多くもつものを一つ選びなさい。　**2**

①　水 H_2O　②　塩化水素 HCl　③　メタン CH_4

④　アンモニア NH_3　⑤　窒素 N_2　⑥　二酸化炭素 CO_2

問３　金属Mの炭酸塩 MCO_3 37 g を加熱すると，次式のように分解（decomposition）して 11 g の二酸化炭素 CO_2 が発生した。

$$MCO_3 \longrightarrow MO + CO_2$$

金属Mの原子量として最も近い値を，次の①～⑥の中から一つ選びなさい。　**3**

①　24　　②　36　　③　40　　④　55　　⑤　88　　⑥　140

問４　アルミニウム Al が燃焼（combustion）して，酸化アルミニウム Al_2O_3 が生じる反応は次式のように表される。

$$x\,Al + y\,O_2 \longrightarrow z\,Al_2O_3$$

ただし，x，y，z は係数（coefficient）である。

酸化アルミニウム 5.1 g を得るために必要なアルミニウムの質量〔g〕として最も近い値を，次の①～⑥の中から一つ選びなさい。　**4** g

①　1.8　　②　2.3　　③　2.7　　④　3.2　　⑤　4.8　　⑥　5.4

問５　次の図は，カリウム K の結晶（crystal）の単位格子（unit cell）を示している。カリウムの原子量を M，単位格子の一辺の長さを a〔cm〕，アボガドロ定数を N_A〔/mol〕とすると，カリウムの密度〔g/cm^3〕を表す式として正しいものを，下の①～⑥の中から一つ選びなさい。　**5**　g/cm^3

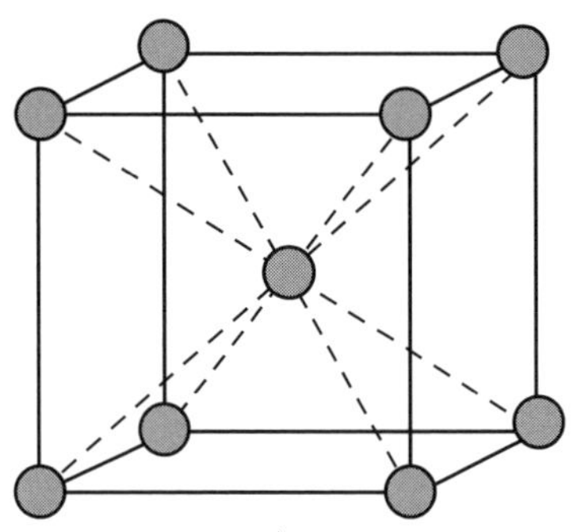

①　$\dfrac{M}{a^3 N_A}$　　②　$\dfrac{2M}{a^3 N_A}$　　③　$\dfrac{4M}{a^3 N_A}$

④　$\dfrac{N_A M}{a^3}$　　⑤　$\dfrac{2N_A M}{a^3}$　　⑥　$\dfrac{4N_A M}{a^3}$

問6　4.2 g の水素 H_2 を燃焼（combustion）させ，発生した熱を用いて 15 kg の水 H_2O を加熱したところ，水の温度が 10 ℃ 上がった。水の生成熱（heat of formation）は何 kJ/mol か。最も近い値を，次の①～⑥の中から一つ選びなさい。ただし，水の比熱容量（比熱）（specific heat capacity（specific heat））を 4.2 J/(g･K)とする。また，発生する熱はすべて水の温度上昇に使われたとする。　**6**　kJ/mol

① －600　② －300　③ －150　④ 150　⑤ 300　⑥ 600

問 7　次の反応が平衡状態（equilibrium state）にあるときの記述(**a**)～(**d**)の中に，正しいものが二つある。それらの組み合わせを，下の①～⑥の中から一つ選びなさい。　**7**

$$H_2 + I_2 \rightleftarrows 2HI + 9.0\ \mathrm{kJ}$$

(**a**)　この反応では，温度を高くすると平衡定数（equilibrium constant）は小さくなる。

(**b**)　触媒（catalyst）を加えると反応速度（rate of reaction）が大きくなるので，平衡定数は大きくなる。

(**c**)　触媒を加えると反応の経路は変わらないが，活性化エネルギー（activation energy）が小さくなる。

(**d**)　化学反応式（chemical equation）から，反応速度と反応物（reactant）の濃度との関係式を直接導くことはできない。

①　**a**，**b**　　②　**a**，**c**　　③　**a**，**d**　　④　**b**，**c**　　⑤　**b**，**d**　　⑥　**c**，**d**

問８　次の記述(**a**), (**b**)中のモル濃度（molar concentration）c_1 と c_2, 物質量（amount of substance: mol）n_1 と n_2 のそれぞれの大小関係として正しい組み合わせを，下表の①～⑨の中から一つ選びなさい。 **8**

(**a**)　c_1：pH＝3 の塩酸 HCl aq 中の塩化物イオン Cl^- のモル濃度

　　c_2：pH＝3 の酢酸水溶液 CH_3COOH aq 中の酢酸イオン CH_3COO^- のモル濃度

(**b**)　n_1：pH＝3 の塩酸 10 mL を中和（neutralization）するのに必要な水酸化ナトリウム NaOH の物質量

　　n_2：pH＝3 の酢酸水溶液 10 mL を中和するのに必要な水酸化ナトリウムの物質量

	c_1 と c_2	n_1 と n_2
①	$c_1 > c_2$	$n_1 > n_2$
②	$c_1 > c_2$	$n_1 = n_2$
③	$c_1 > c_2$	$n_1 < n_2$
④	$c_1 = c_2$	$n_1 > n_2$
⑤	$c_1 = c_2$	$n_1 = n_2$
⑥	$c_1 = c_2$	$n_1 < n_2$
⑦	$c_1 < c_2$	$n_1 > n_2$
⑧	$c_1 < c_2$	$n_1 = n_2$
⑨	$c_1 < c_2$	$n_1 < n_2$

問９　次の反応式 (reaction formula) ①～⑤のうち，下線部の物質が酸化剤 (oxidizing agent) としてはたらいているものを，一つ選びなさい。 **9**

① $\underline{SO_2}$ ＋ Br_2 ＋ $2H_2O$ ⟶ H_2SO_4 ＋ $2HBr$

② $\underline{CaO}$ ＋ $2HCl$ ⟶ $CaCl_2$ ＋ H_2O

③ $\underline{Zn}$ ＋ H_2SO_4 ⟶ $ZnSO_4$ ＋ H_2

④ $\underline{HCl}$ ＋ $NaOH$ ⟶ $NaCl$ ＋ H_2O

⑤ $\underline{H_2O_2}$ ＋ SO_2 ⟶ H_2SO_4

問 10　じゅうぶんな量の塩化ナトリウム NaCl をるつぼ (crucible) に入れて融解 (melt) し，炭素電極 (carbon electrode) を用いて 10.0 A の電流 (electric current) を 1930 秒間流して電気分解 (electrolysis) した。陰極 (cathode) に生じる物質とその質量 (mass) の組み合わせとして正しいものを，次表の①～⑧の中から一つ選びなさい。ただし，反応は完全に進み，流れた電流はすべて生成物 (product) の生成に使われたとする。 **10**

	生じる物質	質量〔g〕
①	塩素 Cl_2	0.36
②	塩素 Cl_2	0.71
③	塩素 Cl_2	3.6
④	塩素 Cl_2	7.1
⑤	ナトリウム Na	0.23
⑥	ナトリウム Na	0.46
⑦	ナトリウム Na	2.3
⑧	ナトリウム Na	4.6

問 11　2 族元素の性質に関する次の記述①～⑤のうち，正しいものを一つ選びなさい。 **11**

① 炎色反応（flame test）において，Mg は黄色，Ca は橙赤色（orange-red），Ba は黄緑色（yellow-green）を示す。

② 金属の Mg，Ca，Ba は，いずれも常温（normal temperature）の水 H_2O と反応し，水素 H_2 を発生する。

③ $Mg(OH)_2$，$Ca(OH)_2$，$Ba(OH)_2$ は，いずれも水によく溶け，その水溶液は強い塩基性（basic）を示す。

④ $MgCl_2$，$CaCl_2$，$BaCl_2$ は，いずれも水によく溶ける。

⑤ $MgSO_4$，$CaSO_4$，$BaSO_4$ は，いずれも水に難溶である。

問 12　ハロゲン（halogen）F，Cl，Br，I についての記述(**a**)～(**f**)のうち，**誤っているもの**が二つある。それらの組み合わせを，下の①～⑥の中から一つ選びなさい。 **12**

(**a**) F_2 は H_2O と反応して O_2 を生成する。

(**b**) KI 水溶液に臭素水（bromine water）を加えると I_2 が遊離（release）する。

(**c**) HF，HCl，HBr，HI はいずれも強酸（strong acid）である。

(**d**) CaF_2 に濃硫酸 conc. H_2SO_4 を加えて加熱すると HF が生成する。

(**e**) HClO は強い酸化作用（oxidizing property）を有する。

(**f**) HF は HCl より沸点（boiling point）が低い。

① **a**，**d**　② **a**，**e**　③ **b**，**d**　④ **b**，**f**　⑤ **c**，**e**　⑥ **c**，**f**

問 13　次の操作(**a**)～(**d**)で発生する気体のうち，還元作用（reducing property）を示すものが二つある。それらの組み合わせとして正しいものを，下の①～⑥の中から一つ選びなさい。 **13**

(**a**)　アルミニウム Al に水酸化ナトリウム水溶液 NaOH aq を加える。

(**b**)　塩化ナトリウム NaCl に濃硫酸 conc. H_2SO_4 を加え，加熱する。

(**c**)　酸化マンガン(Ⅳ) MnO_2 に濃塩酸 conc. HCl を加え，加熱する。

(**d**)　硫化鉄(Ⅱ) FeS に希硫酸 dil. H_2SO_4 を加える。

①　**a**，**b**　　②　**a**，**c**　　③　**a**，**d**　　④　**b**，**c**　　⑤　**b**，**d**　　⑥　**c**，**d**

問 14　銅 Cu の化合物に関する次の記述①～⑤のうち，正しいものを一つ選びなさい。 **14**

①　銅を空気中で加熱すると，黒色の酸化銅(Ⅱ) CuO が生じる。

②　硫酸銅(Ⅱ) $CuSO_4$ を熱水から再結晶（recrystallization）すると，無色（colorless）の結晶（crystal）が得られ，これを加熱すると，青色に変化する。

③　青色の硫酸銅(Ⅱ)水溶液に少量の硫酸 H_2SO_4 aq を加えると，青白色（blue-white）の沈殿（precipitate）が生じる。

④　塩化銅(Ⅱ)水溶液 $CuCl_2$ aq に水酸化ナトリウム水溶液 NaOH aq を室温（room temperature）で加えると，酸化銅(Ⅰ) Cu_2O の赤褐色（red-brown）の沈殿が生じる。

⑤　銅(Ⅱ)イオン Cu^{2+} を含む水溶液に硫化水素 H_2S を通じると，硫化銅(Ⅱ) CuS の黄色の沈殿が生じる。

問 15　次の記述①～⑤のうち，銀イオン Ag^+ を含む水溶液では起こるが，鉛(Ⅱ)イオン Pb^{2+} を含む水溶液では起こらない変化を，一つ選びなさい。　**15**

① 亜鉛 Zn を加えると，金属が析出（deposition）する。

② 塩酸 HCl aq を加えると，沈殿（precipitate）を生じる。

③ クロム酸カリウム水溶液 K_2CrO_4 aq を加えると，沈殿を生じる。

④ アンモニア水 NH_3 aq を加えると沈殿を生じるが，過剰に（in excess）加えるとその沈殿が溶ける。

⑤ 水酸化ナトリウム水溶液 NaOH aq を加えると沈殿を生じるが，過剰に加えるとその沈殿が溶ける。

問 16　分子式 $C_5H_{10}O_2$ のエステル（ester）を加水分解（hydrolysis）したところ，カルボン酸（carboxylic acid）とアルコール（alcohol）が得られた。カルボン酸は銀鏡反応（silver mirror test）を示した。また，アルコールはヨードホルム反応（iodoform reaction）を示した。このアルコールの構造式（structural formula）として正しいものを，次の①～⑤の中から一つ選びなさい。　**16**

① $CH_3-CH_2-CH_2-CH_2-OH$

② $CH_3-CH_2-CH(OH)-CH_3$（OH は CH に結合）

③ $CH_3-CH(CH_3)-CH_2-OH$（CH_3 は CH に結合）

④ $CH_3-CH_2-CH_2-OH$

⑤ $CH_3-CH(OH)-CH_3$（OH は CH に結合）

問 17　次の操作(**a**)～(**c**)で生成する有機化合物（organic compound）の組み合わせとして正しいものを，下表の①～⑥の中から一つ選びなさい。　**17**

(**a**)　酢酸ナトリウム CH_3COONa を水酸化ナトリウム NaOH とともに加熱する。

(**b**)　酢酸カルシウム $(CH_3COO)_2Ca$ を乾留（dry distillation）する。

(**c**)　炭化カルシウム CaC_2 に水 H_2O を加える。

	a	b	c
①	メタン	アセチレン（エチン）	アセトン
②	メタン	アセトン	アセチレン（エチン）
③	アセチレン（エチン）	メタン	アセトン
④	アセチレン（エチン）	アセトン	メタン
⑤	アセトン	メタン	アセチレン（エチン）
⑥	アセトン	アセチレン（エチン）	メタン

注）アセチレン（エチン）(acetylene（ethyne)），アセトン（acetone），メタン（methane）

問 18　ニトロベンゼン（nitrobenzene），安息香酸（benzoic acid）およびアニリン（aniline）を含むジエチルエーテル溶液（diethyl ether solution）を分液ろうと（separatory funnel）に入れ，希塩酸 dil. HCl と水酸化ナトリウム水溶液 NaOH aq を用いて，次の図のように分離操作を行った。希塩酸(**a**)，水酸化ナトリウム水溶液(**b**) およびジエチルエーテル溶液(**c**)に含まれる物質はどれか。正しい組み合わせを，下表の①～⑥の中から一つ選びなさい。 **18**

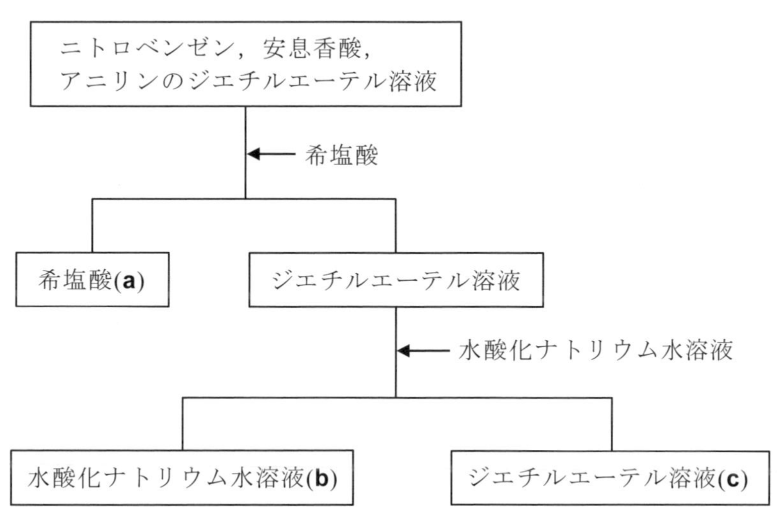

	a	**b**	**c**
①	ニトロベンゼン	安息香酸ナトリウム	アニリン
②	ニトロベンゼン	アニリン	安息香酸
③	安息香酸	ニトロベンゼン	アニリン
④	安息香酸	アニリン	ニトロベンゼン
⑤	アニリン塩酸塩	ニトロベンゼン	安息香酸
⑥	アニリン塩酸塩	安息香酸ナトリウム	ニトロベンゼン

注）安息香酸ナトリウム（sodium benzoate），アニリン塩酸塩（aniline hydrochloride）

問 19　高分子化合物（polymer compound）について，重合反応（polymerization）の種類と構成元素の組み合わせが正しいものを，次表の①～⑤の中から一つ選びなさい。　**19**

	高分子化合物	重合反応の種類	構成元素
①	ナイロン 66 (nylon 6,6)	縮合重合 (condensation polymerization)	C，H，O
②	ポリエチレンテレフタラート (poly(ethylene terephthalate))	付加重合 (addition polymerization)	C，H，O
③	ブタジエンゴム (butadiene rubber)	付加縮合 (addition condensation)	C，H
④	ポリアクリロニトリル (polyacrylonitrile)	付加重合	C，H，N
⑤	フェノール樹脂 (phenol resin)	付加縮合	C，H，N

問 20　タンパク質（protein）に関する次の記述①〜⑤のうち，下線部が**誤っているもの**を一つ選びなさい。　**20**

①　タンパク質は α-アミノ酸（α-amino acid）が縮合（condensation）してできており，ポリペプチド（polypeptide）ともよばれる。

②　タンパク質は分子内の C=O 基と N–H 基の間の水素結合（hydrogen bond）により，αヘリックス（α-helix）やβシート（β-sheet）などの二次構造（secondary structure）をもつ。

③　タンパク質を加熱すると，変性（denaturation）する。

④　タンパク質の水溶液に濃硫酸 conc. H_2SO_4 を加えて加熱すると，溶液は黄色に変化する。

⑤　毛髪（hair）をつくるタンパク質はシステイン（cysteine）を含み，ジスルフィド結合（-S-S-）を形成することで構造が安定する。

化学の問題はこれで終わりです。解答欄の **21** 〜 **75** はマークしないでください。
解答用紙の科目欄に「化学」が正しくマークしてあるか，もう一度確かめてください。

この問題冊子を持ち帰ることはできません。

生物

「解答科目」記入方法

解答科目には「物理」，「化学」，「生物」がありますので，この中から２科目を選んで解答してください。選んだ２科目のうち，<u>１科目を解答用紙の表面に解答し，もう１科目を裏面に解答してください。</u>

「生物」を解答する場合は，右のように，解答用紙にある「解答科目」の「生物」を○で囲み，その下のマーク欄をマークしてください。

<u>**科目が正しくマークされていないと，採点されません。**</u>

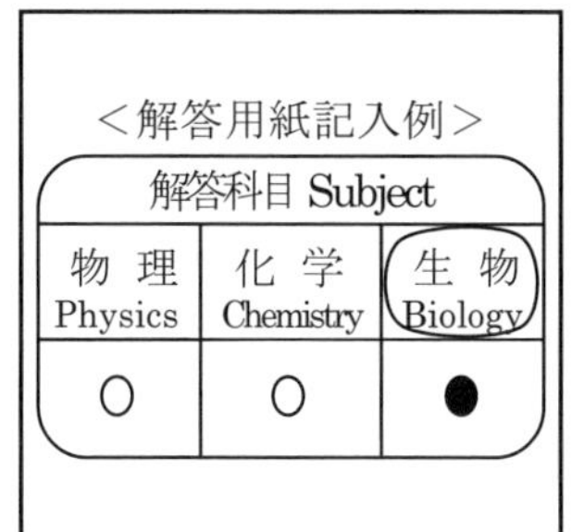

問１　リボソーム（ribosome）について述べた文として正しいものを，次の①～④の中から一つ選びなさい。　**1**

①　リボソームは，タンパク質合成の場である。

②　原核生物（prokaryote）のリボソームは細胞質（cytoplasm）に，真核生物（eukaryote）のリボソームは核（nucleus）に存在する。

③　リボソームは，二重の膜構造をもっている。

④　リボソームは，不要なタンパク質を分解する酵素（enzyme）を含む。

問 2 タンパク質の構造に関する次の文 a～d のうち，正しいものの組み合わせを，下の①～⑥の中から一つ選びなさい。 **2**

a タンパク質を構成するアミノ酸（amino acid）は，20 種類である。

b アミノ酸が結合してつながったものの，アミノ酸の並び方を一次構造（primary structure）という。このアミノ酸どうしの結合は，S－S 結合（ジスルフィド結合，disulfide bond）と呼ばれる。

c タンパク質の中には，複数のポリペプチド（polypeptide）が組み合わさってできているものがある。

d α ヘリックス（α-helix）構造や β シート（β-sheet）構造は，三次構造（tertiary structure）と呼ばれる。

① a，b　② a，c　③ a，d　④ b，c　⑤ b，d　⑥ c，d

問3 次の図は，ミトコンドリア（mitochondria）を模式的に示したものである。この図を参考にして，呼吸（respiration）の電子伝達系（electron transport system）に関する下の文中の空欄 a ～ c にあてはまる語句の正しい組み合わせを，下の①～⑧の中から一つ選びなさい。 **3**

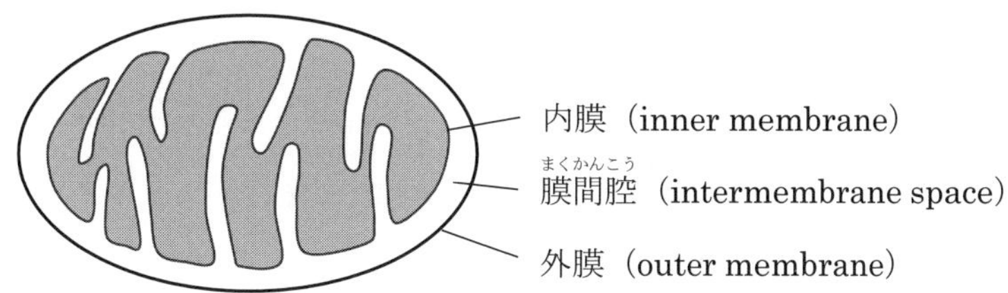

解糖系（glycolysis）とクエン酸回路（citric acid cycle）で生じたNADHや$FADH_2$から，電子がミトコンドリアの内膜にある電子伝達系に渡される。電子伝達系に渡された電子は，内膜に埋め込まれた複数の a の複合体の間を受け渡しされる。このとき放出されるエネルギーによって，H^+がミトコンドリアの b 側から膜間腔に輸送される。すると，膜間腔側のH^+濃度は高く， b 側は低くなる。この濃度差によって，H^+が膜間腔側から b 側へ， c にあるATP合成酵素（ATP synthase）を通って移動し，ATPが合成される。

	a	b	c
①	炭水化物	ストロマ	内膜
②	炭水化物	ストロマ	外膜
③	炭水化物	マトリックス	内膜
④	炭水化物	マトリックス	外膜
⑤	タンパク質	ストロマ	内膜
⑥	タンパク質	ストロマ	外膜
⑦	タンパク質	マトリックス	内膜
⑧	タンパク質	マトリックス	外膜

炭水化物（carbohydrate），ストロマ（stroma），
マトリックス（matrix）

問4　緑色硫黄細菌（green sulfur bacteria）の光合成（photosynthesis）について述べた文として正しいものを，次の①～④の中から一つ選びなさい。　**4**

① 緑色硫黄細菌の光合成は，葉緑体（chloroplast）でおこなわれる。

② 緑色硫黄細菌は，光合成の過程で，酸素を放出する。

③ 緑色硫黄細菌の光合成では，バクテリオクロロフィル（bacteriochlorophyll）という光合成色素（photosynthetic pigment）が使われている。

④ 緑色硫黄細菌は，光合成の過程で，H_2O から電子を得て有機物（organic compound）を合成する。

問5　次の文は，DNA の複製（replication）について述べたものである。文中の空欄 a ～ c にあてはまる語句の組み合わせとして正しいものを，下の①～④の中から一つ選びなさい。　**5**

DNAの複製では， a という酵素（enzyme）の働きで塩基（base）間の水素結合（hydrogen bond）が切れて，二重らせん構造（double helix structure）がほどかれる。 b は，1本鎖になったヌクレオチド鎖（nucleotide chain）をそれぞれ鋳型（template）にして，それらの塩基配列と相補的（complementary）な配列をもつヌクレオチド鎖を合成する。この新しく合成されるヌクレオチド鎖は， c の方向に伸長していく。

	a	b	c
①	DNAポリメラーゼ	DNAヘリカーゼ	3′→5′
②	DNAポリメラーゼ	DNAヘリカーゼ	5′→3′
③	DNAヘリカーゼ	DNAポリメラーゼ	3′→5′
④	DNAヘリカーゼ	DNAポリメラーゼ	5′→3′

DNAポリメラーゼ（DNA polymerase），DNAヘリカーゼ（DNA helicase）

問 6　次の文は，真核細胞 (eukaryotic cell) の転写 (transcription) とスプライシング (splicing) について述べたものである。文中の空欄 a ～ c にあてはまる語句の正しい組み合わせを，下の①～⑥の中から一つ選びなさい。 **6**

真核細胞の転写では，DNA の塩基配列 (base sequence) を鋳型 (template) として，その塩基配列と相補的 (complementary) な配列をもつ a 前駆体 (precursor) が合成される。次に，a 前駆体から b に対応する部分が取り除かれ，c の部分がつながって，a ができる。この過程をスプライシングという。

	a	b	c
①	mRNA	エキソン	イントロン
②	mRNA	イントロン	エキソン
③	rRNA	エキソン	イントロン
④	rRNA	イントロン	エキソン
⑤	tRNA	エキソン	イントロン
⑥	tRNA	イントロン	エキソン

エキソン (exon)，イントロン (intron)

問 7　鎌状赤血球貧血症（sickle cell anemia）のヒトのヘモグロビン（hemoglobin）遺伝子は，正常ヘモグロビン遺伝子と比べて，塩基配列（base sequence）が 1 塩基だけ変わっている。そのため，グルタミン酸（glutamic acid）を指定する mRNA のコドン（codon）が，バリン（valine）を指定するコドン（GUG）に変わっている。もとの正常なコドンとして正しいものを，下の①～⑧の中から一つ選びなさい。なお，必要であれば次の mRNA の遺伝暗号表（genetic code table）を参考にしなさい。　**7**

1番目の塩基	2番目の塩基 U	2番目の塩基 C	2番目の塩基 A	2番目の塩基 G	3番目の塩基
U	フェニルアラニン	セリン	チロシン	システイン	U
	フェニルアラニン	セリン	チロシン	システイン	C
	ロイシン	セリン	（終止）	（終止）	A
	ロイシン	セリン	（終止）	トリプトファン	G
C	ロイシン	プロリン	ヒスチジン	アルギニン	U
	ロイシン	プロリン	ヒスチジン	アルギニン	C
	ロイシン	プロリン	グルタミン	アルギニン	A
	ロイシン	プロリン	グルタミン	アルギニン	G
A	イソロイシン	トレオニン	アスパラギン	セリン	U
	イソロイシン	トレオニン	アスパラギン	セリン	C
	イソロイシン	トレオニン	リシン	アルギニン	A
	メチオニン（開始）	トレオニン	リシン	アルギニン	G
G	バリン	アラニン	アスパラギン酸	グリシン	U
	バリン	アラニン	アスパラギン酸	グリシン	C
	バリン	アラニン	グルタミン酸	グリシン	A
	バリン	アラニン	グルタミン酸	グリシン	G

フェニルアラニン（phenylalanine），セリン（serine），チロシン（tyrosine），システイン（cysteine），ロイシン（leucine），トリプトファン（tryptophan），プロリン（proline），ヒスチジン（histidine），アルギニン（arginine），グルタミン（glutamine），イソロイシン（isoleucine），トレオニン（threonine），アスパラギン（asparagine），リシン（lysine），メチオニン（methionine），アラニン（alanine），アスパラギン酸（aspartic acid），グリシン（glycine）

①　CUG　　②　GAA　　③　GAG　　④　GCG　　⑤　GUA　　⑥　GUC
⑦　GUU　　⑧　UUG

問 8　次の文は，染色体（chromosome）上の遺伝子の相対的な位置関係について述べたものである。文中の空欄［ａ］～［ｃ］にあてはまる語句の正しい組み合わせを，下の①～④の中から一つ選びなさい。　**［8］**

遺伝子の［ａ］は，同一の染色体上に存在する二つの遺伝子の間で，染色体の［ｂ］があるとおこる。［ａ］の割合を調べると，遺伝子の相対的位置を知ることができる。例えば，X，Y，Z の三つの遺伝子間の［ａ］価が，X－Y 間で 11%，X－Z 間で 7%，Y－Z 間で 4%であったとすれば，三つの遺伝子の位置関係は［ｃ］のようになる。

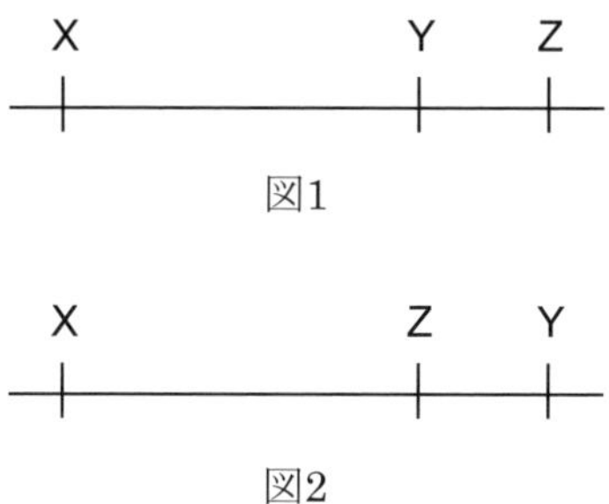

図1

X　Z　Y

図2

	a	b	c
①	組換え	乗換え	図 1
②	組換え	乗換え	図 2
③	乗換え	組換え	図 1
④	乗換え	組換え	図 2

組換え（recombination），
乗換え（crossing over）

問 9　次の図は，被子植物（angiosperms）の成熟した花粉（pollen）と胚のう（embryo sac）の模式図である。A（花粉管核，pollen tube nucleus），B（雄原細胞，generative cell）の中の一つは，受粉（pollination）後に一回分裂した後に，C（反足細胞，antipodal cell），D，E の中の一つと受精（fertilization）し，胚（embryo）をつくる。胚をつくるもとになるものは，どれとどれか。正しい組み合わせを，下の①～⑥の中から一つ選びなさい。　**9**

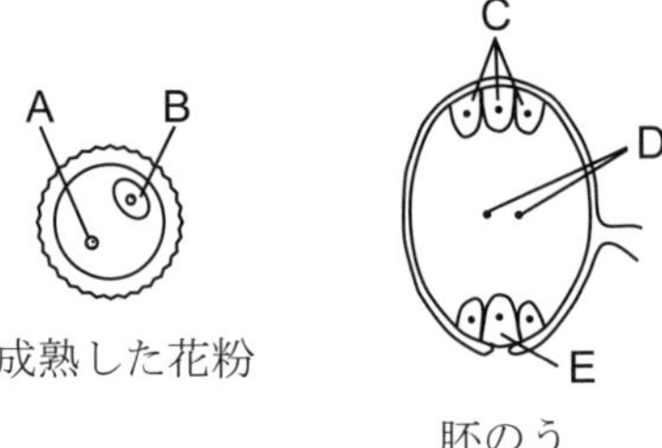

①　A，C　　②　A，D　　③　A，E　　④　B，C　　⑤　B，D　　⑥　B，E

問 10 次の図は，ヒトの心臓を模式的に示したものである。これに関する下の文中の空欄 x ～ z にあてはまるものの正しい組み合わせを，下の①～⑧の中から一つ選びなさい。 **10**

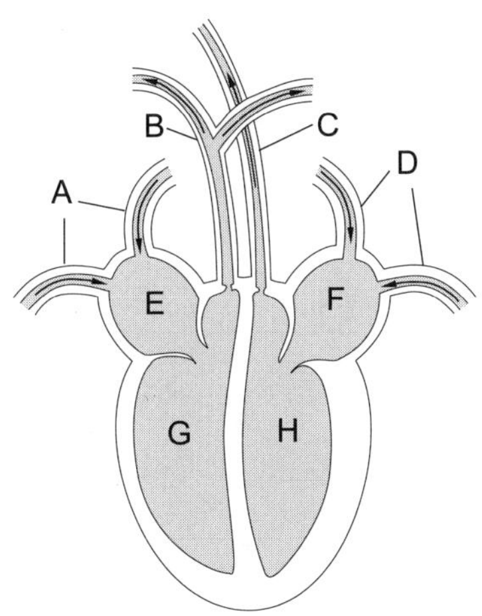

心臓につながっている血管 A～D のうち，静脈血（venous blood）が流れている血管は x である。心臓の四つの部分 E～H のうち，洞房結節〔sinoatrial node，ペースメーカー（pacemaker）〕があるのは y である。また，H の名称は z である。

	x	y	z
①	A，B	E	左心室
②	A，B	F	左心房
③	A，B	G	右心室
④	A，B	H	右心房
⑤	C，D	E	左心室
⑥	C，D	F	左心房
⑦	C，D	G	右心室
⑧	C，D	H	右心房

左心室（left ventricle），左心房（left atrium），
右心室（right ventricle），右心房（right atrium）

問 11 血液中に含まれるヘモグロビン（hemoglobin）は，酸素（O_2）の運搬に関わっている。次のグラフは，酸素解離曲線（oxygen dissociation curve）を示したもので，一方の曲線は二酸化炭素（CO_2）濃度が低い場合，他方は二酸化炭素濃度が高い場合のものである。肺胞（alveolus）と組織（tissue）の酸素濃度が，それぞれ 100，30 のとき，肺胞と組織での酸素ヘモグロビン（oxyhemoglobin）の割合（%）はそれぞれいくつか。最も適当な組み合わせを，下の①～⑥の中から一つ選びなさい。 **11**

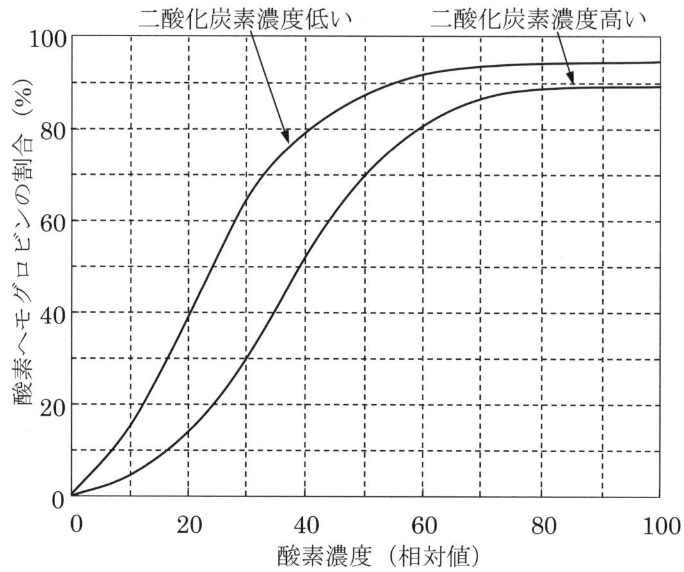

	肺胞	組織
①	100	60
②	95	60
③	90	60
④	100	30
⑤	95	30
⑥	90	30

問 12 体温が低下すると，ヒトの体内ではどのようなことがおこるか。**誤っているもの**を，次の①～⑤の中から一つ選びなさい。 **12**

① 交感神経（sympathetic nerve）の働きで，心臓の拍動（heartbeat）が促進される。

② アドレナリン（adrenaline）の分泌（secretion）が促進される。

③ 立毛筋（arrector pili muscle）が収縮（contraction）する。

④ 皮膚の血管（blood vessel）が収縮する。

⑤ 肝臓（liver），骨格筋（skeletal muscle）における代謝（metabolism）が抑制される。

問 13 免疫（immunity）に関して述べた文として最も適当なものを，次の①～④の中から一つ選びなさい。 **13**

① 血清療法（serotherapy）とは，抗原（antigen）に反応するキラーT 細胞（killer T cell）が含まれる血清（serum）を注射して治療する方法である。

② ある病気に対するワクチン（vaccine）を接種（vaccination）した後に，その病気の病原体（pathogen）が侵入すると，免疫反応（immunoreaction）がおこりにくい。

③ 自分自身の組織（tissue）や成分が抗原として認識されて，免疫反応がおこることを，二次応答（secondary response）という。

④ エイズ（AIDS）は，ヒト免疫不全ウイルス（human immunodeficiency virus，HIV）が，ヘルパーT 細胞（helper T cell）に感染（infection）することによっておこる。

問 14 次の図のように，1 本のニューロン（neuron）に対して刺激（stimulus）の強さを徐々に上げていった。このとき，活動電位（action potential）の大きさの変化を記録した。活動電位の大きさは，どのように変化すると考えられるか。下の①～④の中から正しいものを一つ選びなさい。 **14**

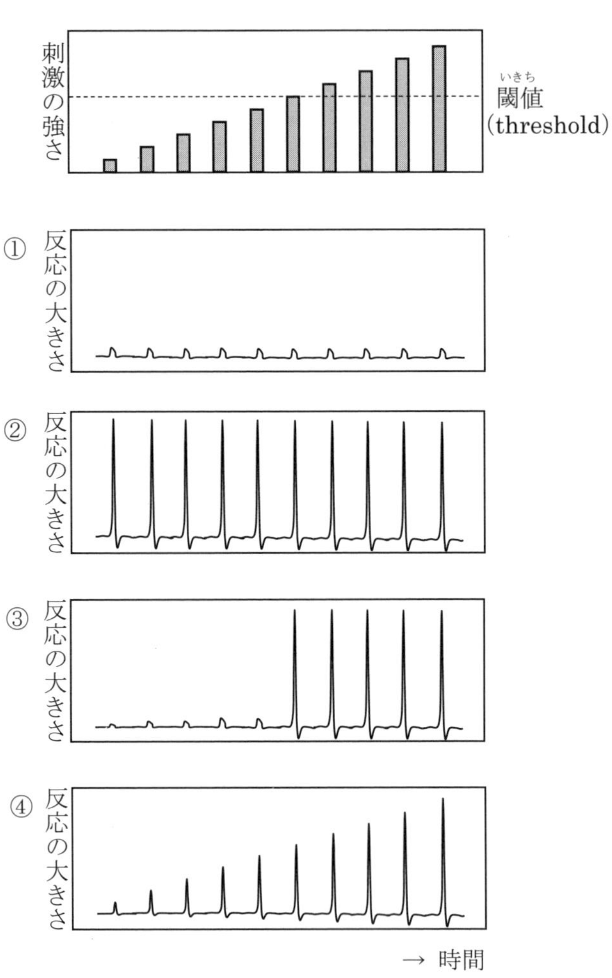

問 15 次の図は，ヒトの耳の構造を模式的に示したものである。からだの回転を受容する部位とからだの傾きを受容する部位を，図中の A～D からそれぞれ選び，その組み合わせとして正しいものを，下の①～⑥の中から一つ選びなさい。 **15**

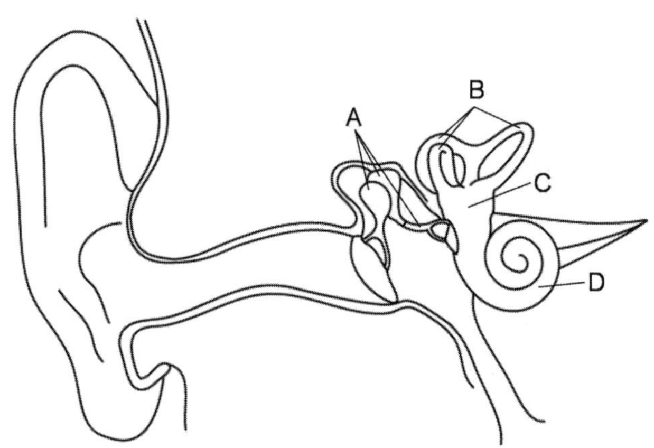

	からだの回転を受容する部位	からだの傾きを受容する部位
①	A	B
②	A	C
③	A	D
④	B	C
⑤	B	D
⑥	C	D

問 16 ヒトの反射（reflex）について述べた文として正しいものを，次の①～④の中から一つ選びなさい。 **16**

① しつがい腱反射（patellar tendon reflex）の中枢（center）は，延髄（medulla oblongata）である。

② 屈筋反射（flexor reflex）の中枢は，中脳（midbrain）である。

③ 反射がおこるときの興奮（excitation）の伝達経路を，反射弓（reflex arc）という。

④ 反射において，興奮は大脳（cerebrum）を経由して，反射の中枢に伝えられる。

問 17 限界暗期（critical dark period）が 12 時間の，ある長日植物（long-day plant）を用い，次の図のように，A～E の明暗の時間を 24 時間周期で繰り返して栽培した。このとき，この長日植物に花芽形成（flower bud formation）がおこったものはどれか。あてはまるものをすべて選び，その組み合わせとして正しいものを，下の①～⑧の中から一つ選びなさい。 **17**

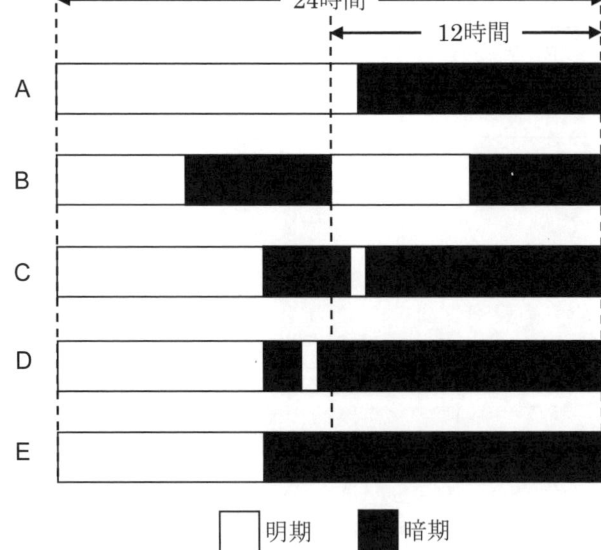

① A　② A，B　③ A，B，C　④ B，C　⑤ C，D
⑥ C，E　⑦ D，E　⑧ E

問 18 生命誕生の前段階である化学進化（chemical evolution）の過程では，次の a，b，c が存在，あるいは合成されたと考えられている。a，b，c を出現順に並べたものはどれか。最も適当なものを，下の①～⑥の中から一つ選びなさい。 **18**

a　タンパク質，核酸（nucleic acid）など

b　アミノ酸（amino acid），糖（sugar），リン脂質（phospholipid）など

c　硫化水素（hydrogen sulfide），水素（hydrogen），アンモニア（ammonia），メタン（methane）など

① a → b → c　② a → c → b　③ b → a → c　④ b → c → a
⑤ c → a → b　⑥ c → b → a

生物の問題はこれで終わりです。解答欄の **19** ～ **75** はマークしないでください。
解答用紙の科目欄に「生物」が正しくマークしてあるか，もう一度確かめてください。

この問題冊子を持ち帰ることはできません。

2020年度　日本留学試験

総合科目

（８０分）

Ⅰ　試験全体に関する注意

1．係員の許可なしに，部屋の外に出ることはできません。

2．この問題冊子を持ち帰ることはできません。

Ⅱ　問題冊子に関する注意

1．試験開始の合図があるまで，この問題冊子の中を見ないでください。

2．試験開始の合図があったら，下の欄に，受験番号と名前を，受験票と同じように記入してください。

3．この問題冊子は，19ページあります。

4．足りないページがあったら，手をあげて知らせてください。

5．問題冊子には，メモや計算などを書いてもいいです。

Ⅲ　解答用紙に関する注意

1．解答は，解答用紙に鉛筆（ＨＢ）で記入してください。

2．各問題には，その解答を記入する行の番号 1 ， 2 ， 3 ，…がついています。解答は，解答用紙（マークシート）の対応する解答欄にマークしてください。

3．解答用紙に書いてある注意事項も必ず読んでください。

※　試験開始の合図があったら，必ず受験番号と名前を記入してください。

受験番号			*				*						
名　　前													

問1　次の文章を読み，下の問い(1)～(4)に答えなさい。

ギリシャ（Greece）は，西洋文明発祥の地の一つである。15世紀以降はオスマン帝国（Ottoman Empire）の支配下にあったが，1820年代の $_1$<u>ギリシャ独立戦争</u>を経て独立した。

ギリシャは，1981年に $_2$<u>EC</u>（欧州共同体）に加盟し，現在でもその発展型であるEU（欧州連合）の加盟国である。EU加盟国として順調に経済成長をしているように思われたが，2009年の政権交代に際して国家財政の粉飾が発覚した。このことは $_3$<u>EU全体を巻き込む経済危機</u>のきっかけとなった。

ギリシャの気候は，北部の一部地域を除き，ケッペンの気候区分（Köppen climate classification）では［ a ］に区分される。夏は［ b ］冬は［ c ］という特色を利用したオリーブや柑橘（かんきつ）類の栽培が盛んである。

(1)　下線部１に関して，ギリシャ独立戦争には，列強がそれぞれの思惑をもって干渉した。その干渉国に**<u>当てはまらない</u>**ものを，次の①～④の中から一つ選びなさい。［**1**］

①　アメリカ（USA）
②　ロシア（Russia）
③　イギリス（UK）
④　フランス（France）

(2) 下線部2に関して，EC発足時の加盟国に含まれる国の組み合わせとして最も適当なものを，次の①～④の中から一つ選びなさい。 **2**

① フランス，西ドイツ（West Germany），イギリス
② フランス，西ドイツ，ベルギー（Belgium）
③ フランス，スペイン（Spain），ベルギー
④ 西ドイツ，デンマーク（Denmark），イギリス

(3) 下線部3に関して，こうした事態を受けてIMF（国際通貨基金）やEUは，ギリシャが財政再建策を講じることを条件として金融支援をおこなった。この財政再建策に含まれるものを，次の①～④の中から一つ選びなさい。 **3**

① 社会資本を中心にした公共投資の増大
② 付加価値税（消費税）の増税
③ 年金支給開始年齢の引き下げ
④ 公務員を増員することによる監査体制の充実

(4) ギリシャの気候に関して，上の文章中の空欄 a ～ c に当てはまるものの組み合わせとして最も適当なものを，次の①～④の中から一つ選びなさい。 **4**

	a	b	c
①	地中海性気候（Cs）	乾燥し	雨が多い
②	地中海性気候（Cs）	雨が多く	乾燥する
③	温暖湿潤気候（Cfa）	乾燥し	雨が多い
④	温暖湿潤気候（Cfa）	雨が多く	乾燥する

問2 次の会話を読み，下の問い(1)～(4)に答えなさい。

よし子：ラグビーワールドカップ日本大会は大いに盛り上がりましたね。日本は決勝トーナメントで 1南アフリカ共和国（South Africa）に負けてしまいましたが，アイルランド（Ireland）やスコットランド（Scotland）に勝つなど大活躍しました。

先　生：そうでしたね。今回の大会は20か国・地域のチームが参加し， 2神奈川県横浜市や愛知県豊田市など全国12か所の会場で試合がおこなわれました。どの開催地でも，地域の人びとが，各チームの選手や応援に訪れた外国人を温かくもてなす様子が報道されていました。

よし子：強豪 3ウェールズ（Wales）は福岡県北九州市で事前キャンプをおこなったそうですが，公開練習に１万5000人の市民が詰めかけ，ウェールズ国歌を合唱して歓迎したそうですね。ところで，イギリスというチームではなく，スコットランドやウェールズがそれぞれ一つのチームとして出場しているのですね。

先　生： 4EUから離脱したイギリスは，かつては異なる「国」であった四つの地域から成り立っています。ラグビーやサッカーなどの競技は，国際的な統括団体が設立される前にそれぞれの地域の団体が設立されており，そのような歴史的経緯から各地域が別々に出場することが認められているのです。

(1) 下線部 **1** に関して，次の表は，日本，南アフリカ，フランス，ニュージーランド（New Zealand）の2017年における輸出額の上位5品目と当該国の総輸出額に占めるその割合を示したものである。南アフリカに当てはまるものを，下の①～④の中から一つ選びなさい。 **5**

単位：%

A国		B国		C国		D国	
機械類	35.5	酪農品	26.2	機械類	19.8	自動車	11.1
自動車	20.7	肉類	12.8	航空機	9.8	機械類	8.1
精密機械	5.3	木材	7.5	自動車	9.5	白金族	7.5
鉄鋼	4.2	野菜・果実	6.4	医薬品	6.1	鉄鋼	7.1
プラスチック	3.2	機械類	5.0	精密機械	2.7	石炭	6.5

『世界国勢図会　2019/20年版』より作成

① A国

② B国

③ C国

④ D国

(2) 下線部 **2** に関して，江戸時代末期に横浜港が開港されると，その翌年には横浜港は日本最大の貿易港となった。その後長く横浜港の輸出品目第1位となり，戦前の日本経済を支えた重要な輸出品目を，次の①～④の中から一つ選びなさい。 **6**

① 綿花

② 生糸

③ 綿織物

④ 毛織物

(3) 下線部 **3** に関して，ウェールズの位置として正しいものを，次の地図中の①～④の中から一つ選びなさい。 **7**

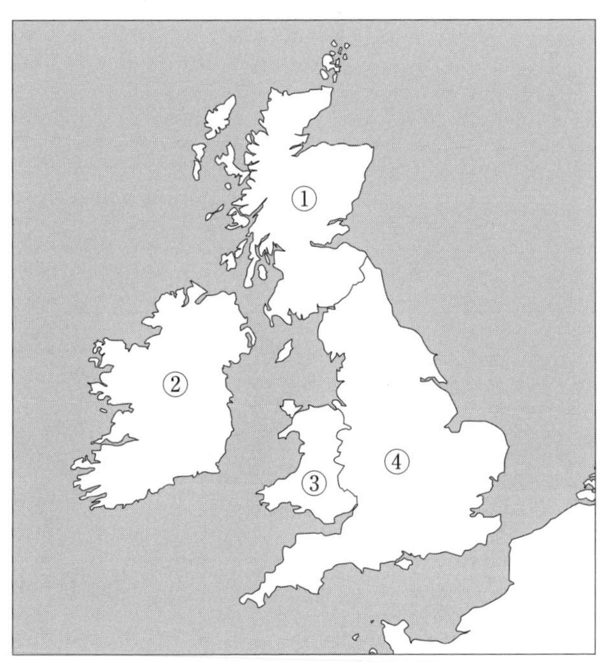

(4) 下線部 **4** に関して，イギリスで2016年に実施された国民投票において，EU離脱支持が残留支持を上回った背景にあることとして最も適当なものを，次の①～④の中から一つ選びなさい。 **8**

① 貿易量が急減していること
② 労働力が流出していること
③ ポンド高が続いていること
④ 国家主権が制約されていること

問 3 ある財について，市場全体の供給曲線および需要曲線が，次のグラフで示したものであるとする。この財の価格上昇を促す要因として最も適当なものを，下の①～④の中から一つ選びなさい。 **9**

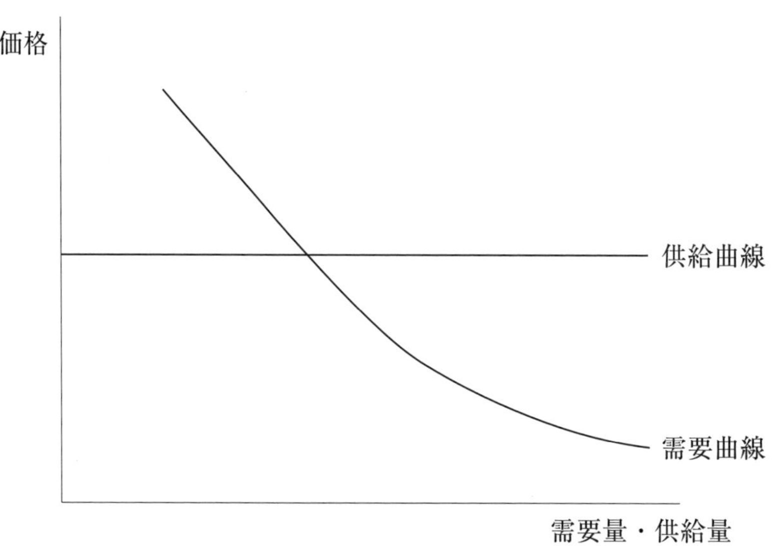

① 財を求める人びとの所得が増加する。

② 財の人気が消費者の間で高まる。

③ 財の原材料価格が上昇する。

④ 財の生産工程における効率性が高まる。

問4 次の文章を読み，文章中の空欄 a ， b に当てはまる人名の組み合わせとして最も適当なものを，下の①～④の中から一つ選びなさい。 **10**

1929年10月の株価暴落をきっかけとする恐慌への対応策として，1932年の大統領選挙に当選した a は，ニューディール政策（New Deal）を実施した。これらの一連の政策は，政府による市場への介入は限定的なものにすべきという b が主張したような考えから，政府が積極的に介入すべきという考えへの転換点となった。

	a	b
①	ケネディ	リスト
②	ケネディ	アダム・スミス
③	フランクリン・ローズベルト	リスト
④	フランクリン・ローズベルト	アダム・スミス

注）ケネディ（John F. Kennedy），リスト（Friedrich List），アダム・スミス（Adam Smith），フランクリン・ローズベルト（Franklin D. Roosevelt）

問5 市場の失敗に関する記述として最も適当なものを，次の①～④の中から一つ選びなさい。 **11**

① 安価な輸入品が出まわるようになり，国内の製造業が大きな打撃を受けた。

② 上流にある工場が汚水を排出したため，下流の漁獲高が激減した。

③ 設備投資費用が低いため，多くの企業が参入し，過当競争に陥った。

④ 図書館の運営を民間業者に委託したところ，学術的な本が置かれなくなった。

問6　次のグラフは，日本，アメリカ，フランス，ロシア，ブラジル（Brazil）の実質GDP（国内総生産）を1990年の値を100として示したものである。日本に当てはまるものを，次のグラフ中の①～④の中から一つ選びなさい。　**12**

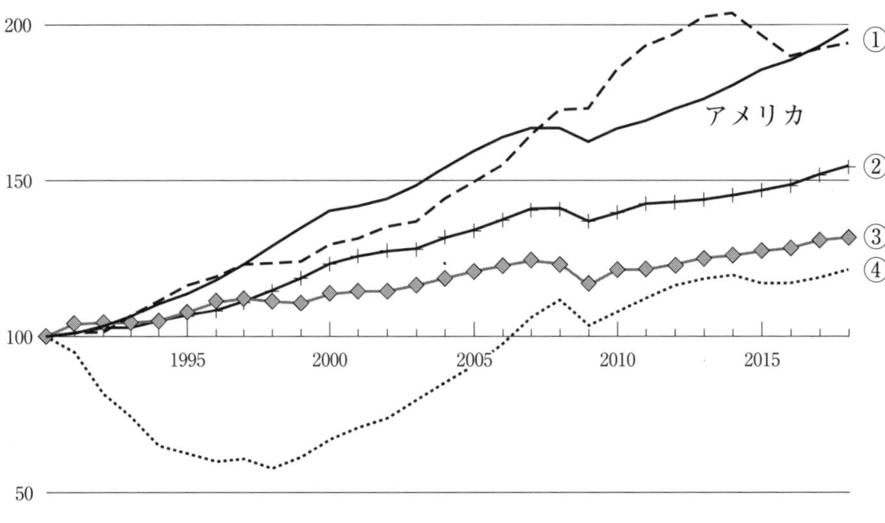

世界銀行ウェブサイトより作成

問7　現代金融の仕組みに関する記述として最も適当なものを，次の①～④の中から一つ選びなさい。　**13**

① 銀行は貸出金利よりも預金金利を高く設定することで，利潤を得る。

② 資金需要が増加すれば，利子率は低下する。

③ 市中銀行が受け入れている預金は，マネーストックに含まれない。

④ 市中銀行を通じて，中央銀行が供給する量を上回る貨幣が市中に供給される。

問8　日本の国債に関する記述として最も適当なものを，次の①～④の中から一つ選びなさい。　**14**

① 日本銀行による国債の直接引き受けは，原則として禁止されている。

② 国債の取引は，国内の金融機関にのみ認められている。

③ 財政規律を維持するため，国債の発行額の上限が定められている。

④ 歳入の不足を補うための赤字国債は，2000年度以降発行されたことがない。

問9　中央銀行が物価を安定させるためにおこなう金融政策に関する記述として最も適当なものを，次の①～④の中から一つ選びなさい。　**15**

① 物価上昇が懸念される場合，マイナス金利政策を実施する。

② 物価上昇が懸念される場合，量的緩和政策を実施する。

③ 物価下落が懸念される場合，預金準備率を引き上げる。

④ 物価下落が懸念される場合，買いオペレーションを実施する。

問10　外国為替相場が１ドル＝100円のとき，100万円を米ドルに両替して１年間預金したとする。米ドルの金利を５％とした場合の記述として最も適当なものを，次の①～④の中から一つ選びなさい。なお，手数料は考慮に入れないものとする。　**16**

① １年後の外国為替相場が１ドル＝80円の場合，円換算では84万円となる。

② １年後の外国為替相場が１ドル＝100円の場合，円換算では95万円となる。

③ １年後の外国為替相場が１ドル＝100円の場合，円換算では100万円となる。

④ １年後の外国為替相場が１ドル＝120円の場合，円換算では105万円となる。

問11 多国籍企業において，親会社が海外に設立した子会社より配当や利息を受け取るものとする。こうした直接投資収益の発生が，親会社の所在する国の国際収支に及ぼす影響に関する記述として最も適当なものを，次の①～④の中から一つ選びなさい。 **17**

① 経常収支の中の第一次所得収支の黒字化の要因となる。
② 経常収支の中の第二次所得収支の黒字化の要因となる。
③ 経常収支の中の貿易・サービス収支の黒字化の要因となる。
④ 経常収支は変化せず，金融収支の内訳にのみ変化を及ぼす。

問12 GATT（関税及び貿易に関する一般協定）ウルグアイ・ラウンド（Uruguay Round）で決定されたことに関する記述として最も適当なものを，次の①～④の中から一つ選びなさい。 **18**

① 多国籍企業に対する規制や監視の強化
② 一般特恵関税制度の導入
③ WTO（世界貿易機関）の設立
④ 多数決から全会一致への決定方式の変更

問13 日本の労働三法の中で，労働基準法が使用者に命じている事柄として**適当でないもの**を，次の①～④の中から一つ選びなさい。 **19**

① 休日や深夜の労働については，割増賃金を支払わなければならない。
② 労働組合への加入を理由として，労働者を解雇してはならない。
③ 一定の条件を満たした労働者に対して，年次有給休暇を付与しなくてはならない。
④ 女性であることを理由として，男性労働者よりも賃金を低く設定してはならない。

問14 アメリカのフロリダ（Florida）州の都市，マイアミ（Miami）は，おおよそ西経80度に位置している。180度反対側の経線が通る付近に位置する都市として最も適当なものを，次の①～④の中から一つ選びなさい。 **20**

① バグダッド（Baghdad）

② シドニー（Sydney）

③ バンコク（Bangkok）

④ ケープタウン（Cape Town）

問15 フェーンとは，ある地域に吹き降ろす高温乾燥の風のことである。このフェーンと呼ばれる地方風が吹く地域とその風向を示したものとして最も適当なものを，次の地図中の①～④の中から一つ選びなさい。 **21**

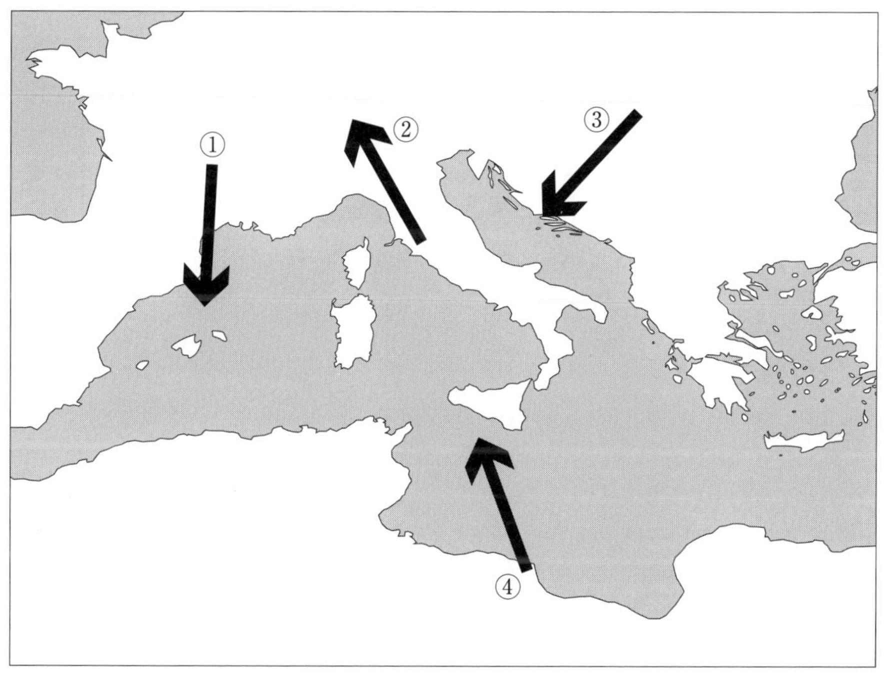

問16 次の表は，日本の主要河川と地域の組み合わせを示したものである。河川とそれが流れる地域の組み合わせとして正しいものを，次の①～④の中から一つ選びなさい。

22

①	信濃川	北海道地方
②	利根川	関東地方
③	長良川	四国地方
④	吉野川	九州地方

問17 次の表は，2017年におけるコメの生産量上位6か国と2016年におけるコメの輸出量上位6か国，およびそれらの量を示したものである。表中のXに当てはまる国名として正しいものを，下の①～④の中から一つ選びなさい。

23

コメの生産上位国　単位：1,000t

国	量
中国	212,676
インド	168,500
インドネシア	81,382
バングラデシュ	48,980
ベトナム	42,764
X	33,383

コメの輸出上位国　単位：1,000t

国	量
X	9,870
インド	9,869
ベトナム	5,211
パキスタン	3,947
アメリカ	3,316
ウルグアイ	900

『世界国勢図会　2019/20年版』より作成

注）中国（China），インド（India），インドネシア（Indonesia），バングラデシュ（Bangladesh），ベトナム（Viet Nam），パキスタン（Pakistan），ウルグアイ（Uruguay）

① 日本

② ブラジル

③ タイ（Thailand）

④ フィリピン（Philippines）

問18　次のグラフは，1950年以降の日本，フランス，インドネシア，ソマリア（Somalia）の合計特殊出生率の推移を示したものである。グラフ中のA～Dに当てはまる国名の組み合わせとして正しいものを，下の①～④の中から一つ選びなさい。　**24**

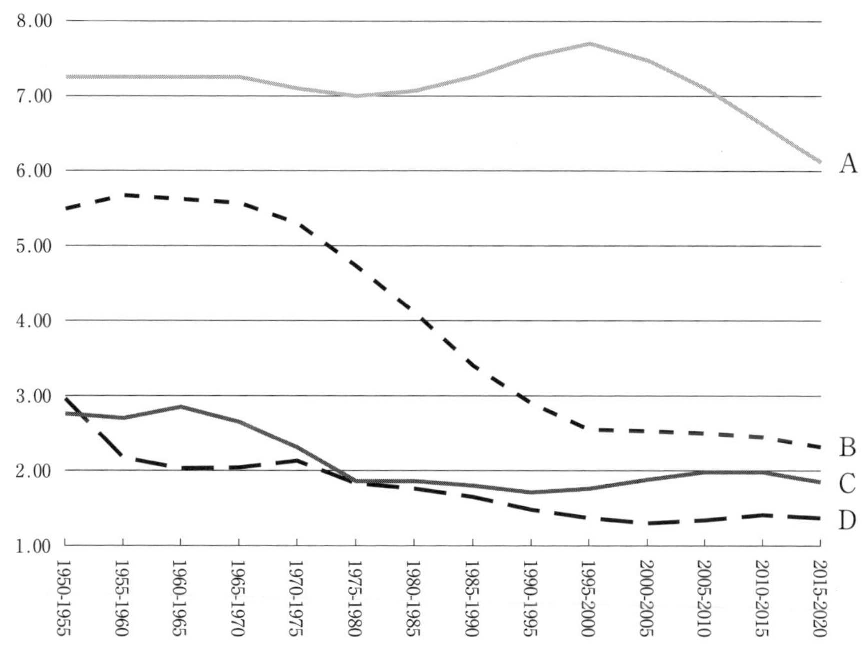

UN, *World Population Prospects 2019*　より作成

	A	B	C	D
①	ソマリア	インドネシア	日本	フランス
②	ソマリア	インドネシア	フランス	日本
③	インドネシア	ソマリア	日本	フランス
④	インドネシア	ソマリア	フランス	日本

問19　日本国憲法では，「行政権は，内閣に属する」と規定されている。憲法に規定された内閣の職務として最も適当なものを，次の①～④の中から一つ選びなさい。　**25**

①　予算を作成して国会に提出する。

②　憲法改正を発議する。

③　両院協議会の開催を要求する。

④　裁判官の懲戒処分をおこなう。

問20　日本の政治制度は間接民主制を基本としている。一方で，直接民主制も部分的に導入されている。その例として最も適当なものを，次の①～④の中から一つ選びなさい。　**26**

①　衆議院議長選出のための国民投票

②　参議院の解散請求

③　内閣総理大臣に対する解職請求

④　最高裁判所の裁判官に対する国民審査

問21　大正デモクラシー期の1925年，日本では選挙制度が改正され，選挙権を持つ者が大幅に増加した。この改正において撤廃された選挙権付与の要件に関する記述として最も適当なものを，次の①～④の中から一つ選びなさい。　**27**

①　世帯主のみに制限されていた。

②　男性のみに制限されていた。

③　貴族のみに制限されていた。

④　一定額以上の直接国税を納めた者のみに制限されていた。

問22 日本では1990年代前半に政治改革を求める声が高まり，選挙制度改革，政治資金規正，政党助成などを柱とする政治改革四法が1994年に成立した。この改革において導入されたことに関する記述として最も適当なものを，次の①～④の中から一つ選びなさい。 **28**

① 国政選挙で個々の住宅を訪問して回る戸別訪問が解禁された。
② 国政選挙でインターネットを使った選挙運動が解禁された。
③ 政党に対する企業や団体からの政治献金は，一切禁止された。
④ 一定の条件を満たした政党には，国庫から政党交付金が交付されることになった。

問23 日本では「一票の格差」について，どの程度まで憲法上許容されるかが，これまで何度も争われてきた。この問題に関する記述として最も適当なものを，次の①～④の中から一つ選びなさい。 **29**

① 「一票の格差」問題とは，衆議院と参議院の定数が大きく異なるという問題である。
② 「一票の格差」問題とは，有権者数と議員定数の比率に選挙区間で大きな差があるという問題である。
③ 「一票の格差」問題とは，有権者の政治意識や知識の有無が投票結果に反映されない問題である。
④ 「一票の格差」問題とは，高齢世代ほど投票率が高いため，高齢者が好む政策が推進されやすくなる問題である。

問24　日本国憲法において保障されている社会権として最も適当なものを，次の①～④の中から一つ選びなさい。　**30**

①　財産権
②　学問の自由
③　教育を受ける権利
④　裁判を受ける権利

問25　日本の地方自治における20世紀末以降の変化に関する記述として最も適当なものを，次の①～④の中から一つ選びなさい。　**31**

①　財政破綻(はたん)した地方自治体があらわれたため，地方債の発行が禁止になった。
②　国の財政赤字を削減するため，地方自治体は国へ税源移譲をおこなった。
③　行政や財政の効率化のため，市町村合併が推進され，市町村の数が減少した。
④　議会の権限を強化するため，首長は議会の指名によって選ばれることになった。

問26　1957年に発行された外交青書において，日本の外交活動の基調をなすものとして三大原則が示された。この原則に**当てはまらない**ものを，次の①～④の中から一つ選びなさい。　**32**

①　自由主義諸国との協調
②　発展途上国への援助
③　国際連合（UN）中心
④　アジア（Asia）の一員としての立場の堅持

問27　2019年時点でEUとNATO（北大西洋条約機構）の**いずれにも加盟していない**国を，次の①～④の中から一つ選びなさい。　**33**

①　スイス（Switzerland）

②　イタリア（Italy）

③　トルコ（Turkey）

④　チェコ（Czech Republic）

問28　次の文章を読み，文章中の空欄 a に当てはまる国名として正しいものを，下の①～④の中から一つ選びなさい。　**34**

1804年のハイチ（Haiti）独立以降，ラテンアメリカ（Latin America）では1820年代にかけて相次いで独立国が誕生した。そのような中で， a は，ポルトガル（Portugal）の王子が帝位につき，君主国として独立した。

①　ブラジル

②　チリ（Chile）

③　ペルー（Peru）

④　アルゼンチン（Argentina）

問29 19世紀末から20世紀初めにかけて，イギリスは，アフリカーナー（Afrikaner）が建てたトランスヴァール共和国（Transvaal Republic）およびオレンジ自由国（Orange Free State）と戦い，両国を勢力下におさめた。この戦いの背景に関する記述として最も適当なものを，次の①～④の中から一つ選びなさい。 **35**

① 両国は，ヨーロッパ（Europe）で高値で取引された香辛料の産地であった。

② 両国は，イギリスと敵対するフランスの影響下にあった。

③ 両国で，金やダイヤモンドが産出された。

④ イギリスは，大西洋とインド洋を結ぶ航路の制海権を獲得する必要があった。

問30 第一次世界大戦中には，戦後の領土や植民地の分配に関する秘密条約が結ばれた。これらに関する記述として最も適当なものを，次の①～④の中から一つ選びなさい。 **36**

① ロシアは，ルーマニア（Romania）に独立を約束した。

② オーストリア（Austria）は，南スラブ系民族（South Slavs）の独立国をつくることに同意した。

③ ドイツ（Germany）は，フランスにアルザス・ロレーヌ（Alsace-Lorraine）地方の返還を約束した。

④ イギリスは，ユダヤ人（Jewish people）がパレスチナ（Palestine）に民族郷土（national home）を建設することに同意した。

問31 1930年代末から1940年代前半にかけてのヨーロッパにおける次の出来事A～Dを年代順に並べたものとして正しいものを，下の①～④の中から一つ選びなさい。 **37**

A：連合国によるノルマンディー（Normandy）上陸

B：ドイツによるオーストリア併合

C：南フランスのヴィシー（Vichy）におけるドイツに協力的な政権の樹立

D：独ソ不可侵条約（treaty of nonaggression between Germany and the USSR）の締結

① B → C → A → D
② B → D → C → A
③ D → B → A → C
④ D → C → B → A

問32 日本は1956年12月に国際連合に加盟し，およそ四半世紀ぶりに国際社会に復帰した。この前提となったのは同年10月の外交成果である。その成果として最も適当なものを，次の①～④の中から一つ選びなさい。 **38**

① 日ソ共同宣言（Joint Declaration by the USSR and Japan）の署名
② サンフランシスコ平和条約（Treaty of Peace with Japan in San Francisco）の署名
③ 日韓基本条約（Treaty on Basic Relations between Japan and the Republic of Korea）の署名
④ 日中共同声明（Joint Communiqué of the Government of Japan and the Government of the People's Republic of China）の署名

総合科目の問題はこれで終わりです。解答欄の **39** ～ **60** はマークしないでください。

この問題冊子を持ち帰ることはできません。

2020年度　日本留学試験

数　学（８０分）

【コース１(基本, Basic)・コース２(上級, Advanced)】

※　どちらかのコースを一つだけ選んで解答してください。

Ⅰ　試験全体に関する注意

1．係員の許可なしに，部屋の外に出ることはできません。

2．この問題冊子を持ち帰ることはできません。

Ⅱ　問題冊子に関する注意

1．試験開始の合図があるまで，この問題冊子の中を見ないでください。

2．試験開始の合図があったら，下の欄に，受験番号と名前を，受験票と同じように記入してください。

3．コース１は１～13ページ，コース２は15～27ページにあります。

4．足りないページがあったら，手をあげて知らせてください。

5．メモや計算などを書く場合は，問題冊子に書いてください。

Ⅲ　解答方法に関する注意

1．解答は，解答用紙に鉛筆(ＨＢ)で記入してください。

2．問題文中のA，B，C，…には，それぞれ－(マイナスの符号)，または，０から９までの数が一つずつ入ります。適するものを選び，解答用紙(マークシート)の対応する解答欄にマークしてください。

3．同一の問題文中に A ，BC などが繰り返し現れる場合，２度目以降は， A ， BC のように表しています。

解答に関する記入上の注意

(1)　根号（$\sqrt{\ }$）の中に現れる自然数が最小となる形で答えてください。
（例：$\sqrt{32}$ のときは，$2\sqrt{8}$ ではなく $4\sqrt{2}$ と答えます。）

(2)　分数を答えるときは，符号は分子につけ，既約分数(reduced fraction)にして答えてください。
（例：$\frac{2}{6}$ は $\frac{1}{3}$，$-\frac{2}{\sqrt{6}}$ は $\frac{-2\sqrt{6}}{6}$ と分母を有理化してから約分し，$\frac{-\sqrt{6}}{3}$ と答えます。）

(3)　$\frac{\boxed{\text{A}}\sqrt{\boxed{\text{B}}}}{\boxed{\text{C}}}$ に $\frac{-\sqrt{3}}{4}$ と答える場合は，下のようにマークしてください。

(4)　$\boxed{\text{DE}}\,x$ に $-x$ と答える場合は，Dを－，Eを１とし，下のようにマークしてください。

【解答用紙】

A	●	⓪	①	②	③	④	⑤	⑥	⑦	⑧	⑨
B	⊖	⓪	①	②	●	④	⑤	⑥	⑦	⑧	⑨
C	⊖	⓪	①	②	③	●	⑤	⑥	⑦	⑧	⑨
D	●	⓪	①	②	③	④	⑤	⑥	⑦	⑧	⑨
E	⊖	⓪	●	②	③	④	⑤	⑥	⑦	⑧	⑨

4．解答用紙に書いてある注意事項も必ず読んでください。

※　試験開始の合図があったら，必ず受験番号と名前を記入してください。

受験番号			＊					＊						
名　　前														

数学 コース 1
（基本コース）

（コース2は 15 ページからです）

（コース2は 15 ページからです）

「解答コース」記入方法

解答コースには「コース1」と「コース2」がありますので，どちらかのコースを一つだけ選んで解答してください。「コース1」を解答する場合は，右のように，解答用紙の「解答コース」の「コース1」を ○ で囲み，その下のマーク欄をマークしてください。

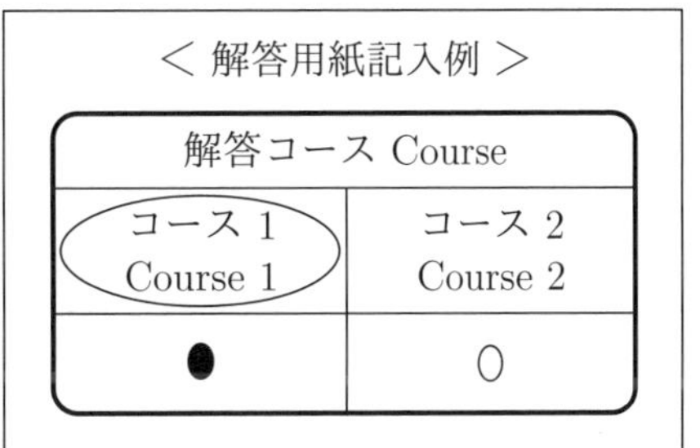

< 解答用紙記入例 >
解答コース Course
コース 1
Course 1
コース 2
Course 2

選択したコースを正しくマークしないと，採点されません。

問 1　a は正の定数とする。2 次関数 $y = \frac{1}{4}x^2$ のグラフを平行移動する。移動後の放物線と x 軸との交点が $(-2a, 0)$, $(4a, 0)$ であるとき，この放物線の方程式 $y = f(x)$ について考える。

(1)　$f(x)$ は

$$f(x) = \frac{\boxed{\text{A}}}{\boxed{\text{B}}}\left(x - \boxed{\text{C}}\,a\right)\left(x + \boxed{\text{D}}\,a\right)$$

と表せる。

(2)　$y = f(x)$ において，y の値が $10a^2$ 以下となる x の値の範囲は，不等式

$$x^2 - \boxed{\text{E}}\,ax - \boxed{\text{FG}}\,a^2 \leqq 0$$

を解いて，$-\boxed{\text{H}}\,a \leqq x \leqq \boxed{\text{I}}\,a$ である。

(3)　直線 $y = 10a$ が $y = f(x)$ のグラフによって切り取られる線分の長さを 10 とする。$\boxed{\text{J}}\sqrt{\boxed{\text{K}}\,a^2 + \boxed{\text{LM}}\,a} = 10$ であるから，a の値は $\dfrac{\boxed{\text{N}}}{\boxed{\text{O}}}$ である。

- 計算欄 (memo) -

問 2　10 段の階段がある。1 段のぼり (1 回に階段を 1 段のぼること)，または 2 段のぼり (1 回に階段を 2 段のぼること) のいずれかで階段をのぼるとし，1 段のぼりも 2 段のぼりも必ず 1 回はあることとする。

10 段の階段をのぼるとき，次の 2 つの場合について考えよう。

(1)　2 段のぼりが連続してもよい場合

(i)　例えば，2 段のぼりが 3 回ならば，1 段のぼりは **P** 回であり，のぼり方は **QR** 通りある。

(ii)　2 段のぼりが連続してもよい場合の階段ののぼり方は全部で **ST** 通りある。

(2)　2 段のぼりが連続しない場合

(i)　例えば，2 段のぼりが 2 回ならば，1 段のぼりは **U** 回であり，のぼり方は **VW** 通りある。

(ii)　2 段のぼりが連続しない場合の階段ののぼり方は全部で **XY** 通りある。

- 計算欄 (memo) -

I の問題はこれで終わりです。 I の解答欄 Z はマークしないでください。

II

問 1　m, n は $0 < m - n\sqrt{2} < 1$ を満たす正の整数とする。$(m + n\sqrt{2})^3$ の整数部分を a，小数部分を b とする。

(1)　a は奇数であり，かつ，$(m - n\sqrt{2})^3 = 1 - b$ であることを示そう。

p, q を整数とし，$(m + n\sqrt{2})^3 = p + q\sqrt{2}$ とおくと

$$p = m^3 + \boxed{\text{A}}\,mn^2, \quad q = \boxed{\text{B}}\,m^2n + \boxed{\text{C}}\,n^3$$

となり，$(m - n\sqrt{2})^3 = p - q\sqrt{2}$ である。

さらに，$(m - n\sqrt{2})^3$ の整数部分は $\boxed{\text{D}}$ である。よって，小数部分を c とおくと，次の 2 式

$$\begin{cases} p + q\sqrt{2} = a + b \\ p - q\sqrt{2} = c \end{cases}$$

が成り立つ。これより

$$\boxed{\text{E}}\,p - a = b + c$$

となる。

ここで，この左辺は整数であり，この右辺のとる値の範囲は $\boxed{\text{F}} < b + c < \boxed{\text{G}}$ であるから

$$b + c = \boxed{\text{H}}$$

である。

よって，$a = \boxed{\text{E}}\,p - \boxed{\text{H}}$ となり，a は奇数，かつ，$(m - n\sqrt{2})^3 = 1 - b$ が成り立つ。

(2)　$a = 197$ のとき，m, n を求めよう。

$a = 197$ であるから，$p = \boxed{\text{IJ}}$，すなわち $m^3 + \boxed{\text{A}}\,mn^2 = \boxed{\text{IJ}}$ となる。これを満たす正の整数 m, n は

$$m = \boxed{\text{K}}, \quad n = \boxed{\text{L}}$$

である。

- 計算欄 (memo) -

問 2　a は $a \geqq 0$ を満たす実数とし，関数 $f(x) = |x^2 - 2x|$ の $a \leqq x \leqq a+1$ における最大値 M を a を用いて表そう。さらに，a が $a \geqq 0$ の範囲で変わるとき，M の最小値を求めよう。

(1)　関数 $f(x)$ を絶対値の記号を用いないで表すと

$x \leqq$ **M** または $x \geqq$ **N** のとき，$f(x) = x^2 - 2x$

M $< x <$ **N** のとき，$f(x) = -x^2 + 2x$

である。

したがって，$f(x)$ の $a \leqq x \leqq a+1$ における最大値は

$0 \leqq a \leqq$ **O** のとき，$M =$ **P**

O $< a \leqq \dfrac{\boxed{\text{Q}} + \sqrt{\boxed{\text{R}}}}{\boxed{\text{S}}}$ のとき，$M = -a^2 +$ **T** a

$a > \dfrac{\boxed{\text{Q}} + \sqrt{\boxed{\text{R}}}}{\boxed{\text{S}}}$ のとき，$M = a^2 -$ **U**

である。

(2)　a が $a \geqq 0$ の範囲で変わるとき，M の最小値は $\dfrac{\sqrt{\boxed{\text{V}}}}{\boxed{\text{W}}}$ である。

注）絶対値：absolute value

- 計算欄 (memo) -

| II | の問題はこれで終わりです。 | II | の解答欄 | X | ～ | Z | はマークしないでください。 |

III

等式

$$14a + 9b = 147 \quad \cdots\cdots\cdots \quad ①$$

を満たす整数 a, b を考える。

(1) 等式 ① を満たす正の整数 a, b を求めよう。

$$14a = \boxed{\text{A}}(\boxed{\text{BC}} - \boxed{\text{D}}b), \quad 9b = \boxed{\text{E}}(\boxed{\text{FG}} - \boxed{\text{H}}a)$$

であるから，a は $\boxed{\text{A}}$ の倍数であり，b は $\boxed{\text{E}}$ の倍数である。

そこで，m, n を整数として $a = \boxed{\text{A}}m, b = \boxed{\text{E}}n$ とおくと，① より

$$\boxed{\text{I}}m + \boxed{\text{J}}n = \boxed{\text{K}}$$

を得る。これを満たす正の整数 m, n は

$$m = \boxed{\text{L}}, \quad n = \boxed{\text{M}}$$

であるから

$$a = \boxed{\text{N}}, \quad b = \boxed{\text{O}}$$

である。

(2) 等式 ① の解 a, b で，$0 < a + b < 5$ を満たすものを求めよう。

$14 \times \boxed{\text{N}} + 9 \times \boxed{\text{O}} = 147$ であるから，この式と ① より

$$14(a - \boxed{\text{N}}) = 9(\boxed{\text{O}} - b)$$

を得る。ここで，14 と 9 は互いに素であるから，a, b は整数 k を用いて

$$a = \boxed{\text{P}}k + \boxed{\text{Q}}, \quad b = -\boxed{\text{RS}}k + \boxed{\text{T}}$$

と表される。ここで，$0 < a + b < 5$ より，$k = \boxed{\text{U}}$，すなわち

$$a = \boxed{\text{VW}}, \quad b = -\boxed{\text{XY}}$$

である。

- 計算欄 (memo) -

III の問題はこれで終わりです。III の解答欄 Z はマークしないでください。

3 辺の長さが

$$AB = 2,\quad BC = 3,\quad CA = 4$$

である三角形 ABC とその外接円 O を考える。

以下，三角形 PQR の面積は △PQR のように表す。

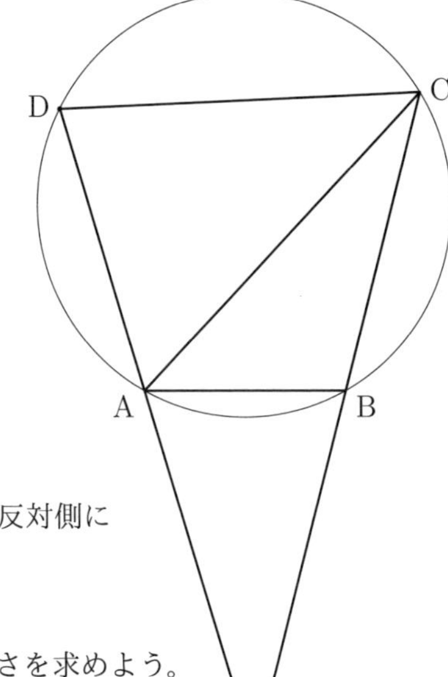

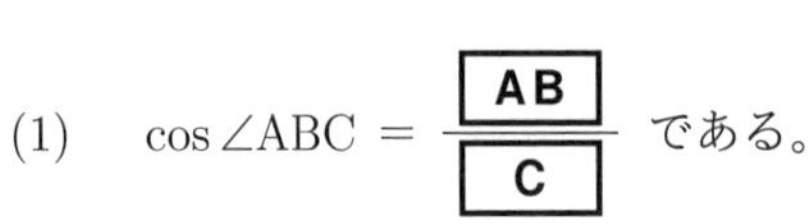

(1) $\cos\angle ABC = \dfrac{\boxed{\text{AB}}}{\boxed{\text{C}}}$ である。

(2) 円 O の周上に点 D を線分 AC に関して点 B と反対側に

$$\frac{\triangle ABD}{\triangle BCD} = \frac{8}{15} \quad \cdots\cdots\cdots \text{①}$$

であるようにとる。このとき，線分 AD, CD の長さを求めよう。

まず

$$\angle BAD = \boxed{\text{DEF}}^\circ - \angle BCD$$

であるから，$\sin\angle BAD = \sin\angle BCD$ である。よって，① より

$$\frac{AD}{CD} = \frac{\boxed{\text{G}}}{\boxed{\text{H}}}$$

となる。そこで，正の数 k を用いて $AD = \boxed{\text{G}}\,k$，$CD = \boxed{\text{H}}\,k$ とおく。さらに

$$\angle ADC = \boxed{\text{IJK}}^\circ - \angle ABC$$

であるから，$\cos\angle ADC = \dfrac{\boxed{\text{L}}}{\boxed{\text{M}}}$ である。よって，$k = \dfrac{\boxed{\text{N}}}{\sqrt{\boxed{\text{OP}}}}$ を得る。したがって

$$AD = \frac{\boxed{\text{QR}}\sqrt{\boxed{\text{OP}}}}{\boxed{\text{OP}}},\quad CD = \frac{\boxed{\text{ST}}\sqrt{\boxed{\text{OP}}}}{\boxed{\text{OP}}}$$

である。

(3) 直線 DA と直線 CB の交点を E とすると

$$\frac{\triangle ABE}{\triangle CDE} = \frac{\boxed{\text{UV}}}{\boxed{\text{WXY}}}$$

となる。

注）外接円：circumscribed circle，周：perimeter

- 計算欄 (memo) -

IV の問題はこれで終わりです。IV の解答欄 **Z** はマークしないでください。

コース 1 の問題はこれですべて終わりです。解答用紙の V はマークしないでください。

解答用紙の解答コース欄に「コース 1」が正しくマークしてあるか，もう一度確かめてください。

この問題冊子を持ち帰ることはできません。

数学 コース 2
（上級コース）

「解答コース」記入方法

解答コースには「コース1」と「コース2」がありますので，どちらかのコースを一つだけ選んで解答してください。「コース2」を解答する場合は，右のように，解答用紙の「解答コース」の「コース2」を ○ で囲み，その下のマーク欄をマークしてください。

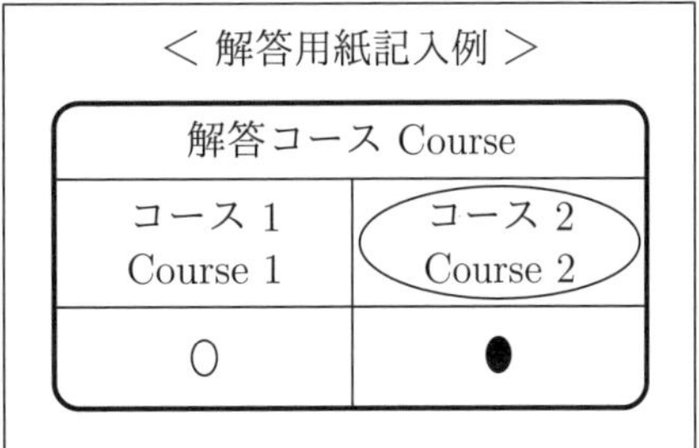

< 解答用紙記入例 >
解答コース Course
コース 1
Course 1
コース 2
Course 2

選択したコースを正しくマークしないと，採点されません。

問 1　a は正の定数とする。2 次関数 $y=\dfrac{1}{4}x^2$ のグラフを平行移動する。移動後の放物線と x 軸との交点が $(-2a, 0)$, $(4a, 0)$ であるとき，この放物線の方程式 $y=f(x)$ について考える。

(1)　$f(x)$ は

$$f(x)=\frac{\boxed{\textbf{A}}}{\boxed{\textbf{B}}}\left(x-\boxed{\textbf{C}}\,a\right)\left(x+\boxed{\textbf{D}}\,a\right)$$

と表せる。

(2)　$y=f(x)$ において，y の値が $10a^2$ 以下となる x の値の範囲は，不等式

$$x^2-\boxed{\textbf{E}}\,ax-\boxed{\textbf{FG}}\,a^2 \leqq 0$$

を解いて，$-\boxed{\textbf{H}}\,a \leqq x \leqq \boxed{\textbf{I}}\,a$ である。

(3)　直線 $y=10a$ が $y=f(x)$ のグラフによって切り取られる線分の長さを 10 とする。$\boxed{\textbf{J}}\sqrt{\boxed{\textbf{K}}\,a^2+\boxed{\textbf{LM}}\,a}=10$ であるから，a の値は $\dfrac{\boxed{\textbf{N}}}{\boxed{\textbf{O}}}$ である。

- 計算欄 (memo) -

問 2　10 段の階段がある。1 段のぼり (1 回に階段を 1 段のぼること)，または 2 段のぼり (1 回に階段を 2 段のぼること) のいずれかで階段をのぼるとし，1 段のぼりも 2 段のぼりも必ず 1 回はあることとする。

10 段の階段をのぼるとき，次の 2 つの場合について考えよう。

(1)　2 段のぼりが連続してもよい場合

(i)　例えば，2 段のぼりが 3 回ならば，1 段のぼりは **[P]** 回であり，のぼり方は **[QR]** 通りある。

(ii)　2 段のぼりが連続してもよい場合の階段ののぼり方は全部で **[ST]** 通りある。

(2)　2 段のぼりが連続しない場合

(i)　例えば，2 段のぼりが 2 回ならば，1 段のぼりは **[U]** 回であり，のぼり方は **[VW]** 通りある。

(ii)　2 段のぼりが連続しない場合の階段ののぼり方は全部で **[XY]** 通りある。

- 計算欄 (memo) -

I の問題はこれで終わりです。 I の解答欄 **Z** はマークしないでください。

II

問 1　初項から第 n 項までの和 S_n が

$$S_n = \frac{n^2 - 17n}{4}$$

で表される数列 $\{a_n\}$ に対して，数列 $\{b_n\}$ を

$$b_n = a_n \cdot a_{n+5} \qquad (n = 1, 2, 3, \cdots)$$

と定める。

(1)　次の文中の **A** ～ **C** には，下の選択肢 ⓪ ～ ⑨ の中から適するものを選びなさい。

数列 $\{b_n\}$ の初項から第 n 項までの和 T_n を求めよう。

$a_n =$ **A** であるから，$b_n =$ **B** である。したがって

$T_n =$ **C**

である。

⓪ $\dfrac{n-7}{2}$　① $\dfrac{n-9}{2}$　② $\dfrac{n-11}{2}$

③ $\dfrac{n^2-12n+27}{4}$　④ $\dfrac{n^2-13n+36}{4}$　⑤ $\dfrac{n^2-14n+45}{4}$

⑥ $\dfrac{n(n^2-17n+83)}{12}$　⑦ $\dfrac{n(n^2-17n+89)}{12}$　⑧ $\dfrac{n(n^2-18n+83)}{12}$

⑨ $\dfrac{n(n^2-18n+89)}{12}$

（問 1 は次ページに続く）

(2)　次に，T_n の最小値を求めよう。

$n \leqq$ **D** または **EF** $\leqq n$ のとき，$b_n > 0$ であり，また，**G** $\leqq n \leqq$ **H** のとき，$b_n < 0$ である。

したがって，$n =$ **I**，$n =$ **J** および $n =$ **K** で，T_n は最小となり，その値は **L** である。ただし，I < J < K となるように答えなさい。

問 2　次の各問いに答えなさい。

(1)　複素数 $8+8\sqrt{3}i$ を極形式で表すと

$$\boxed{\mathsf{MN}}\left(\cos\frac{\pi}{\boxed{\mathsf{O}}}+i\sin\frac{\pi}{\boxed{\mathsf{P}}}\right)$$

となる。

(2)　$z^4=8+8\sqrt{3}i$ を満たす複素数 z を $0 \leqq \arg z < 2\pi$ の範囲で考える。

$|z|=\boxed{\mathsf{Q}}$ である。このような z は全部で 4 個あり，偏角の小さい順に z_1, z_2, z_3, z_4 とすると

$$\arg\frac{z_1z_2z_3}{z_4}=\frac{\pi}{\boxed{\mathsf{R}}}$$

である。

(3)　$w^8-16w^4+256=0$ を満たす複素数 w を $0 \leqq \arg w < 2\pi$ の範囲で考える。

このような w は全部で 8 個あり，偏角の小さい順に $w_1, w_2, w_3, w_4, w_5, w_6, w_7, w_8$ とする。これらのうち 4 個は (2) の z_1, z_2, z_3, z_4 のどれかと一致する。それは

$$w_{\boxed{\mathsf{S}}}=z_1,\quad w_{\boxed{\mathsf{T}}}=z_2,\quad w_{\boxed{\mathsf{U}}}=z_3,\quad w_{\boxed{\mathsf{V}}}=z_4$$

である。

また，$w_1w_8=\boxed{\mathsf{W}}$，$w_3w_4=\boxed{\mathsf{XY}}\,i$ である。

注）複素数：complex number，極形式：polar form，偏角：argument

- 計算欄 (memo) -

II	の問題はこれで終わりです。	II	の解答欄	Z	はマークしないでください。

III

関数 $f(x)=x^3-4x+4$ について考える。

$y=f(x)$ のグラフ上の点 A$(-1,7)$ における接線を ℓ とし，$y=f(x)$ のグラフに点 B$(0,\ -12)$ から引いた接線を m とする。また，2 つの接線 ℓ と m の交点を C とおく。2 直線 ℓ, m のなす角を θ $(0<\theta<\frac{\pi}{2})$ とするとき，$\tan\theta$ の値を求めよう。

(1) $f(x)$ の導関数 $f'(x)$ は

$$f'(x) = \boxed{\mathsf{A}}\,x^{\boxed{\mathsf{B}}} - \boxed{\mathsf{C}}$$

である。したがって，接線 ℓ の傾きは $\boxed{\mathsf{DE}}$ であり，接線 ℓ の方程式は

$$y = \boxed{\mathsf{DE}}\,x + \boxed{\mathsf{F}}$$

である。

(2) $y=f(x)$ のグラフと接線 m との接点の x 座標を a とする。このとき，接線 m の方程式は a を用いて

$$y = \left(\boxed{\mathsf{G}}\,a^{\boxed{\mathsf{H}}} - \boxed{\mathsf{I}}\right)x - \boxed{\mathsf{J}}\,a^{\boxed{\mathsf{K}}} + \boxed{\mathsf{L}}$$

と表せる。この直線が点 B$(0,\ -12)$ を通るから，$a=\boxed{\mathsf{M}}$ で，接線 m の方程式は

$$y = \boxed{\mathsf{N}}\,x - \boxed{\mathsf{OP}}$$

となる。したがって，2 直線 ℓ と m の交点 C の座標は $\left(\boxed{\mathsf{Q}},\ \boxed{\mathsf{R}}\right)$ である。

(3) 2 直線 ℓ, m と x 軸の正の向きとのなす角をそれぞれ α, β とすると

$$\tan\alpha = \boxed{\mathsf{ST}}, \quad \tan\beta = \boxed{\mathsf{U}}$$

であるから

$$\tan\theta = \frac{\boxed{\mathsf{V}}}{\boxed{\mathsf{W}}}$$

を得る。

注） 導関数：derivative

- 計算欄 (memo) -

III の問題はこれで終わりです。III の解答欄 X ～ Z はマークしないでください。

区間 $0 \leqq x \leqq \pi$ において，関数

$$f(x) = \sin x + \frac{\sin 2x}{2} + \frac{\sin 3x}{3}$$

を考える。このとき，$0 < x < \pi$ で $f(x) > 0$ を示して，さらに，曲線 $y = f(x)$ と x 軸とで囲まれた部分の面積 S を求めよう。

(1)　次の文中の $\boxed{\text{K}}$，$\boxed{\text{N}}$，$\boxed{\text{Q}}$，$\boxed{\text{R}}$ には，次の選択肢

⓪　増加　　　①　減少

のどちらかから適するものを選び，他の $\boxed{}$ には適する数を入れなさい。

$f(x)$ を微分すると

$$f'(x) = \left(\boxed{\text{A}}\cos^2 x - \boxed{\text{B}}\right)\left(\boxed{\text{C}}\cos x + \boxed{\text{D}}\right)$$

である。$f'(x) = 0$ となる x は $0 \leqq x \leqq \pi$ の範囲に 3 個存在して，それらを小さい順に並べると

$$x = \frac{\pi}{\boxed{\text{E}}},\quad \frac{\boxed{\text{F}}}{\boxed{\text{G}}}\pi,\quad \frac{\boxed{\text{H}}}{\boxed{\text{I}}}\pi$$

である。

次に，$f(x)$ の増減を調べると

$0 \leqq x \leqq \dfrac{\pi}{\boxed{\text{J}}}$ のとき，$\boxed{\text{K}}$

$\dfrac{\pi}{\boxed{\text{J}}} \leqq x \leqq \dfrac{\boxed{\text{L}}}{\boxed{\text{M}}}\pi$ のとき，$\boxed{\text{N}}$

$\dfrac{\boxed{\text{L}}}{\boxed{\text{M}}}\pi \leqq x \leqq \dfrac{\boxed{\text{O}}}{\boxed{\text{P}}}\pi$ のとき，$\boxed{\text{Q}}$

$\dfrac{\boxed{\text{O}}}{\boxed{\text{P}}}\pi \leqq x \leqq \pi$ のとき，$\boxed{\text{R}}$

である。また

$$f(0) = 0,\quad f(\pi) = 0,\quad f\left(\frac{\boxed{\text{L}}}{\boxed{\text{M}}}\pi\right) = \frac{\sqrt{\boxed{\text{S}}}}{\boxed{\text{T}}} > 0$$

である。したがって，$0 < x < \pi$ のとき $f(x) > 0$ である。

（IV は次ページに続く）

(2)　曲線 $y = f(x)$ と x 軸とで囲まれた部分の面積 S は

$$S = \frac{\boxed{\mathsf{UV}}}{\boxed{\mathsf{W}}}$$

である。

IV の問題はこれで終わりです。IV の解答欄 X ～ Z はマークしないでください。

コース 2 の問題はこれですべて終わりです。解答用紙の V はマークしないでください。

解答用紙の解答コース欄に「コース 2」が正しくマークしてあるか，
もう一度確かめてください。

この問題冊子を持ち帰ることはできません。

2020 Examination for Japanese University Admission for International Students

Science (80 min.)

【Physics, Chemistry, Biology】

※ Choose and answer two subjects.

※ Answer the questions using the front side of the answer sheet for one subject, and the reverse side for the other subject.

I Rules of Examination

1. Do not leave the room without the proctor's permission.
2. Do not take this question booklet out of the room.

II Rules and Information Concerning the Question Booklet

1. Do not open this question booklet until instructed.
2. After instruction, write your name and examination registration number in the space provided below, as printed on your examination voucher.
3. The pages of each subject are as in the following table.

Subject	Pages
Physics	1 − 21
Chemistry	23 − 37
Biology	39 − 53

4. If your question booklet is missing any pages, raise your hand.
5. You may write notes and calculations in the question booklet.

III Rules and Information Concerning the Answer Sheet

1. You must mark your answers on the answer sheet with an HB pencil.
2. Each question is identified by one of the row numbers **1**, **2**, **3**, ⋯. Follow the instruction in the question and completely black out your answer in the corresponding row of the answer sheet (mark-sheet).
3. Make sure also to read the instructions on the answer sheet.

※ Once you are instructed to start the examination, fill in your examination registration number and name.

Examination registration number			*				*						
Name													

Physics

Marking your Choice of Subject on the Answer Sheet

Choose and answer two subjects from Physics, Chemistry, and Biology. Use the front side of the answer sheet for one subject, and the reverse side for the other subject.

As shown in the example on the right, if you answer the Physics questions, circle "Physics" and completely fill in the oval under the subject name.

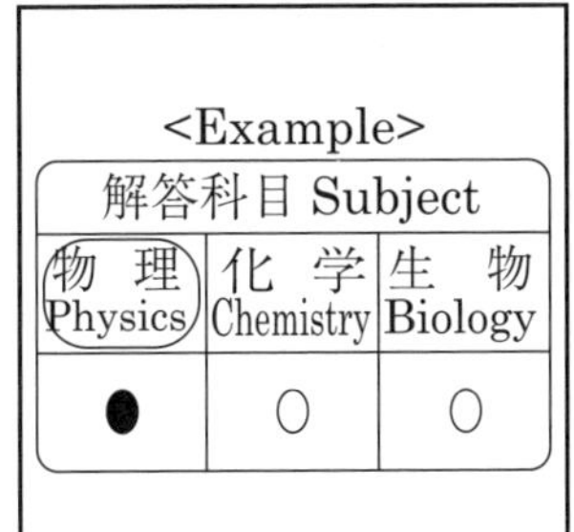

If you do not correctly fill in the appropriate oval, your answers will not be graded.

I Answer questions **A** (Q1), **B** (Q2), **C** (Q3), **D** (Q4), **E** (Q5), and **F** (Q6) below, where g denotes the magnitude of acceleration due to gravity, and air resistance is negligible.

A As shown in the figure below, a thin rod (length: L; mass: M) with nonuniform density is maintained in a horizontal position by applying forces to both ends in the vertically upward direction. The magnitude of the force applied to the left end of the rod is f. Let us denote as x the distance from the left end to the rod's center of mass, G.

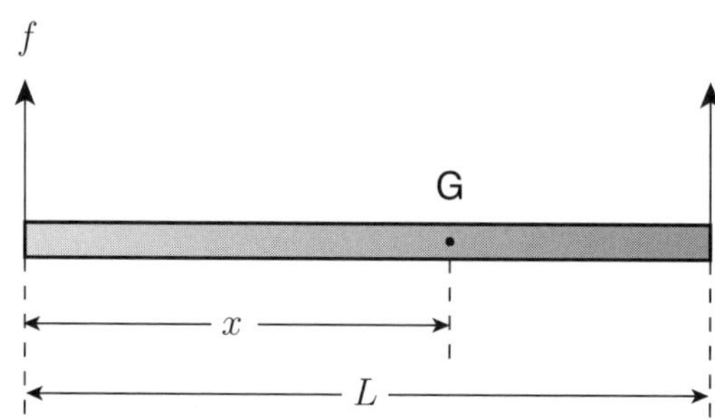

Q1 What is $\frac{x}{L}$? From ①-⑥ below choose the correct answer. **1**

① $\frac{Mg}{f}$ ② $\frac{f}{Mg}$ ③ $\frac{Mg}{f} - 1$

④ $1 - \frac{f}{Mg}$ ⑤ $\frac{f}{Mg - f}$ ⑥ $\frac{f}{Mg + f}$

B As shown in the figure below, a spring with a spring constant of 30 N/m is placed on the smooth, horizontal upper surface of a wagon, parallel to the wagon's direction of motion. One end of the spring is attached to a wall on the right side of the wagon, and a small object (mass: 0.5 kg) is attached to the other end of the spring. The wagon is moving linearly on a horizontal surface with velocity in the direction to the right of the figure, and is slowing down with uniform acceleration (magnitude of acceleration: 3 m/s^2) while the object is at rest relative to the wagon.

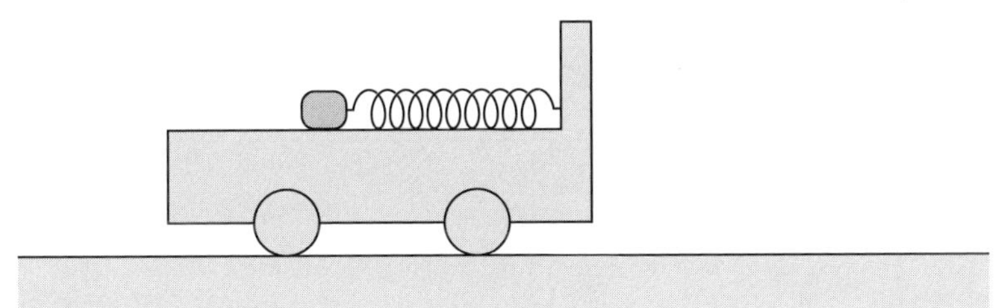

Q2 How much does the length of the spring change from its natural length? From ①-⑥ below choose the best answer. **2**

① compressed 0.03 m　② compressed 0.05 m　③ compressed 0.1 m

④ extended 0.03 m　⑤ extended 0.05 m　⑥ extended 0.1 m

C A force is applied to an object moving with a certain velocity, from time $t = 0$ s to time $t = 3.0$ s, in the same direction as the object's velocity. The magnitude of this force, F, changes as shown in the figure below.

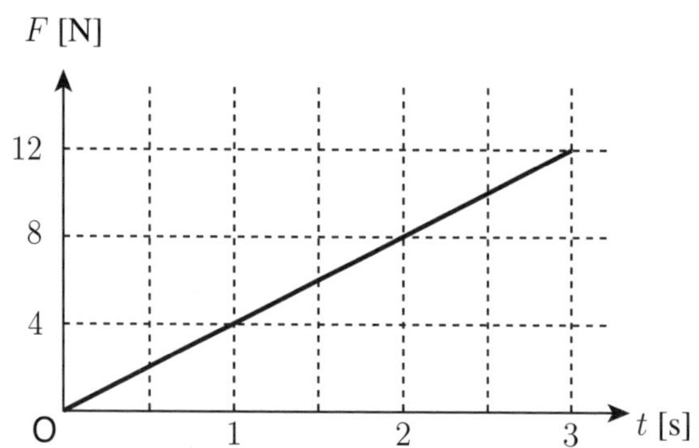

Q3 What is the change in the magnitude of the object's momentum from time $t = 0$ s to time $t = 3.0$ s? From ①-⑥ below choose the best answer. **3** kg·m/s

① 2.0 ② 4.0 ③ 8.0 ④ 9.0 ⑤ 18 ⑥ 36

D On a rough horizontal floor, small object A is at rest and small object B collides with A while moving at a certain speed, as shown in the figure below. Both objects have the same mass. Following the collision, A and B come to rest after sliding distances L_{A} and L_{B}, respectively, on the floor. Let us denote as e the coefficient of restitution between A and B. The coefficient of kinetic friction between A and the floor is equal to that between B and the floor.

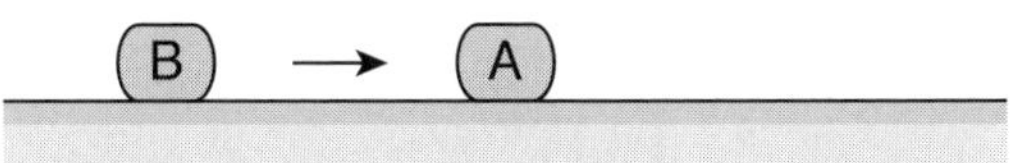

Q4 What is $\dfrac{L_{\mathsf{A}}}{L_{\mathsf{B}}}$? From ①-④ below choose the correct answer. **4**

① $\dfrac{1-e}{1+e}$ ② $\dfrac{1+e}{1-e}$ ③ $\left(\dfrac{1-e}{1+e}\right)^2$ ④ $\left(\dfrac{1+e}{1-e}\right)^2$

E One end of an inelastic lightweight string (length: L) is attached to a ceiling, and a small object is attached to the other end. As shown in the figure below, the object is gently released from a position where the string forms an angle of $60°$ with the vertical. After the object reaches its lowest point, it begins to travel with circular motion of radius r, centered on a thin nail located distance r directly above the lowest point. When r exceeds a certain length R, the object is unable to reach the point directly above the nail as it undergoes circular motion.

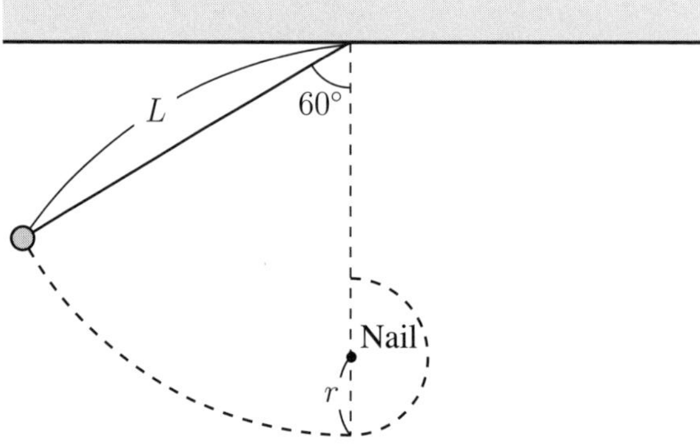

Q5 What is $\frac{R}{L}$? From ①-⑥ below choose the correct answer. **5**

① $\frac{1}{8}$ ② $\frac{1}{6}$ ③ $\frac{1}{5}$ ④ $\frac{1}{4}$ ⑤ $\frac{1}{3}$ ⑥ $\frac{2}{5}$

F An artificial satellite is travelling in an elliptical orbit where one of the foci coincides with the earth's center of mass. When the satellite is nearest to the earth, the distance between the satellite and the earth's center of mass is five times as long as the earth's radius. Also, when nearest to the earth, the satellite's speed is two times as large as when farthest from the earth.

Q6 What is the ratio of the magnitude of the earth's gravity acting on the satellite when it is farthest from the earth, to the magnitude of the earth's gravity acting on the satellite when it is resting on the earth's surface? From ①-⑧ below choose the best answer. **6**

① 0　② $\frac{1}{500}$　③ $\frac{1}{250}$　④ $\frac{1}{100}$

⑤ $\frac{1}{50}$　⑥ $\frac{1}{25}$　⑦ $\frac{1}{10}$　⑧ $\frac{1}{5}$

II Answer questions **A** (Q1), **B** (Q2), and **C** (Q3) below.

A Water of 100 g at 10 °C is placed in a container that has a heat capacity of 150 J/K and is at temperature t. After sufficient time elapses, the container's temperature changes to 0.0 °C. Also, a portion of the water in the container turns into ice, with the container now holding ice of 5.0 g at 0.0 °C and water of 95 g at 0.0 °C. The specific heat of water is 4.2 J/(g · K), and the heat of fusion of ice is 330 J/g. Assume that there is no exchange of heat with the environment.

Q1 What is t (in °C)? From ①-⑥ below choose the best answer. **7** °C

① −54 ② −43 ③ −39

④ −21 ⑤ −17 ⑥ −4.0

B As shown in the figure below, the interior of a container made of thermally insulated walls is partitioned into two regions by an immobile wall that conducts heat. A monatomic ideal gas with amount of substance n_1[mol] and absolute temperature T_1 is enclosed in one region, and a monatomic ideal gas with amount of substance n_2[mol] and absolute temperature T_2 is enclosed in the other region. After sufficient time elapses, the gases in both regions reach the same absolute temperature, T_3. Here, $n_1 > n_2$, and $T_1 > T_2$.

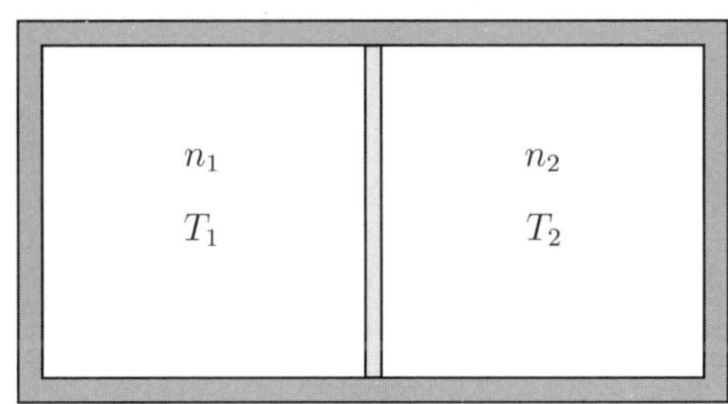

Q2 What is T_3? From ①-⑦ below choose the correct answer. **8**

① $\dfrac{T_1 + T_2}{2}$　　② $\dfrac{T_1}{2} + \dfrac{n_2 T_2}{2n_1}$　　③ $\dfrac{T_1}{2} + \dfrac{n_1 T_2}{2n_2}$

④ $\dfrac{n_1 T_1}{2n_2} + \dfrac{T_2}{2}$　　⑤ $\dfrac{n_2 T_1}{2n_1} + \dfrac{T_2}{2}$　　⑥ $\dfrac{n_1 T_1 + n_2 T_2}{n_1 + n_2}$

⑦ $\dfrac{n_2 T_1 + n_1 T_2}{n_1 + n_2}$

C A certain quantity of a monatomic ideal gas is enclosed in a cylinder. Consider how the state of this gas changes when it undergoes the processes shown in the p–V diagram below: process (1), which changes the state of the gas from state A to state B; process (2), which changes the state of the gas from state A to state C; process (3), which changes the state of the gas from state A to state D; and process (4), which changes the state of the gas from state A to state E. Processes (1) and (3) are isobaric changes, and processes (2) and (4) are adiabatic changes.

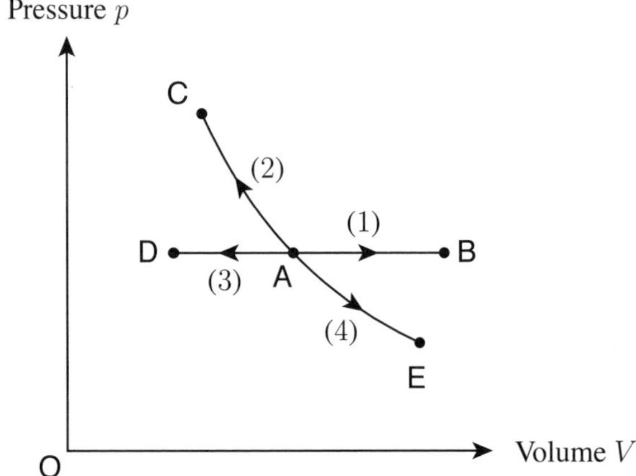

Q3 In which of processes (1)-(4) does the internal energy of the gas decrease? From ①-④ below choose the correct answer. **9**

① Processes (1) and (2)

② Processes (2) and (3)

③ Processes (3) and (4)

④ Processes (1) and (4)

III Answer questions **A** (Q1), **B** (Q2), and **C** (Q3) below.

A A sinusoidal wave is propagating along an x–axis. Figure 1 below is a graph showing the relationship between the wave's displacement of the medium, y, and its position coordinate, x, at time $t = 0$ s. Figure 2 is a graph showing the relationship between y and t at position $x = 0$ m.

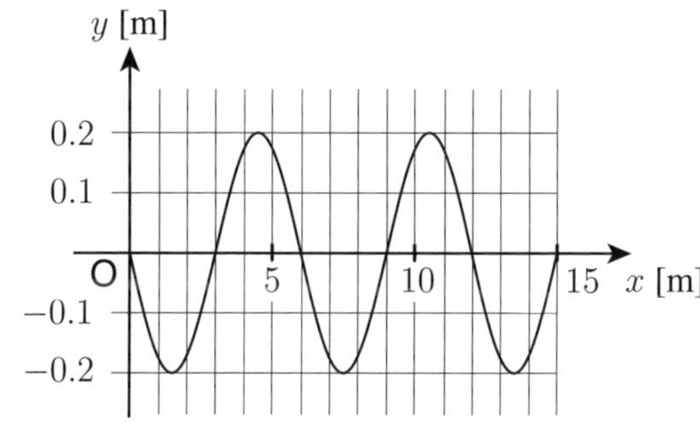

Figure 1

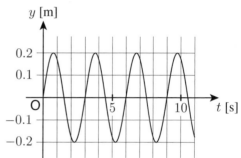

Figure 2

Q1 What is the mathematical formula for this sinusoidal wave? From ①-⑧ below choose the best answer, where the unit of y and x is m, and the unit of t is s. **10**

① $y = 0.2\sin\left(\frac{\pi}{3}t - \frac{2\pi}{3}x\right)$

② $y = 0.2\sin\left(\frac{\pi}{3}t + \frac{2\pi}{3}x\right)$

③ $y = 0.2\sin\left(\frac{2\pi}{3}t - \frac{\pi}{3}x\right)$

④ $y = 0.2\sin\left(\frac{2\pi}{3}t + \frac{\pi}{3}x\right)$

⑤ $y = 0.4\sin\left(\frac{\pi}{3}t - \frac{2\pi}{3}x\right)$

⑥ $y = 0.4\sin\left(\frac{\pi}{3}t + \frac{2\pi}{3}x\right)$

⑦ $y = 0.4\sin\left(\frac{2\pi}{3}t - \frac{\pi}{3}x\right)$

⑧ $y = 0.4\sin\left(\frac{2\pi}{3}t + \frac{\pi}{3}x\right)$

B As shown in Figure 1 below, one end of a string is fixed in place, a weight of mass m_1 is attached to the other end and is suspended by placing the string over a pulley, and the string is stretched horizontally between two bridges fixed in place and separated by distance L_1. The string between the bridges is made to vibrate in its fundamental mode, and the frequency of this vibration is determined to be f. Next, as shown in Figure 2, the mass of the weight is changed to m_2 ($> m_1$) and the distance between the bridges is changed to L_2. The string between the bridges is again made to vibrate in its fundamental mode, and the frequency of this vibration is determined to be the same as before, f. Here, the speed of the wave traveling through the string is directly proportional to the square root (the $\frac{1}{2}$ power) of the magnitude of the force pulling the string.

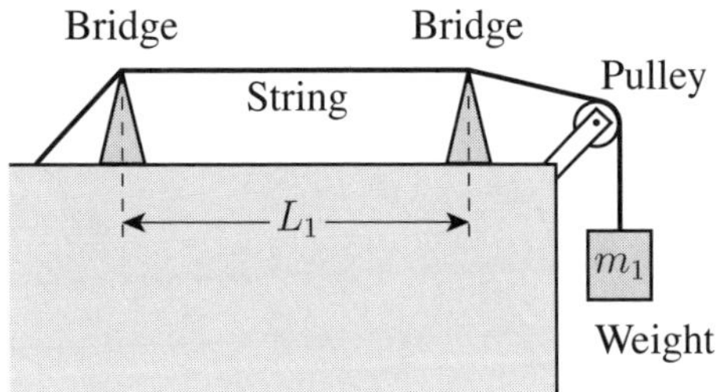

Figure 1

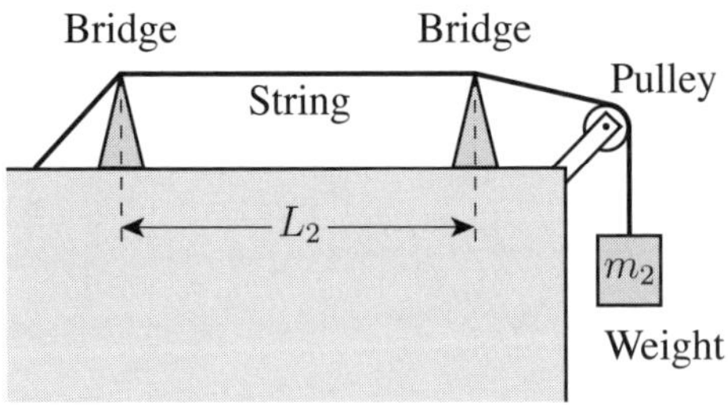

Bridge
Bridge
String
Pulley
L_2
m_2
Weight

Figure 2

Q2 What is $\frac{L_2}{L_1}$? From ①-⑦ below choose the correct answer. 

① $\left(\frac{m_1}{m_2}\right)^2$ ② $\frac{m_1}{m_2}$ ③ $\sqrt{\frac{m_1}{m_2}}$ ④ 1

⑤ $\sqrt{\frac{m_2}{m_1}}$ ⑥ $\frac{m_2}{m_1}$ ⑦ $\left(\frac{m_2}{m_1}\right)^2$

C As shown in the figure below, water, glass, and air adjoin along parallel boundary planes. A beam of light is directed from the water toward the glass, with the angle of incidence, θ, gradually increased from zero. When θ is small, the light refracted at the boundary plane of the glass and air travels into the air. However, when θ exceeds θ_0, the light is completely reflected at the boundary plane of the glass and air. Here, the absolute refractive indexes of water, glass, and air are $\frac{4}{3}$, $\frac{3}{2}$, and 1, respectively.

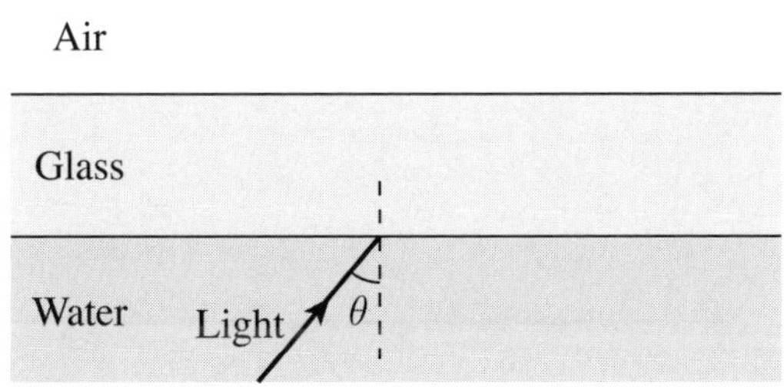

Q3 What is $\sin\theta_0$? From ①-⑦ below choose the best answer. **12**

① $\frac{1}{4}$ ② $\frac{1}{3}$ ③ $\frac{1}{2}$ ④ $\frac{2}{3}$

⑤ $\frac{3}{4}$ ⑥ $\frac{4}{5}$ ⑦ $\frac{8}{9}$

IV Answer questions **A** (Q1), **B** (Q2), **C** (Q3), **D** (Q4), **E** (Q5), and **F** (Q6) below.

A Small balls A and B, each having a mass of m, are each attached to the end of one of two lightweight, electrically insulated strings of the same length, ℓ. An electric charge with quantity of electricity q ($>$ 0) is imparted to A, and an electric charge with quantity of electricity Q ($> q$) is imparted to B. As shown in the figure below, when the two objects are suspended from the same point, they come to rest within a vertical plane such that each string forms angle θ with the vertical. Let us denote as k the proportionality constant of Coulomb's law, and as g the magnitude of acceleration due to gravity.

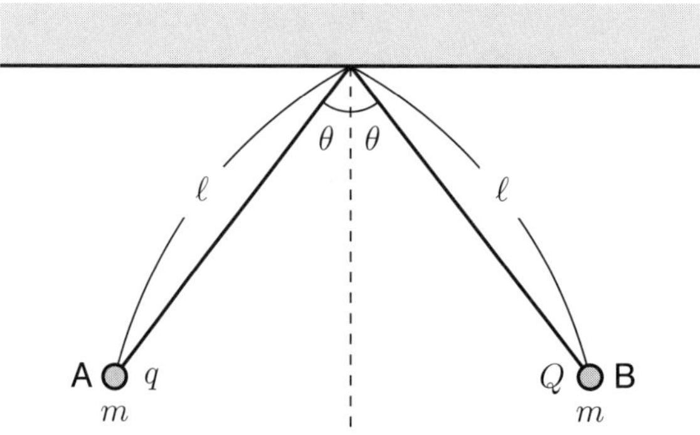

Q1 What is Q? From ①-⑦ below choose the correct answer. **13**

① $\dfrac{4mg\ell^2 \sin\theta}{kq}$ ② $\dfrac{4mg\ell^2 \cos\theta}{kq}$ ③ $\dfrac{4mg\ell^2 \sin\theta\cos\theta}{kq}$

④ $\dfrac{4mg\ell^2 \sin^2\theta}{kq\cos\theta}$ ⑤ $\dfrac{4mg\ell^2 \cos^2\theta}{kq\sin\theta}$ ⑥ $\dfrac{4mg\ell^2 \sin^3\theta}{kq\cos\theta}$

⑦ $\dfrac{4mg\ell^2 \cos^3\theta}{kq\sin\theta}$

B As shown in the figure below, point charges with quantity of electricity Q (> 0) are fixed in place at vertices A, C, and H of a cube whose edges have length a, and point charges with quantity of electricity $-Q$ are fixed in place at vertices B, D, E, F, and G of the cube. Here, the reference position for electric potential is at infinity. Let us denote as k the proportionality constant of Coulomb's law.

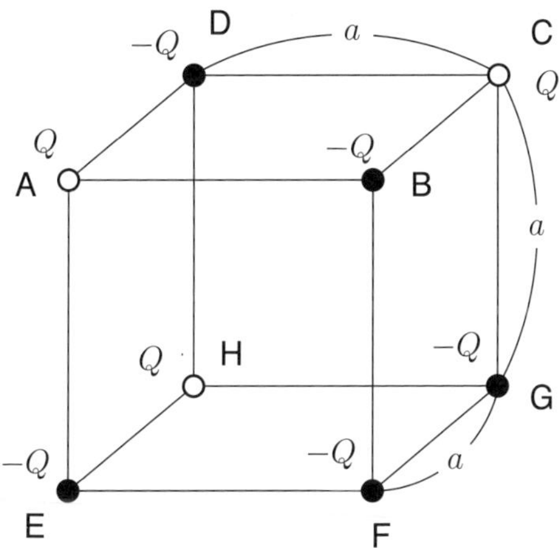

Q2 What is the electric potential at the center of the cube (the midpoint of segment AG)? From ①-⑧ below choose the correct answer. **14**

① $-\dfrac{2\sqrt{3}\,kQ}{3a}$ ② $-\dfrac{4\sqrt{3}\,kQ}{3a}$ ③ $-\dfrac{\sqrt{2}\,kQ}{a}$ ④ $-\dfrac{2\sqrt{2}\,kQ}{a}$

⑤ $\dfrac{2\sqrt{3}\,kQ}{3a}$ ⑥ $\dfrac{4\sqrt{3}\,kQ}{3a}$ ⑦ $\dfrac{\sqrt{2}\,kQ}{a}$ ⑧ $\dfrac{2\sqrt{2}\,kQ}{a}$

C Three capacitors, each with capacitance C, a battery with electromotive force V, and a resistor are connected as shown in the figure below. The capacitors, initially uncharged, are charged for a sufficient amount of time. Point P in the circuit is the reference position for electric potential.

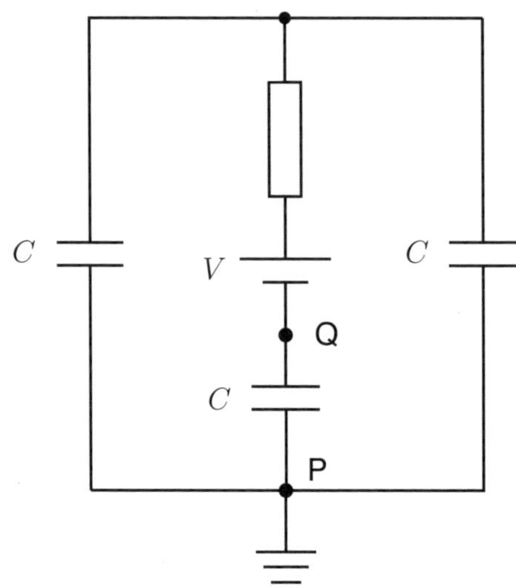

Q3 What is the electric potential of point Q in the circuit? From ①-⑧ below choose the correct answer. **15**

① $-V$ ② $-\frac{2}{3}V$ ③ $-\frac{1}{2}V$ ④ $-\frac{1}{3}V$

⑤ V ⑥ $\frac{2}{3}V$ ⑦ $\frac{1}{2}V$ ⑧ $\frac{1}{3}V$

D A resistor with resistance R, two resistors, each with resistance $2R$, and a battery with electromotive force V are connected as shown in the figure below. Assume that the internal resistance of the battery is negligible.

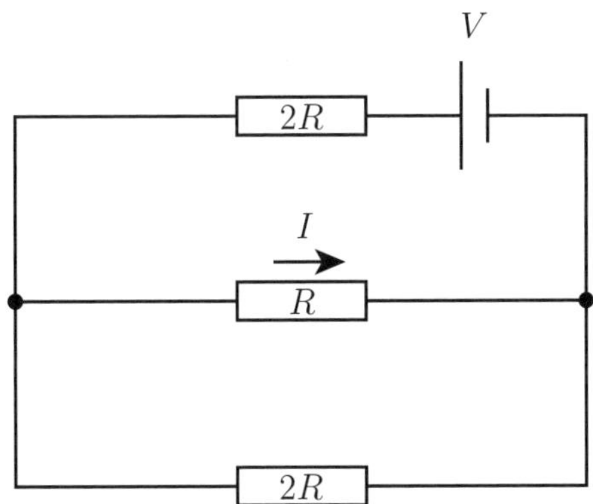

Q4 What is magnitude I of the electric current flowing through the resistor with resistance R? From ①-⑥ below choose the correct answer. **16**

① $\frac{V}{8R}$　　② $\frac{V}{6R}$　　③ $\frac{V}{5R}$

④ $\frac{V}{4R}$　　⑤ $\frac{V}{3R}$　　⑥ $\frac{2V}{5R}$

E As shown in the figure below, a uniform magnetic field exists within the region of rectangle ABCD, in the direction perpendicular to this page, from the back of the page to the front. Sides BC and DA have length ℓ and sides AB and CD have length 2ℓ. Point O is the midpoint of side AB, and point P is the midpoint of side CD. A charged particle with mass m and quantity of electricity q (> 0) is launched into this region from O with speed v, in the direction parallel to this page and perpendicular to side AB. The particle begins undergoing uniform circular motion and then exits this region from a certain point on side BC that is neither vertex B nor vertex C. Next, a charged particle with mass $2m$ and quantity of electricity $-q$ is launched into this region from O with speed v, in the same direction.

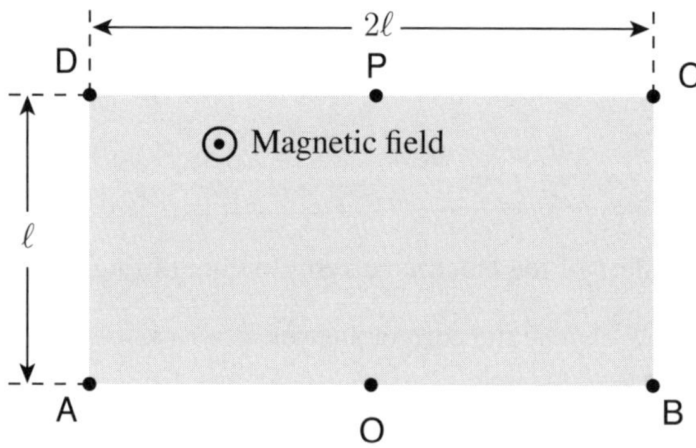

Q5 Where is the point at which the charged particle with mass $2m$ and quantity of electricity $-q$ exits the region of the magnetic field? From ①-⑥ below choose the correct answer.

17

① on segment OB ② on side BC ③ on segment CP

④ on segment PD ⑤ on side DA ⑥ on segment AO

F Let us define a coordinate system where the x–y plane exists within this page and the positive direction of the z–axis is from the back of the page to the front. As shown in Figure 1 below, a rectangular circuit, ABCD, is formed with a resistor and a conducting wire, and is fixed in place in the x–y plane such that side AB is parallel to the y–axis. A spatially uniform magnetic field that changes with time t is applied to the region containing the circuit, parallel to the z–axis. Figure 2 is a graph showing the relationship between the z–component of the magnetic field's magnetic flux density (B_z) and time t. Let us denote as F_x the x–component of the force exerted by the magnetic field on side AB of the conducting wire. Assume that the magnetic field produced by the electric current flowing through the circuit is negligible.

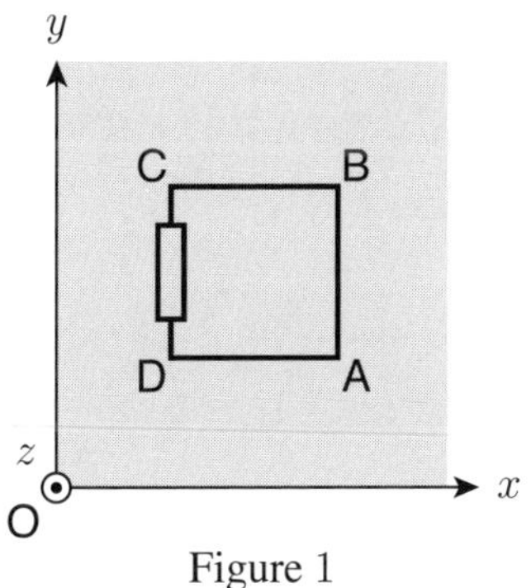

Figure 1

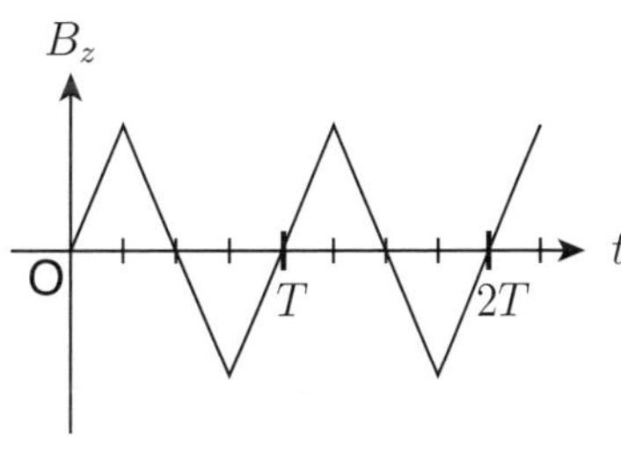

Figure 2

Q6 From ①-④ below choose the graph that best represents the relationship between F_x and t. **18**

①

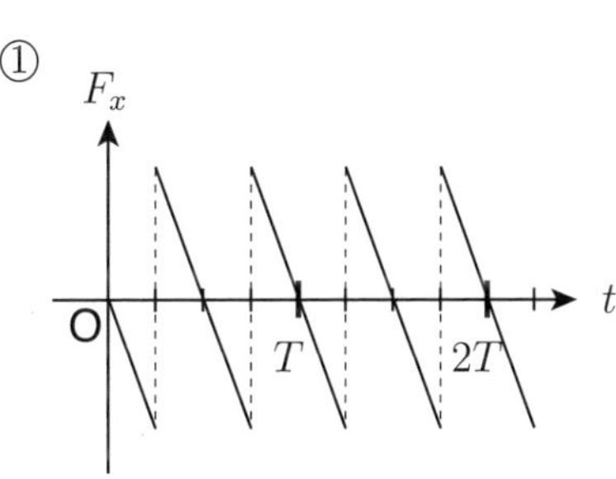

②

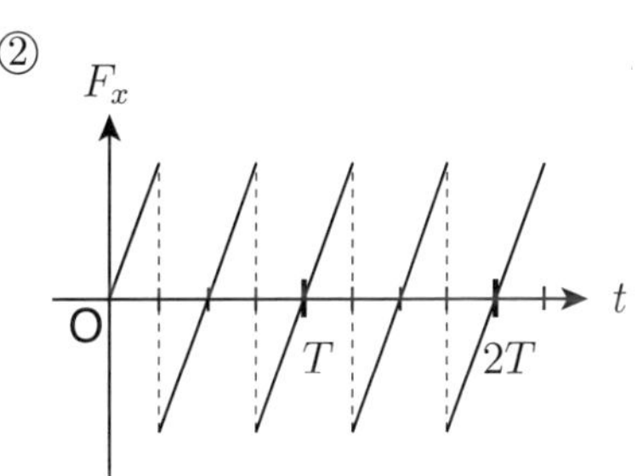

③

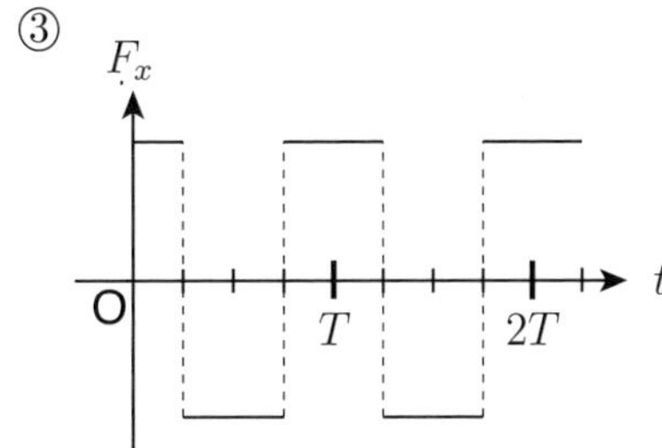

④

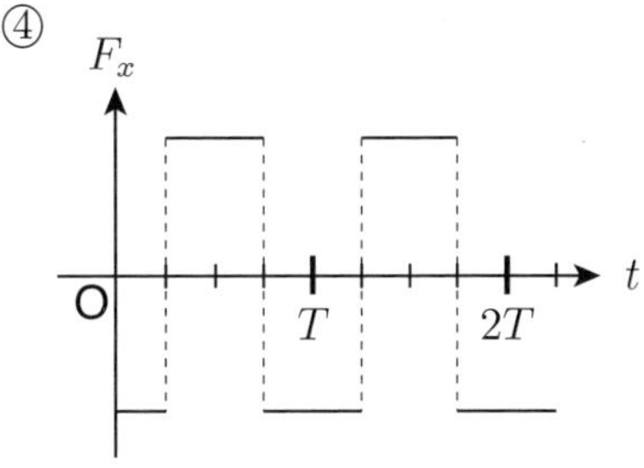

Answer question **A** (Q1) below.

A Let us denote as λ the de Broglie wavelength of an electron wave (matter wave) where the electron's kinetic energy in a vacuum is K. Let us denote as m the electron's mass, and as h Planck's constant.

Q1 What is K, expressed with λ? From ①-④ below choose the best answer. **19**

① $\dfrac{h^2}{2m\lambda^2}$ ② $\dfrac{\lambda^2}{2mh^2}$ ③ $\dfrac{mh^2}{2\lambda^2}$ ④ $\dfrac{m\lambda^2}{2h^2}$

End of Physics questions. Leave the answer spaces **20** – **75** blank. Please check once more that you have properly marked the name of your subject as "Physics" on your answer sheet.

Do not take this question booklet out of the room.

Chemistry

Marking Your Choice of Subject on the Answer Sheet

Choose and answer two subjects from Physics, Chemistry, and Biology. Use the front side of the answer sheet for one subject, and the reverse side for the other subject.

As shown in the example on the right, if you answer the Chemistry questions, circle "Chemistry" and completely fill in the oval under the subject name.

If you do not correctly fill in the appropriate oval, your answers will not be graded.

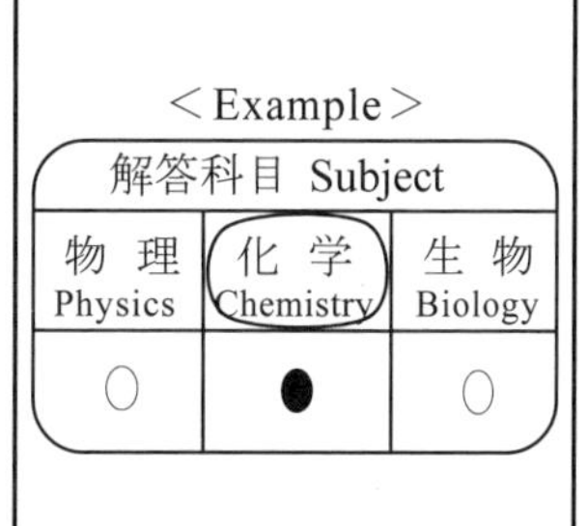

Use the following values for calculation. The unit of volume "liter" is represented by "L".

Standard state: 0 ℃, 1.01×10^5 Pa (1 atm)

The molar volume of an ideal gas at the standard state: 22.4 L/mol

Gas constant: $R = 8.31 \times 10^3$ Pa·L/(K·mol)

Avogadro constant: $N_A = 6.02 \times 10^{23}$ /mol

Faraday constant: $F = 9.65 \times 10^4$ C/mol

Atomic weight: H : 1.0 C : 12 O : 16 Na : 23 Al : 27 Cl : 35.5

The relation between the group and the period of elements used in this examination is indicated in the following periodic table. Atomic symbols other than **H** are omitted.

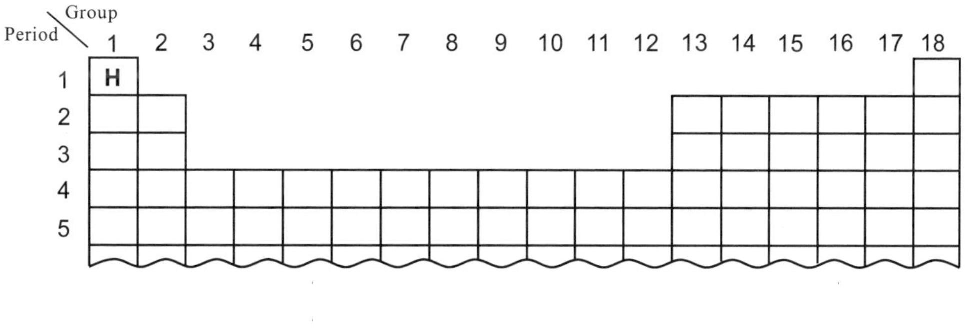

Q1 Among the following statements (**a**)-(**d**) on atomic structure and electron configuration, two are correct. From ①-⑥ below choose the combination of these. **1**

(**a**) The Na atom and the K atom have a different number of protons.

(**b**) The ^{12}C atom and the ^{13}C atom have a different number of neutrons.

(**c**) The Ne atom and Mg^{2+} have a different number of electrons.

(**d**) The O atom and the S atom have a different number of valence electrons.

① **a, b** ② **a, c** ③ **a, d** ④ **b, c** ⑤ **b, d** ⑥ **c, d**

Q2 From the following compounds ①-⑥, choose the one that has the largest number of unshared electron pairs. **2**

① water (H_2O) ② hydrogen chloride (HCl) ③ methane (CH_4)

④ ammonia (NH_3) ⑤ nitrogen (N_2) ⑥ carbon dioxide (CO_2)

Q3 When 37 g of the carbonate of metal M (MCO_3) was heated, it decomposed as indicated in the following equation, and 11 g of carbon dioxide (CO_2) was generated.

$$MCO_3 \longrightarrow MO + CO_2$$

From ①-⑥ below, choose the closest value for the atomic weight of the metal M.

3

① 24 ② 36 ③ 40 ④ 55 ⑤ 88 ⑥ 140

Q4 The reaction in which aluminum (Al) is combusted to form aluminum oxide (Al_2O_3) is expressed by the following equation:

$$x\,Al + y\,O_2 \longrightarrow z\,Al_2O_3$$

where x, y, and z are coefficients.

From ①-⑥ below choose the closest value for the mass (g) of aluminum necessary to obtain 5.1 g of aluminum oxide.

4 g

① 1.8 ② 2.3 ③ 2.7 ④ 3.2 ⑤ 4.8 ⑥ 5.4

Q5 The following drawing indicates a unit cell of a crystal of potassium (K). From ①-⑥ below choose the correct one which indicates the density (g/cm³) of potassium. Assume that the atomic weight of potassium is M, the length of an edge of the unit cell is a (cm), and the Avogadro constant is N_A (/mol). **5** g/cm³

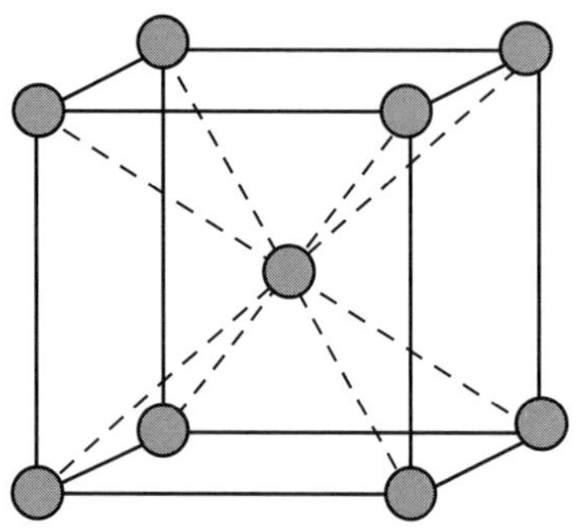

① $\dfrac{M}{a^3 N_A}$ ② $\dfrac{2M}{a^3 N_A}$ ③ $\dfrac{4M}{a^3 N_A}$

④ $\dfrac{N_A M}{a^3}$ ⑤ $\dfrac{2N_A M}{a^3}$ ⑥ $\dfrac{4N_A M}{a^3}$

Q6 The temperature of water (H_2O) rose by 10 ℃ when 15 kg of water was heated with the heat generated by combustion of 4.2 g of hydrogen (H_2). Calculate the heat of formation of water in kJ/mol. From ①-⑥ below choose the closest value. The specific heat capacity (specific heat) of water is 4.2 J/(g·K). Assume that all the heat generated is used to raise the temperature of the water. **6** kJ/mol

① −600 ② −300 ③ −150 ④ 150 ⑤ 300 ⑥ 600

Q7 The following reaction is in an equilibrium state. Among the following statements (**a**)-(**d**) on this reaction, two are correct. From ①-⑥ below choose the correct combination.

7

$$H_2 + I_2 \rightleftarrows 2HI + 9.0\ kJ$$

(**a**) If the temperature of this reaction is raised, the equilibrium constant will become smaller.

(**b**) If a catalyst is added, the equilibrium constant will become larger since the rate of reaction increases.

(**c**) Though the path of the reaction will not change by adding a catalyst, the activation energy of the reaction will become smaller.

(**d**) It is impossible to derive an equation explaining the relation between the rate of reaction and the concentration of reactants directly from the chemical equation.

① **a**, **b** ② **a**, **c** ③ **a**, **d** ④ **b**, **c** ⑤ **b**, **d** ⑥ **c**, **d**

Q8 In the following statements (**a**) and (**b**), the relationship between the magnitudes of the molar concentrations, c_1 and c_2, of two substances and between the amounts, n_1 and n_2, of two other substances, are given. From ①-⑨ in the table below choose the correct combination. **8**

(**a**) c_1 : molar concentration of chloride ion (Cl^-) in hydrochloric acid (HCl) with a pH of 3

c_2 : molar concentration of acetate ion (CH_3COO^-) in aqueous acetic acid (CH_3COOH) with a pH of 3

(**b**) n_1 : the amount of sodium hydroxide (NaOH) required to neutralize 10 mL of hydrochloric acid with a pH of 3

n_2 : the amount of sodium hydroxide required to neutralize 10 mL of aqueous acetic acid with a pH of 3

	c_1 and c_2	n_1 and n_2
①	$c_1 > c_2$	$n_1 > n_2$
②	$c_1 > c_2$	$n_1 = n_2$
③	$c_1 > c_2$	$n_1 < n_2$
④	$c_1 = c_2$	$n_1 > n_2$
⑤	$c_1 = c_2$	$n_1 = n_2$
⑥	$c_1 = c_2$	$n_1 < n_2$
⑦	$c_1 < c_2$	$n_1 > n_2$
⑧	$c_1 < c_2$	$n_1 = n_2$
⑨	$c_1 < c_2$	$n_1 < n_2$

Q9 From the following reaction formulas ①-⑤ choose the one in which the underlined substance acts as an oxidizing agent. **9**

① $\underline{SO_2}$ + Br_2 + $2H_2O$ ⟶ H_2SO_4 + $2HBr$

② $\underline{CaO}$ + $2HCl$ ⟶ $CaCl_2$ + H_2O

③ $\underline{Zn}$ + H_2SO_4 ⟶ $ZnSO_4$ + H_2

④ $\underline{HCl}$ + $NaOH$ ⟶ $NaCl$ + H_2O

⑤ $\underline{H_2O_2}$ + SO_2 ⟶ H_2SO_4

Q10 A sufficient amount of sodium chloride (NaCl) was placed in a crucible, melted, and electrolyzed using carbon electrodes with a 10.0 A electric current for 1930 seconds. From ①-⑧ in the table below choose the correct combination of the substance generated at the cathode and its mass. Assume that the reaction proceeded completely, and that all the electric current was used to generate the products. **10**

	Substance generated	Mass (g)
①	chlorine (Cl_2)	0.36
②	chlorine (Cl_2)	0.71
③	chlorine (Cl_2)	3.6
④	chlorine (Cl_2)	7.1
⑤	sodium (Na)	0.23
⑥	sodium (Na)	0.46
⑦	sodium (Na)	2.3
⑧	sodium (Na)	4.6

Q11 From the following statements ①-⑤ on properties of Group 2 elements, choose the correct one. **11**

① Mg exhibits a yellow color, Ca orange-red, and Ba yellow-green in the flame test.

② Each of Mg, Ca, and Ba metals reacts with water (H_2O) at normal temperature and generates hydrogen (H_2).

③ Each of $Mg(OH)_2$, $Ca(OH)_2$, and $Ba(OH)_2$ readily dissolves in water and the resultant aqueous solutions are strongly basic.

④ Each of $MgCl_2$, $CaCl_2$, and $BaCl_2$ easily dissolves in water.

⑤ Each of $MgSO_4$, $CaSO_4$, and $BaSO_4$ is hardly soluble in water.

Q12 Among the following statements (**a**)-(**f**) on halogens, F, Cl, Br, and I, two are **not** correct. From ①-⑥ below choose the combination of these. **12**

(**a**) F_2 reacts with H_2O to generate O_2.

(**b**) I_2 will be released when bromine water is added to aqueous KI.

(**c**) HF, HCl, HBr, and HI are all strong acids.

(**d**) HF will be generated when concentrated sulfuric acid (H_2SO_4) is added to CaF_2 and the mixture is heated.

(**e**) HClO possesses strong oxidizing property.

(**f**) The boiling point of HF is lower than that of HCl.

① **a, d** ② **a, e** ③ **b, d** ④ **b, f** ⑤ **c, e** ⑥ **c, f**

Q13 Among the gases generated by means of the following procedures (**a**)-(**d**), two exhibit reducing ability. From ①-⑥ below choose the correct combination. **13**

(**a**) Aqueous sodium hydroxide (NaOH) is added to aluminum (Al).

(**b**) Concentrated sulfuric acid (H_2SO_4) is added to sodium chloride (NaCl) and the mixture is heated.

(**c**) Concentrated hydrochloric acid (HCl) is added to manganese(IV) oxide and the mixture is heated.

(**d**) Dilute sulfuric acid (H_2SO_4) is added to iron(II) sulfide (FeS).

① **a**, **b** ② **a**, **c** ③ **a**, **d** ④ **b**, **c** ⑤ **b**, **d** ⑥ **c**, **d**

Q14 From the following statements ①-⑤ on the compounds of copper (Cu), choose the correct one. **14**

① When copper is heated in air, black copper(II) oxide (CuO) is formed.

② When copper(II) sulfate is recrystallized from hot water, colorless crystals are obtained, the color of which changes into blue by heating.

③ When a small amount of sulfuric acid (H_2SO_4 aq) is added to a blue-colored aqueous solution of copper(II) sulfate, blue-white precipitates are formed.

④ When an aqueous solution of sodium hydroxide (NaOH) is added to an aqueous solution of copper(II) chloride ($CuCl_2$) at room temperature, red-brown precipitates of copper(I) oxide (Cu_2O) are formed.

⑤ When hydrogen sulfide (H_2S) is passed through an aqueous solution containing copper(II) ion (Cu^{2+}), yellow precipitates of copper(II) sulfide (CuS) are formed.

Q15 From the following statements ①-⑤ choose the one which describes a chemical change that takes place in an aqueous solution containing silver ions (Ag^{+}), but does not take place in an aqueous solution containing lead(II) ions (Pb^{2+}). **15**

① A metal deposits when zinc (Zn) is added.

② Precipitates are formed when hydrochloric acid (HCl) is added.

③ Precipitates are formed when aqueous potassium chromate (K_2CrO_4) is added.

④ Precipitates are formed when aqueous ammonia (NH_3) is added, and the precipitates will dissolve if it is added in excess.

⑤ Precipitates are formed when aqueous sodium hydroxide (NaOH) is added, and the precipitates dissolve if it is added in excess.

Q16 A carboxylic acid and an alcohol were obtained by hydrolysis of an ester with the molecular formula $C_5H_{10}O_2$. The carboxylic acid was positive to the silver mirror test, and the alcohol was positive to the iodoform reaction. From ①-⑤ below choose the correct structural formula of the alcohol. **16**

① $CH_3-CH_2-CH_2-CH_2-OH$

② $CH_3-CH_2-CH(OH)-CH_3$

③ $CH_3-CH(CH_3)-CH_2-OH$

④ $CH_3-CH_2-CH_2-OH$

⑤ $CH_3-CH(OH)-CH_3$

Q17 From ①-⑥ in the table below, choose the correct combination of organic compounds obtained by the following procedures (**a**)-(**c**). **17**

(**a**) Sodium acetate (CH_3COONa) is heated together with sodium hydroxide ($NaOH$).

(**b**) Dry distillation of calcium acetate ($(CH_3COO)_2Ca$) is carried out.

(**c**) Water (H_2O) is added to calcium carbide (CaC_2).

	a	**b**	**c**
①	methane	acetylene (ethyne)	acetone
②	methane	acetone	acetylene (ethyne)
③	acetylene (ethyne)	methane	acetone
④	acetylene (ethyne)	acetone	methane
⑤	acetone	methane	acetylene (ethyne)
⑥	acetone	acetylene (ethyne)	methane

Q18 A diethyl ether solution containing nitrobenzene, benzoic acid, and aniline was placed in a separatory funnel, and a separation procedure was carried out with dilute hydrochloric acid (HCl) and aqueous sodium hydroxide (NaOH) as is shown in the following figure. Indicate the substances contained in dilute hydrochloric acid (**a**), aqueous sodium hydroxide (**b**), and diethyl ether solution (**c**), respectively. From ①-⑥ in the table below choose the correct combination. **18**

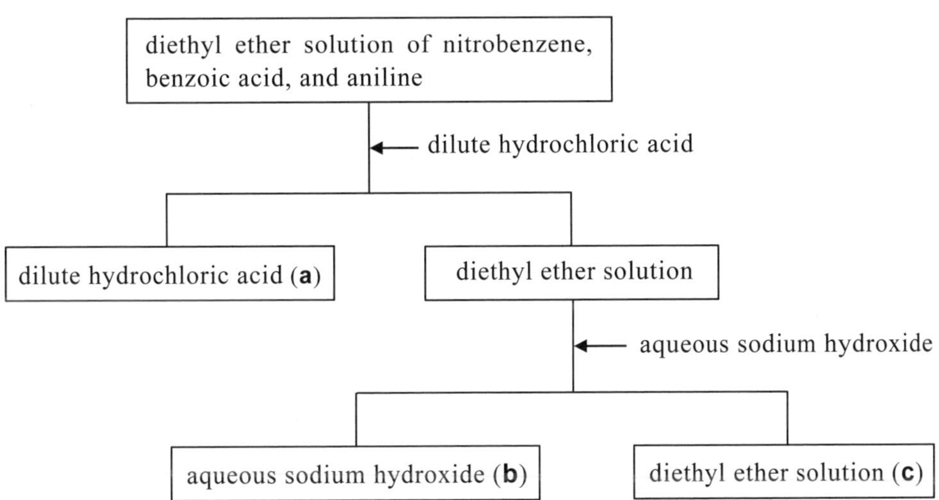

	a	b	c
①	nitrobenzene	sodium benzoate	aniline
②	nitrobenzene	aniline	benzoic acid
③	benzoic acid	nitrobenzene	aniline
④	benzoic acid	aniline	nitrobenzene
⑤	aniline hydrochloride	nitrobenzene	benzoic acid
⑥	aniline hydrochloride	sodium benzoate	nitrobenzene

Q19 From ①-⑤ in the table below choose the correct combination of the type of polymerization to produce the polymer and constituent elements of the polymer compounds. **19**

	Polymer compound	Type of polymerization	Constituent elements
①	nylon 6,6	condensation polymerization	C, H, O
②	poly(ethylene terephathalate)	addition polymerization	C, H, O
③	butadiene rubber	addition condensation	C, H
④	polyacrylonitrile	addition polymerization	C, H, N
⑤	phenol resin	addition condensation	C, H, N

Q20 From the following statements ①-⑤ on proteins, choose the one in which the underlined part is **not** correct. **20**

① Proteins are made by the condensation of α-amino acids and are called polypeptides.

② Proteins have secondary structures such as α-helices and β-sheets made by intramolecular hydrogen bonds between C=O and N-H groups.

③ Proteins denature when heated.

④ When concentrated sulfuric acid (H_2SO_4) is added to an aqueous solution of proteins and the solution is heated, the color of the solution changes to yellow.

⑤ The protein composing hair which contains cysteine has a structure that is stabilized by formation of disulfide bonds (-S-S-).

End of Chemistry questions. Leave the answer spaces **21** ~ **75** blank. Please check once more that you have properly marked the name of your subject as “Chemistry” on your answer sheet.

Do not take this question booklet out of the room.

Biology

Marking Your Choice of Subject on the Answer Sheet

Choose and answer two subjects from Physics, Chemistry, and Biology. Use the front side of the answer sheet for one subject, and the reverse side for the other subject.

As shown in the example on the right, if you answer the Biology questions, circle "Biology" and completely fill in the oval under the subject name.

If you do not correctly fill in the appropriate oval, your answers will not be graded.

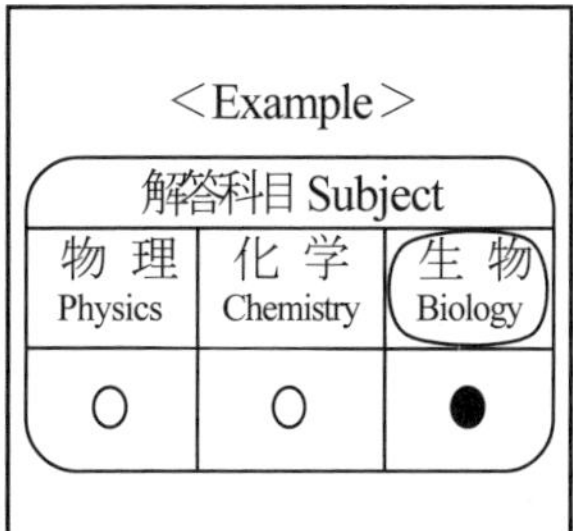

Q1 From ① – ④ below choose the statement that correctly describes ribosomes. **1**

① Ribosomes are the site of protein synthesis.

② Prokaryotic ribosomes reside in the cytoplasm; eukaryotic ribosomes reside in the nucleus.

③ Ribosomes have a double-membrane structure.

④ Ribosomes contain an enzyme that breaks down excess proteins.

Q2 Statements a – d below describe protein structure. From ① – ⑥ below choose the combination indicating the two statements that are correct. **2**

a There are 20 types of amino acids that are used to form proteins.

b A sequence of amino acids that are linked together is described as the primary structure; the bonds joining these amino acids together are called S-S bonds (disulfide bonds).

c Some proteins are made up of multiple polypeptide chains aggregated together.

d The α-helix and β-sheet structures are described as tertiary structure.

① a, b ② a, c ③ a, d ④ b, c ⑤ b, d ⑥ c, d

Q3 The following figure schematically represents a mitochondrion. Referring to this figure, from ① – ⑧ below choose the combination of terms that correctly fills blanks [a] – [c] in the paragraph below describing the electron transport system of respiration. **[3]**

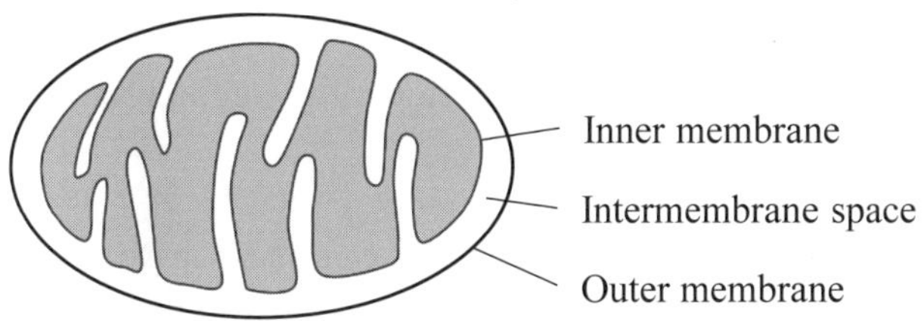

Electrons from the NADH and $FADH_2$ produced by glycolysis and the citric acid cycle are transferred to the electron transport system, which is embedded in the inner membrane of the mitochondrion. The electrons transferred to the electron transport system pass through a series of [a] complexes. Energy released by this process drives the transport of H^+ from the [b] of the mitochondrion to the intermembrane space. Consequently, the H^+ concentration of the intermembrane space becomes higher than that of the [b]. Due to this concentration gradient, H^+ travels from the intermembrane space to the [b] via the ATP synthase in the [c] membrane, resulting in the synthesis of ATP.

	a	b	c
①	carbohydrate	stroma	inner
②	carbohydrate	stroma	outer
③	carbohydrate	matrix	inner
④	carbohydrate	matrix	outer
⑤	protein	stroma	inner
⑥	protein	stroma	outer
⑦	protein	matrix	inner
⑧	protein	matrix	outer

Q4 From ①–④ below choose the statement that correctly describes photosynthesis in green sulfur bacteria. **4**

① Photosynthesis in green sulfur bacteria takes place in the chloroplasts.

② Oxygen is released in the process of photosynthesis in green sulfur bacteria.

③ A photosynthetic pigment called bacteriochlorophyll is used in photosynthesis in green sulfur bacteria.

④ Electrons from H_2O are used to synthesize organic compounds in the process of photosynthesis in green sulfur bacteria.

Q5 The following paragraph describes DNA replication. From ① – ④ below choose the combination of terms that best fills blanks [a] – [c] in the paragraph. **5**

During DNA replication, an enzyme called [a] breaks the hydrogen bonds between the bases to separate the strands of the double-helix structure. [b] uses each separated nucleotide chain as a template to synthesize a nucleotide chain with a base sequence complementary to that of the template. The newly synthesized nucleotide chains elongate in the [c] direction.

	a	b	c
①	DNA polymerase	DNA helicase	3′→5′
②	DNA polymerase	DNA helicase	5′→3′
③	DNA helicase	DNA polymerase	3′→5′
④	DNA helicase	DNA polymerase	5′→3′

Q6 The following paragraph describes transcription and splicing in eukaryotic cells. From ① – ⑥ below choose the combination of terms that best fills blanks [a] – [c] in the paragraph. **[6]**

During transcription in eukaryotic cells, the DNA base sequence is used as a template to synthesize precursor [a] with a complementary base sequence. Next, the regions corresponding to [b] are removed from the precursor [a] and the remaining [c] are joined together to form [a]. This process is called splicing.

	a	b	c
①	mRNA	exons	introns
②	mRNA	introns	exons
③	rRNA	exons	introns
④	rRNA	introns	exons
⑤	tRNA	exons	introns
⑥	tRNA	introns	exons

Q7 In humans with sickle cell anemia, the base sequence of the hemoglobin gene is different from that of a normal hemoglobin gene by one base. Due to this difference, the mRNA codon that codes for glutamic acid is changed to one that codes for valine (GUG). From ①–⑧ below choose the answer that correctly indicates the normal codon. If necessary, refer to the following mRNA genetic code table. **7**

1st base	2nd base				3rd base
	U	C	A	G	
U	phenylalanine phenylalanine leucine leucine	serine serine serine serine	tyrosine tyrosine (stop codon) (stop codon)	cysteine cysteine (stop codon) tryptophan	U C A G
C	leucine leucine leucine leucine	proline proline proline proline	histidine histidine glutamine glutamine	arginine arginine arginine arginine	U C A G
A	isoleucine isoleucine isoleucine methionine (start codon)	threonine threonine threonine threonine	asparagine asparagine lysine lysine	serine serine arginine arginine	U C A G
G	valine valine valine valine	alanine alanine alanine alanine	aspartic acid aspartic acid glutamic acid glutamic acid	glycine glycine glycine glycine	U C A G

① CUG ② GAA ③ GAG ④ GCG ⑤ GUA ⑥ GUC

⑦ GUU ⑧ UUG

Q8 The following paragraph describes the relative positions of genes on a chromosome. From ①–④ below choose the combination of terms that best fills blanks [a] – [c] in the paragraph. **[8]**

Genetic [a] occurs between two genes on the same chromosome when chromosomal [b] takes place. By investigating the frequency of [a], we can determine the relative positions of genes. For example, if the [a] values calculated for the three genes X, Y, and Z are 11% between X and Y, 7% between X and Z, and 4% between Y and Z, we know that the relative positions of the three genes are as indicated in [c].

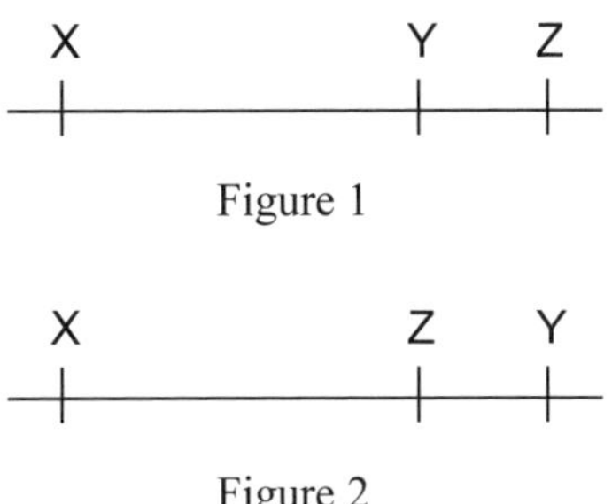

	a	b	c
①	recombination	crossover	Figure 1
②	recombination	crossover	Figure 2
③	crossover	recombination	Figure 1
④	crossover	recombination	Figure 2

Q9 The following figure schematically represents a mature pollen grain and an embryo sac of an angiosperm. After pollination, either A (pollen tube nucleus) or B (generative cell) in the pollen grain, divides once and fertilizes one of C (antipodal cell), D or E in the embryo sac, to form an embryo. From ①–⑥ below choose the combination correctly indicating the two structures that together develop into an embryo. **9**

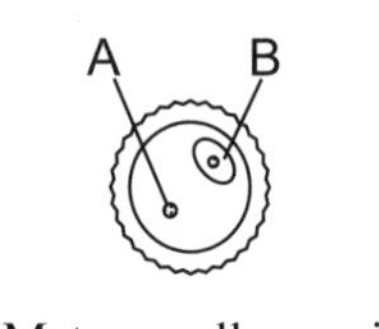

Mature pollen grain

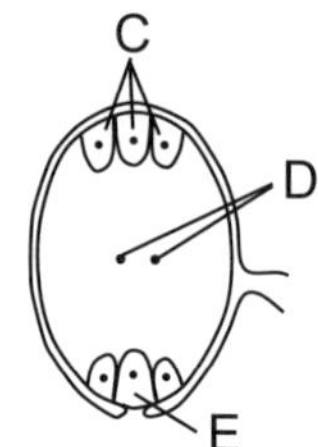

Embryo sac

① A, C ② A, D ③ A, E ④ B, C ⑤ B, D ⑥ B, E

Q10 The following figure schematically represents the human heart. From ①–⑧ below choose the combination that best fills blanks [x] – [z] in the paragraph below describing this figure.

10

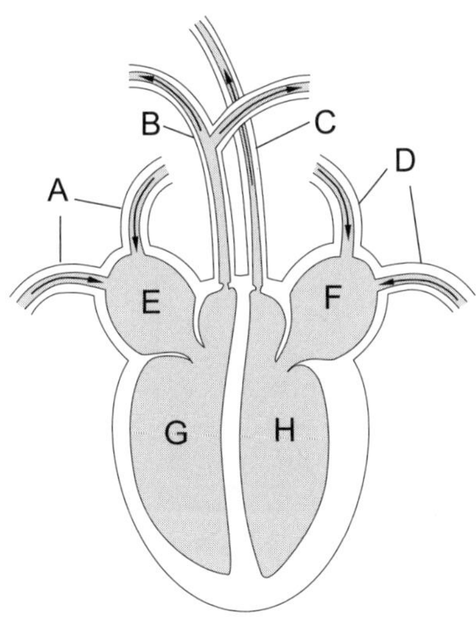

Among blood vessels A – D connected to the heart, the blood vessels through which venous blood flows are [x]. Among the four heart chambers E – H, [y] is the one where the sinoatrial node (pacemaker) is located. H is called the [z].

	x	y	z
①	A, B	E	left ventricle
②	A, B	F	left atrium
③	A, B	G	right ventricle
④	A, B	H	right atrium
⑤	C, D	E	left ventricle
⑥	C, D	F	left atrium
⑦	C, D	G	right ventricle
⑧	C, D	H	right atrium

Q11 Hemoglobin in the blood is involved in oxygen (O_2) transport. The following graph shows oxygen dissociation curves. One curve is for when the carbon dioxide (CO_2) concentration is low, and the other is for when the carbon dioxide concentration is high. When the oxygen concentration at the alveoli and tissue is 100 and 30, respectively, what is the percentage (%) of oxyhemoglobin saturation at each location? From ①–⑥ below choose the best combination. **11**

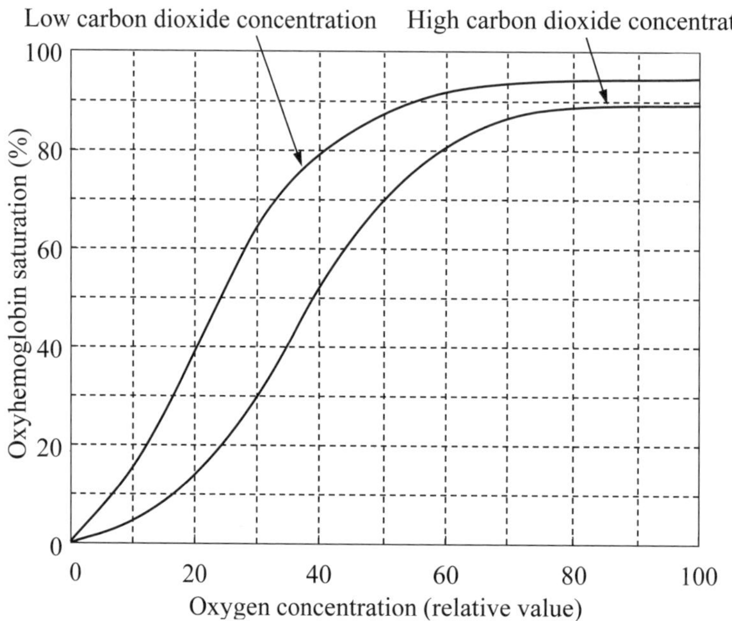

	Alveoli	Tissue
①	100	60
②	95	60
③	90	60
④	100	30
⑤	95	30
⑥	90	30

Q12 What happens in the human body when the body temperature decreases? From ① – ⑤ below choose the statement that is **not** correct. 12

① Heartbeat is accelerated by the action of the sympathetic nervous system.

② Adrenaline secretion is stimulated.

③ Arrector pili muscles contract.

④ Blood vessels in the skin constrict.

⑤ Metabolism in the liver and skeletal muscles is inhibited.

Q13 From ① – ④ below choose the statement that best describes immunity. 13

① Serotherapy is a therapy in which the body is injected with serum containing killer T cells that react to antigens.

② After the body is vaccinated with a vaccine against a particular disease, immunoreaction is less likely to occur at a subsequent invasion by the pathogens of the same disease.

③ Secondary response refers to the immunoreaction that occurs when the tissue or constituents of the own body are perceived as antigens.

④ AIDS occurs as a result of infection of helper T cells by the human immunodeficiency virus (HIV).

Q14 In an experiment, the intensity of a stimulus applied to a neuron was gradually increased, as shown in the following figure. Changes in the magnitude of the action potential were recorded. From ① – ④ below choose the figure that correctly represents how the magnitude of the action potential changed.

14

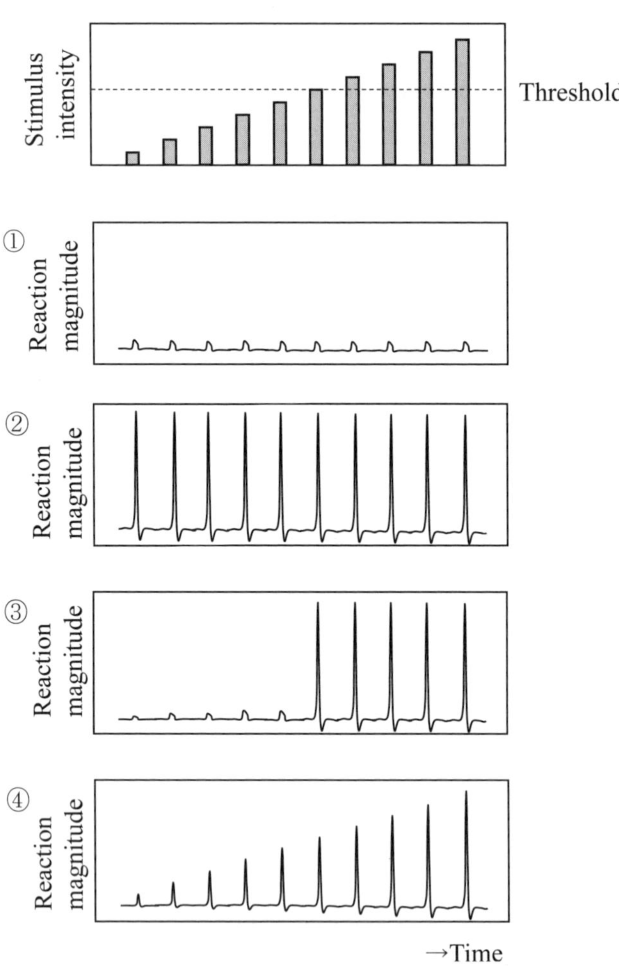

Q15 The following figure schematically represents the structure of the human ear. Among regions A – D in the figure, which one detects body rotation, and which one detects body inclination? From ① – ⑥ below choose the correct combination. **15**

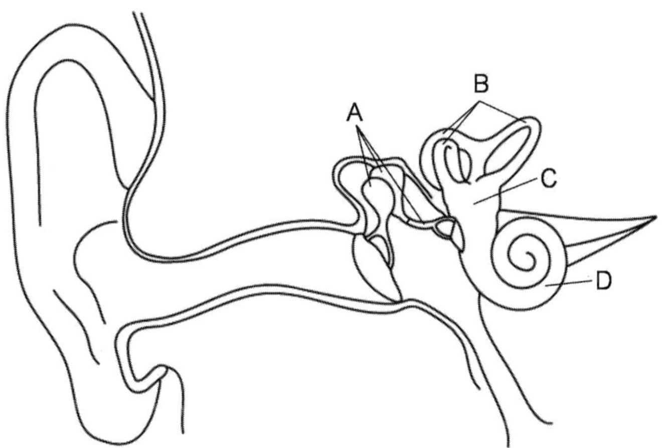

	Region that detects body rotation	Region that detects body inclination
①	A	B
②	A	C
③	A	D
④	B	C
⑤	B	D
⑥	C	D

Q16 From ①–④ below choose the statement that correctly describes a human reflex. **16**

① The center of the patellar tendon reflex is the medulla oblongata.

② The center of the flexor reflex is the midbrain.

③ The pathway by which excitation is transmitted during a reflex is called the reflex arc.

④ During a reflex, the excitation is transmitted to the reflex center via the cerebrum.

Q17 A certain long-day plant with a 12-hour critical dark period was grown under the repeated 24-hour light/dark cycles shown in the figure below (A – E). Under which cycles would this plant form flower buds? From ①–⑧ below choose the combination that correctly indicates all applicable cycles. **17**

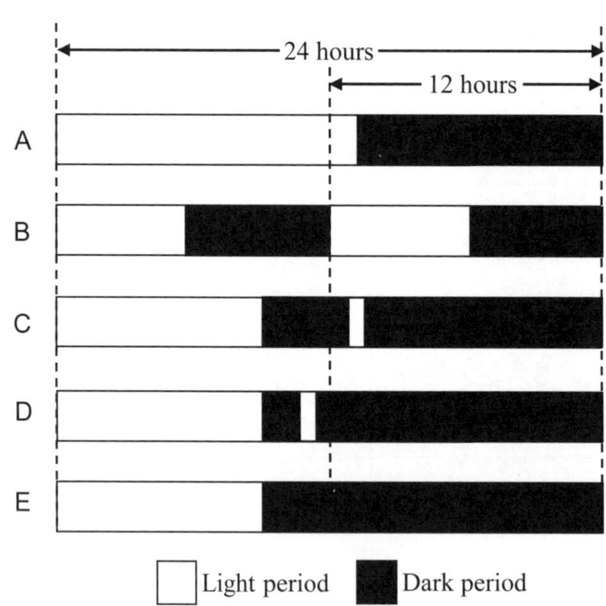

① A　② A, B　③ A, B, C　④ B, C　⑤ C, D　⑥ C, E

⑦ D, E　⑧ E

Q18 The substances listed in a – c below are believed to have been in existence or formed during the process of chemical evolution that preceded the emergence of life. From ① – ⑥ below choose the answer that correctly arranges a – c in the order in which they appeared. **18**

a Proteins, nucleic acids, etc.

b Amino acids, sugars, phospholipids, etc.

c Hydrogen sulfide, hydrogen, ammonia, methane, etc.

① a → b → c ② a → c → b ③ b → a → c ④ b → c → a

⑤ c → a → b ⑥ c → b → a

End of Biology questions. Leave the answer spaces **19** ～ **75** blank.
Please check once more that you have properly marked the name of your subject as "Biology" on your answer sheet.

Do not take this question booklet out of the room.

2020 Examination for Japanese University Admission
for International Students

Japan and the World

(80 min.)

I Rules of Examination

1. Do not leave the room without the proctor's permission.
2. Do not take this question booklet out of the room.

II Rules and Information Concerning the Question Booklet

1. Do not open this question booklet until instructed.
2. After instruction, write your name and examination registration number in the space provided below, as printed on your examination voucher.
3. This question booklet has 22 pages.
4. If your question booklet is missing any pages, raise your hand.
5. You may write notes and calculations in the question booklet.

III Rules and Information Concerning the Answer Sheet

1. You must mark your answers on the answer sheet with an HB pencil.
2. Each question is identified by one of the row numbers **1**, **2**, **3**, ⋯. Follow the instruction in the question and completely fill in your answer in the corresponding row of the answer sheet (mark-sheet).
3. Make sure also to read the instructions on the answer sheet.

※ Once you are instructed to start the examination, fill in your examination registration number and name.

Examination registration number			*				*						
Name													

Q1 Read the following paragraphs and answer questions (1)-(4) below.

Greece is one of the birthplaces of Western civilization. It fell under the rule of the Ottoman Empire in the 15th century, but it gained its independence with the [1]<u>Greek War of Independence</u> of the 1820s.

Greece joined the [2]<u>European Communities (EC)</u> in 1981 and is now a member of the European Union (EU), which grew out of the EC. As an EU member, Greece was perceived as achieving stable economic growth, but following a change of government in 2009, it was discovered that the country's data on public finances had been falsified. This triggered [3]<u>an economic crisis that affected the entire EU</u>.

In terms of climate, most of Greece, excluding portions of the north, is categorized as a [a] under the Köppen climate classification system. The [b] summers and [c] winters characteristic of this climate have supported the extensive cultivation of crops such as olives and citrus fruits.

(1) With reference to underlined item **1**, several powers, led by their own motives, intervened in the Greek War of Independence. From ①-④ below choose the country that did **not** intervene. **[1]**

① USA

② Russia

③ UK

④ France

(2) With reference to underlined item **2**, from ①-④ below choose the combination that best indicates three of the original members of the EC. **2**

① France, West Germany, UK
② France, West Germany, Belgium
③ France, Spain, Belgium
④ West Germany, Denmark, UK

(3) With reference to underlined item **3**, the International Monetary Fund (IMF) and the EU provided financial assistance, on the condition that Greece take measures for fiscal adjustment. From ①-④ below choose the answer that represents one of those measures. **3**

① increase public investments, particularly in infrastructure
② increase the rate of value-added taxes (consumption taxes)
③ lower the starting age for receiving pension benefits
④ enhance the system for fiscal audit by hiring more workers in the public sector

(4) From ①-④ below choose the combination of terms that best fills blanks [a] - [c] in the paragraph above describing Greece's climate. **4**

	a	b	c
①	Mediterranean climate (Cs)	dry	wet
②	Mediterranean climate (Cs)	wet	dry
③	humid subtropical climate (Cfa)	dry	wet
④	humid subtropical climate (Cfa)	wet	dry

Q2 Read the following conversation and answer questions (1)-(4) below.

Yoshiko: The Rugby World Cup 2019, in Japan, was really exciting, wasn't it? Japan lost to 1 South Africa in the knockout stage, but it performed marvelously by defeating Ireland and Scotland.

Teacher: That's right. The tournament brought together teams from 20 countries and regions and had them play at 12 venues across Japan, including 2 Yokohama, in Kanagawa Prefecture, and Toyota, in Aichi Prefecture. The news had many reports about how the local communities of all the venues warmly welcomed the players and fans from overseas.

Yoshiko: I heard that 3 Wales, one of the strong teams, held their training camp in the City of Kitakyushu, in Fukuoka Prefecture, and that 15,000 local residents attended the public practice, welcoming the team by singing the Welsh national anthem. That reminds me that instead of playing as one team representing the UK, Scotland, Wales, and England sent their own separate teams to the tournament.

Teacher: The UK, which 4 withdrew from the EU, is a state made up of what were once four separate countries. Before sports like rugby and soccer had international governing bodies, those four countries had their own local organizations, and because of this historical background, they are allowed to field separate teams in international competitions.

(1) With reference to underlined item **1**, the following table lists the top five exports of Japan, South Africa, France, and New Zealand in 2017, and the percent of each export in the country's total exports. From ①-④ below choose the answer that indicates South Africa. **5**

Country A		Country B		Country C		Country D	
Machinery	35.5	Dairy products	26.2	Machinery	19.8	Automobiles	11.1
Automobiles	20.7	Meat	12.8	Aircraft	9.8	Machinery	8.1
Precision machinery	5.3	Wood	7.5	Automobiles	9.5	Platinum group metals	7.5
Iron & steel	4.2	Vegetables & fruits	6.4	Pharmaceuticals	6.1	Iron & steel	7.1
Plastics	3.2	Machinery	5.0	Precision machinery	2.7	Coal	6.5

Source: *Sekai Kokusei-zue 2019/20*

① Country A

② Country B

③ Country C

④ Country D

(2) With reference to underlined item **2**, the Port of Yokohama was opened in the late Edo period, and it became Japan's largest port of trade in the year following its opening. From ①-④ below choose the answer that correctly indicates the Port of Yokohama's largest export for many decades after that, one that was very important for prewar Japan's economy. **6**

① raw cotton
② raw silk
③ cotton textiles
④ wool textiles

(3) With reference to underlined item **3**, from ①-④ on the map below choose the answer that correctly indicates the location of Wales. **7**

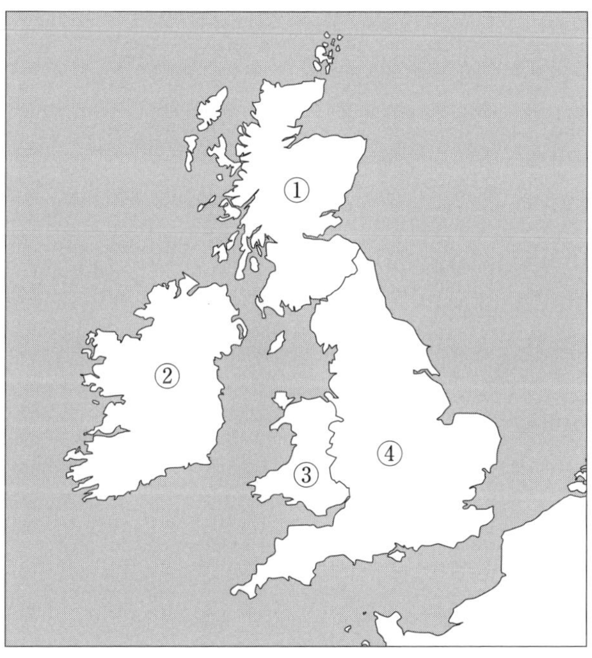

(4) With reference to underlined item **4**, from ①-④ below choose the answer that best indicates an issue in the 2016 referendum that motivated a majority of voting UK citizens to vote to leave the EU rather than vote to stay. **8**

① The UK's volume of trade was rapidly decreasing.

② The labor force was being drained from the UK.

③ The pound sterling had remained strong for a long time.

④ The UK's sovereignty was partially restricted.

Q3 The total supply and demand curves for a certain good in a market are as shown in the graph below. From ①-④ below choose the answer that best represents a factor that would stimulate a rise in the price of that item. **9**

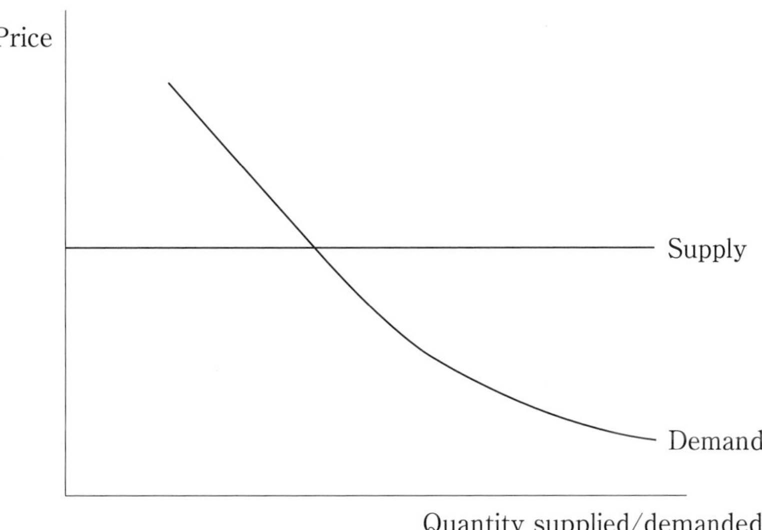

① The incomes of people who require the item increase.

② The item becomes more popular among consumers.

③ The price of raw materials used to make the item rises.

④ The efficiency of the item's manufacturing process increases.

Q4 Read the following paragraph and from ①-④ below choose the combination of names that best fills blanks [a] and [b] in the paragraph. **10**

The New Deal was implemented by [a], who was elected President of the USA in 1932, as a set of measures for dealing with the economic depression triggered by the collapse of stock prices in October 1929. These measures marked a shift of policy from the belief that government intervention in the market should be limited, which was a concept advocated by [b], to one that promoted active government intervention.

	a	b
①	John F. Kennedy	Friedrich List
②	John F. Kennedy	Adam Smith
③	Franklin D. Roosevelt	Friedrich List
④	Franklin D. Roosevelt	Adam Smith

Q5 From ①-④ below choose the statement that best represents an example of market failure. **11**

① Domestic manufacturing industries were dealt a severe blow by the booming sales of cheap imports.

② The amount of fish normally caught in a river rapidly decreased because a factory upstream discharged polluted water into the river.

③ Owing to the low cost of capital investment, many companies entered into the same market, resulting in excessive competition.

④ The number of academic books kept at a library was reduced after its management was contracted to a private company.

Q6 The following graph shows the real GDP (gross domestic product) of Japan, the USA, France, Russia, and Brazil, with the 1990 levels indexed to 100. From ①-④ below choose the answer that represents Japan. **12**

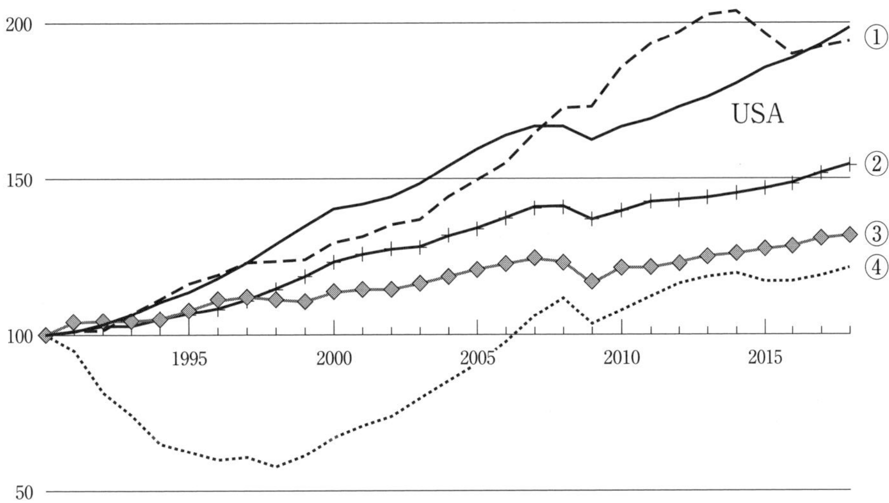

Source: Website of the World Bank

Q7 From ①-④ below choose the statement that best describes the way modern finance works. **13**

① Banks make a profit by setting the deposit interest rate higher than the loan interest rate.

② Loan interest rates fall when demand for funds increases.

③ Deposits held at commercial banks are not included in the money supply.

④ Through commercial banks, the economy is supplied with more money than that supplied by the central bank.

Q8 From ①-④ below choose the statement that best describes Japanese government bonds. **14**

① In principle, the Bank of Japan is prohibited from directly purchasing government bonds.

② Japanese government bonds can be traded only by domestic financial institutions.

③ As a measure for maintaining fiscal discipline, a ceiling is set on the amount of government bonds that can be issued.

④ Deficit-financing bonds, which are issued to make up for revenue shortfalls, have not been issued since FY2000.

Q9 From ①-④ below choose the answer that best describes monetary policy developed by central banks to stabilize prices. **15**

① implement a negative interest rate policy when there is concern that prices will rise

② carry out a quantitative easing policy when there is concern that prices will rise

③ raise the reserve requirement ratio when there is concern that prices will fall

④ buy securities in financial markets when there is concern that prices will fall

Q10 Suppose that a person converts ¥1 million into US dollars when the foreign exchange rate is ¥100/USD and deposits that money for a year at an interest rate of 5%. From ①-④ below choose the statement that best describes what would happen. Assume that no fees are charged. **16**

① If the foreign exchange rate one year later is ¥80/USD, the yen value of that money would be ¥0.84 million.

② If the foreign exchange rate one year later is ¥100/USD, the yen value of that money would be ¥0.95 million.

③ If the foreign exchange rate one year later is ¥100/USD, the yen value of that money would be ¥1 million.

④ If the foreign exchange rate one year later is ¥120/USD, the yen value of that money would be ¥1.05 million.

Q11 Suppose that the parent company of a multinational corporation receives dividends and interest from subsidiaries it established overseas. How would the revenues from such direct investment affect the balance of payments of the country where the parent company is located? From ①-④ below choose the best answer. **17**

① They would contribute to a primary income surplus in the current account.

② They would contribute to a secondary income surplus in the current account.

③ They would contribute to a goods and services surplus in the current account.

④ They would not affect the current account; only the breakdown of the financial account would change.

Q12 From ①-④ below choose the answer that best indicates a decision made in the Uruguay Round of the General Agreement on Tariffs and Trade (GATT). **18**

① enhancement of regulations and oversight of multinational corporations

② adoption of the Generalized System of Preferences

③ establishment of the World Trade Organization (WTO)

④ change of the voting system from majority vote to unanimous vote

Q13 From ①-④ below choose the statement that does **not** accurately describe a requirement for employers that is stipulated by the Labor Standards Act, one of Japan's three major acts concerning labor. **19**

① Employers must pay workers increased wages for work on a statutory day off or night work.

② Employers may not dismiss workers for the reason that they joined a labor union.

③ Employers must grant annual paid leave to all workers who meet certain criteria.

④ Employers may not set wages for women that are lower than those for men, simply for the reason that the workers are women.

Q14 Miami, a city in the State of Florida, in the USA, is located near longitude 80° west. From ①-④ below choose the answer that best indicates a city located near the opposite longitude, that is, separated by 180°. **20**

① Baghdad

② Sydney

③ Bangkok

④ Cape Town

Q15 A foehn is a warm, dry, and downhill wind that blows across a certain region. From ①-④ on the map below choose the arrow that best indicates the region where the wind blows and the direction of the wind. **21**

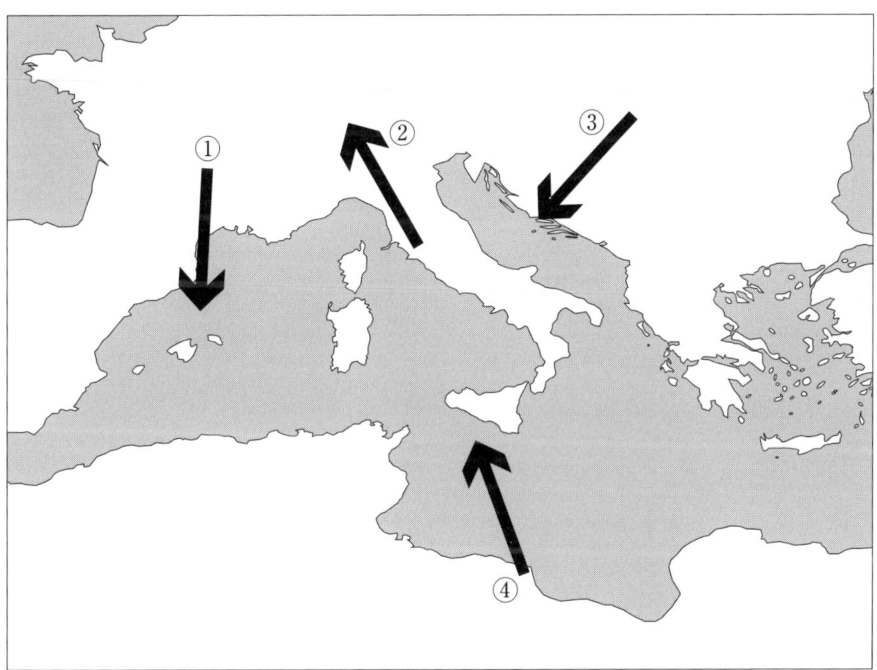

Q16 The following table lists a combination of major rivers and regions in Japan. From ①-④ below choose the correct combination of a river and the region where it flows. **22**

①	Shinano River	Hokkaido
②	Tone River	Kanto
③	Nagara River	Shikoku
④	Yoshino River	Kyushu

Q17 The following tables list the world's top six rice producers (by weight) in 2017, the world's top six rice exporters (by weight) in 2016, and the amount that each produced/exported. From ①-④ below choose the answer that correctly identifies the country represented by X in the tables. **23**

Top Rice Producers (1,000 t)

China	212,676
India	168,500
Indonesia	81,382
Bangladesh	48,980
Viet Nam	42,764
X	33,383

Top Rice Exporters (1,000 t)

X	9,870
India	9,869
Viet Nam	5,211
Pakistan	3,947
USA	3,316
Uruguay	900

Source: *Sekai Kokusei-zue 2019/20*

① Japan

② Brazil

③ Thailand

④ Philippines

Q18 The graph below shows changes in the total fertility rates of Japan, France, Indonesia, and Somalia since the 1950s. From ①–④ below choose the combination that correctly identifies the countries represented by A–D in the graph. **24**

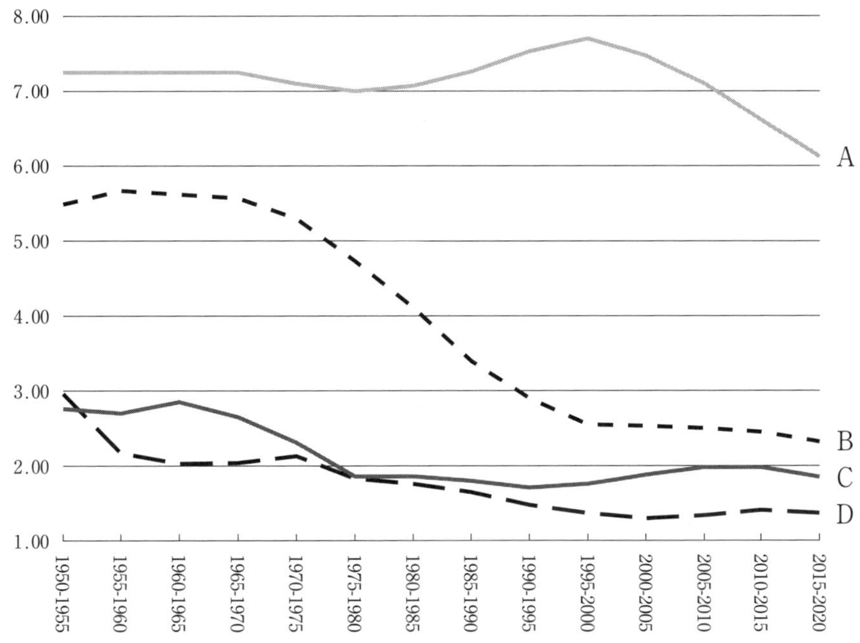

Source: UN, *World Population Prospects 2019*

	A	B	C	D
①	Somalia	Indonesia	Japan	France
②	Somalia	Indonesia	France	Japan
③	Indonesia	Somalia	Japan	France
④	Indonesia	Somalia	France	Japan

Q19 The Constitution of Japan prescribes that "Executive power shall be vested in the Cabinet." From ①-④ below choose the answer that best indicates one of the duties of the Cabinet prescribed by the Constitution. **25**

① prepare the budget and present it to the Diet
② initiate amendments to the Constitution
③ call for meetings of a joint committee of both Houses
④ administer disciplinary action against judges

Q20 Japan's political system is mainly founded on indirect democracy. However, there are some cases where direct democracy is partially introduced. From ①-④ below choose the answer that best represents an example of those cases. **26**

① referendums for selecting the Speaker of the House of Representatives
② petitions for the dissolution of the House of Councillors
③ petitions for the dismissal of the Prime Minister
④ popular review of Supreme Court judges

Q21 In 1925, during the period of the Taisho Democracy, Japan's electoral system was revised in a way that greatly expanded the number of people with the right to vote. From ①-④ below choose the answer that best indicates a requirement for the right to vote that was abolished by that revision. **27**

① Only householders could vote.
② Only men could vote.
③ Only members of the peerage could vote.
④ Only those who paid direct national taxes above a certain amount could vote.

Q22 In response to a growing cry for political reform in the early 1990s, Japan enacted four political reform acts in 1994 that focused on changes such as electoral system reform, control of political funds, and political party subsidies. From ①-④ below choose the answer that best indicates a reform brought about by these acts. **28**

① abolition of a prohibition against canvassing (visiting individual homes) in national election campaigns

② abolition of a prohibition against using the Internet to conduct national election campaigns

③ complete prohibition of donations to political parties by corporations and organizations

④ institution of state subsidies granted to political parties that meet certain criteria

Q23 In Japan, there has been frequent debate over the constitutionality of disparities in the weight of a single vote. From ①-④ below choose the statement that best describes this issue. **29**

① This issue refers to the problem that the number of members in the House of Representatives and that in the House of Councillors greatly differ.

② This issue refers to the problem that there are large differences among electoral districts in the ratio of the number of voters to the number of Diet members.

③ This issue refers to the problem that election results do not reflect the degree of political awareness and knowledge possessed by voters.

④ This issue refers to the problem that policies preferred by elderly people tend to be promoted because voter turnout is higher among older age groups.

Q24 From ①-④ below choose the answer that best indicates a social right guaranteed by the Constitution of Japan. **30**

① right to property

② academic freedom

③ right to receive education

④ right of access to the courts

Q25 From ①-④ below choose the statement that best describes a change in local government in Japan that took place toward or after the end of the 20th century. **31**

① Local governments were prohibited from issuing bonds because some of them had become insolvent.

② Local governments transferred tax revenues to the national government in order to help reduce the national government's deficit.

③ The number of municipalities decreased because municipal mergers were promoted to streamline their administrative processes and finances.

④ The authority to designate the local head of government was given to local assemblies in order to strengthen their power.

Q26 The Diplomatic Bluebook published in 1957 outlined three main principles that form the keynote of Japan's diplomacy. From ①-④ below choose the answer that does **not** represent one of those principles. **32**

① cooperation with Free World nations

② assistance for developing nations

③ diplomacy centered on the United Nations

④ adherence to Japan's position as an Asian nation

Q27 From ①-④ below choose the country that, as of 2019, was **neither** a member of the EU **nor** a member of the North Atlantic Treaty Organization (NATO). **33**

① Switzerland

② Italy

③ Turkey

④ Czech Republic

Q28 Read the following paragraph and from ①-④ below choose the country that best fills blank [a] in the paragraph. **34**

Following Haiti's independence in 1804, a series of independent states was created in Latin America up through the 1820s. One of them was [a], which gained its independence as a monarchy ruled by a Portuguese prince, who became its emperor.

① Brazil

② Chile

③ Peru

④ Argentina

Q29 From the late 19th century on into the early 20th century, the UK warred with the Transvaal Republic and the Orange Free State, two states founded by Afrikaners, and brought them under its control. From ①-④ below choose the statement that best describes the background to this war. **35**

① Both states produced spices, which were traded for high prices in Europe.

② Both states were under the influence of France, which was hostile to the UK.

③ Both states produced gold and diamonds.

④ The UK needed to gain naval supremacy over the maritime routes linking the Atlantic and Indian Oceans.

Q30 During World War I, secret treaties were formed to decide the postwar distribution of territories and colonies. From ①-④ below choose the statement that best describes one of those treaties. **36**

① Russia promised Romania independence.

② Austria agreed to have an independent state created for South Slavs.

③ Germany promised to return Alsace-Lorraine to France.

④ The UK agreed to help the Jewish people to build a national home in Palestine.

Q31 Items A-D below are events that took place in Europe from the late 1930s to the early 1940s. From ①-④ below choose the answer that correctly arranges these events in chronological order. **37**

A : Allied invasion of Normandy

B : Germany's annexation of Austria

C : establishment of a pro-German government in Vichy, in southern France

D : signing of a treaty of nonaggression between Germany and the USSR

① B → C → A → D

② B → D → C → A

③ D → B → A → C

④ D → C → B → A

Q32 Japan joined the UN in December 1956, marking its return to the international community after roughly a quarter of a century. This was made possible by a diplomatic achievement that took place in October the same year. From ①-④ below choose the answer that best indicates that achievement. **38**

① signing of the Joint Declaration by the USSR and Japan

② signing of the Treaty of Peace with Japan in San Francisco

③ signing of the Treaty on Basic Relations between Japan and the Republic of Korea

④ signing of the Joint Communiqué of the Government of Japan and the Government of the People's Republic of China

The end of the questions for Japan and the World. Leave answer spaces **39** — **60** blank.

Do not take this question booklet out of the room.

2020 Examination for Japanese University Admission for International Students

Mathematics (80 min.)

【Course 1 (Basic), Course 2 (Advanced)】

※ Choose one of these courses and answer its questions only.

I Rules of Examination

1. Do not leave the room without proctor's permission.
2. Do not take this question booklet out of the room.

II Instructions for the Question Booklet

1. Do not open this question booklet until instructed.
2. After being instructed, write your name and examination registration number in space provided below, as printed on your examination voucher.
3. Course 1 is on pages 1-13, and Course 2 is on pages 15-27.
4. If your question booklet is missing any pages, raise your hand.
5. You may write notes and calculations in the question booklet.

III Instructions for how to answer the questions

1. You must mark your answers on the answer sheet with an HB pencil.
2. Each letter **A**, **B**, **C**, ··· in the questions represents a numeral (from 0 to 9) or the minus sign(−). When you mark your answers, fill in the oval completely for each letter in the corresponding row of the answer sheet (mark-sheet).
3. Sometimes an answer such as [A] or [BC] is used later in the question. In such a case, the symbol is shaded when it is used later, as [A] or [BC].

Note the following :

(1) Reduce square roots ($\sqrt{\ }$) as much as possible.
(Example: Express $\sqrt{32}$ as $4\sqrt{2}$, not as $2\sqrt{8}$ or $\sqrt{32}$.)

(2) For fractions, attach the minus sign to the numerator, and reduce the fraction to its lowest terms.
(Example: Substitute $\frac{1}{3}$ for $\frac{2}{6}$. Also simplify as follows:
$-\frac{2}{\sqrt{6}} = \frac{-2\sqrt{6}}{6} = \frac{-\sqrt{6}}{3}$. Then apply $\frac{-\sqrt{6}}{3}$ to the answer.)

(3) If your answer to $\frac{\boxed{\text{A}}\sqrt{\boxed{\text{B}}}}{\boxed{\text{C}}}$ is $\frac{-\sqrt{3}}{4}$, mark as shown below.

(4) If the answer to [DE] x is $-x$, mark "−" for **D** and "1" for **E** as shown below.

A	●	⓪	①	②	③	④	⑤	⑥	⑦	⑧	⑨
B	⊖	⓪	①	②	●	④	⑤	⑥	⑦	⑧	⑨
C	⊖	⓪	①	②	③	●	⑤	⑥	⑦	⑧	⑨
D	●	⓪	①	②	③	④	⑤	⑥	⑦	⑧	⑨
E	⊖	⓪	●	②	③	④	⑤	⑥	⑦	⑧	⑨

4. Carefully read the instructions on the answer sheet, too.

※ Once you are instructed to start the examination, fill in your examination registration number and name.

Examination registration number			*				*					
Name												

Mathematics Course 1

(Basic Course)

(Course 2 begins on page 15)

Marking Your Choice of Course on the Answer Sheet

Choose to answer either Course 1 or Course 2.

If you choose Course 1, for example, circle the label "Course 1" and completely fill in the oval under the label on your answer sheet as shown in the example on the right.

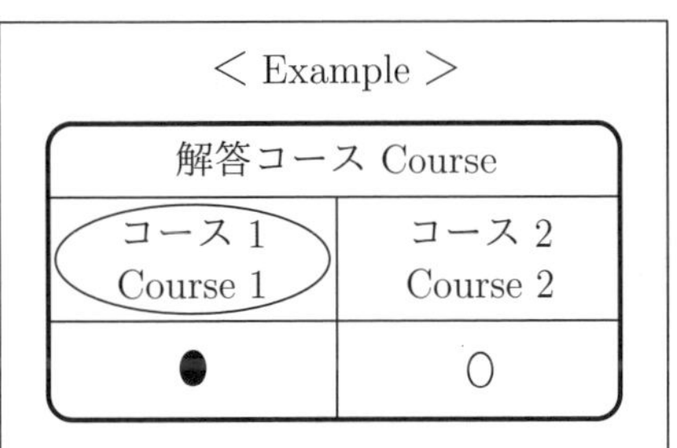

< Example >
解答コース Course
コース 1
Course 1
コース 2
Course 2

If you do not correctly fill in the appropriate oval, your answers will not be graded.

Q 1 Let a be a positive constant. When we move the graph of the quadratic function $y = \frac{1}{4}x^2$ by parallel translation, the resulting parabola and the x-axis intersect at $(-2a,\ 0)$ and $(4a,\ 0)$. Let us consider the equation $y = f(x)$ of this parabola.

(1) The function $f(x)$ can be expressed as

$$f(x) = \frac{\boxed{\mathbf{A}}}{\boxed{\mathbf{B}}}\left(x - \boxed{\mathbf{C}}\,a\right)\left(x + \boxed{\mathbf{D}}\,a\right).$$

(2) The range of values of x such that the value of $y = f(x)$ is less than or equal to $10a^2$ can be obtained by solving the inequality

$$x^2 - \boxed{\mathbf{E}}\,ax - \boxed{\mathbf{FG}}\,a^2 \leqq 0,$$

and it is $-\boxed{\mathbf{H}}\,a \leqq x \leqq \boxed{\mathbf{I}}\,a$.

(3) Suppose that the length of the segment between the intersections of the straight line $y = 10a$ and the graph of $y = f(x)$ is 10. Since $\boxed{\mathbf{J}}\sqrt{\boxed{\mathbf{K}}\,a^2 + \boxed{\mathbf{LM}}\,a} = 10$, we see that the value of a is $\frac{\boxed{\mathbf{N}}}{\boxed{\mathbf{O}}}$.

- memo -

Q 2 There is a staircase of 10 steps which we are to climb. We can go up one step at a time or two steps at a time, but we have to use each method at least once.

(1) Suppose we can go up two steps at a time twice or more in a row.

(i) If we climb the staircase going up two steps at a time just 3 times, we will go up one step at a time just **P** times, and there are **QR** different ways of climbing the staircase.

(ii) If we can go up two steps at a time twice or more in a row, there are altogether **ST** different ways of climbing the staircase.

(2) Suppose we cannot go up two steps at a time twice or more in a row.

(i) If we climb the staircase going up two steps at a time just twice, we will go up one step at a time just **U** times, and there are **VW** different ways of climbing the staircase.

(ii) If we cannot go up two steps at a time twice or more in a row, there are altogether **XY** different ways of climbing the staircase.

- memo -

This is the end of the questions for Part I. Leave the answer space **Z** of Part I blank.

Q 1 Let m and n be positive integers satisfying $0 < m - n\sqrt{2} < 1$. Denote the integral part of $(m + n\sqrt{2})^3$ by a and the fractional part by b.

(1) We are to prove that a is an odd number and $(m - n\sqrt{2})^3 = 1 - b$.

If $(m + n\sqrt{2})^3 = p + q\sqrt{2}$, where p and q are integers, then

$$p = m^3 + \boxed{\text{A}}\,mn^2, \quad q = \boxed{\text{B}}\,m^2n + \boxed{\text{C}}\,n^3.$$

Thus, we see that $(m - n\sqrt{2})^3 = p - q\sqrt{2}$.

Furthermore, the integral part of $(m - n\sqrt{2})^3$ is $\boxed{\text{D}}$. When we denote its fractional part by c, the following two equations hold:

$$\begin{cases} p + q\sqrt{2} = a + b \\ p - q\sqrt{2} = c. \end{cases}$$

From these we obtain

$$\boxed{\text{E}}\,p - a = b + c.$$

Here, since the left side is an integer and the range of values which the right side takes is $\boxed{\text{F}} < b + c < \boxed{\text{G}}$, we see that

$$b + c = \boxed{\text{H}}.$$

Hence we see that $a = \boxed{\text{E}}\,p - \boxed{\text{H}}$, which shows that a is an odd number and that $(m - n\sqrt{2})^3 = 1 - b$.

(2) Let us find the values of m and n when $a = 197$.

Since $a = 197$, we see that $p = \boxed{\text{IJ}}$, that is, $m^3 + \boxed{\text{A}}\,mn^2 = \boxed{\text{IJ}}$. The positive integers m and n satisfying this equation are

$$m = \boxed{\text{K}}, \quad n = \boxed{\text{L}}.$$

- memo -

Q 2 Let a be a real number satisfying $a \geqq 0$. We are to express the maximum value M of the function $f(x) = |x^2 - 2x|$ on the range $a \leqq x \leqq a+1$ in terms of a. Furthermore, we are to find the minimum value of M over the range $a \geqq 0$.

(1) The function $f(x)$ can be expressed without using the absolute value symbol as follows:

when $x \leqq$ **M** or $x \geqq$ **N**, then $f(x) = x^2 - 2x$;

when **M** $< x <$ **N**, then $f(x) = -x^2 + 2x$.

Hence, the maximum value of $f(x)$ on $a \leqq x \leqq a+1$ is the following:

when $0 \leqq a \leqq$ **O**, then $M =$ **P**;

when **O** $< a \leqq \dfrac{\boxed{\text{Q}} + \sqrt{\boxed{\text{R}}}}{\boxed{\text{S}}}$, then $M = -a^2 +$ **T** a;

when $a > \dfrac{\boxed{\text{Q}} + \sqrt{\boxed{\text{R}}}}{\boxed{\text{S}}}$, then $M = a^2 -$ **U**.

(2) The minimum value of M over the range $a \geqq 0$ is $\dfrac{\sqrt{\boxed{\text{V}}}}{\boxed{\text{W}}}$.

- memo -

This is the end of the questions for Part II. Leave the answer spaces X ~ Z of Part II blank.

Consider integers a and b satisfying the equation

$$14a + 9b = 147. \quad \cdots\cdots\cdots \quad ①$$

(1) We are to find the positive integers a and b satisfying equation ①.

Since

$$14a = \boxed{\text{A}}\left(\boxed{\text{BC}} - \boxed{\text{D}}\,b\right) \quad \text{and} \quad 9b = \boxed{\text{E}}\left(\boxed{\text{FG}} - \boxed{\text{H}}\,a\right),$$

a is a multiple of $\boxed{\text{A}}$, and b is a multiple of $\boxed{\text{E}}$.

So, when we set $a = \boxed{\text{A}}\,m$ and $b = \boxed{\text{E}}\,n$, where m and n are integers, from ① we have

$$\boxed{\text{I}}\,m + \boxed{\text{J}}\,n = \boxed{\text{K}}.$$

Since the positive integers m and n satisfying this are

$$m = \boxed{\text{L}} \quad \text{and} \quad n = \boxed{\text{M}},$$

we obtain

$$a = \boxed{\text{N}} \quad \text{and} \quad b = \boxed{\text{O}}.$$

(2) We are to find the solutions a and b of equation ① satisfying $0 < a + b < 5$.

Since $14 \times \boxed{\text{N}} + 9 \times \boxed{\text{O}} = 147$, from this equality and ① we have

$$14(a - \boxed{\text{N}}) = 9(\boxed{\text{O}} - b).$$

Since 14 and 9 are relatively prime, a and b can be expressed in terms of an integer k as

$$a = \boxed{\text{P}}\,k + \boxed{\text{Q}}, \quad b = -\boxed{\text{RS}}\,k + \boxed{\text{T}}.$$

Since $0 < a + b < 5$, we have $k = \boxed{\text{U}}$, and we obtain

$$a = \boxed{\text{VW}}, \quad b = -\boxed{\text{XY}}.$$

- memo -

This is the end of the questions for Part III. Leave the answer space **Z** of Part III blank.

Consider a triangle ABC and its circumscribed circle O, where the lengths of the three sides of the triangle are

$$AB = 2, \quad BC = 3, \quad CA = 4.$$

Below, the area of a triangle such as PQR is expressed as $\triangle PQR$.

(1) We see that $\cos\angle ABC = \dfrac{\boxed{\text{AB}}}{\boxed{\text{C}}}$.

(2) Let us take a point D on the circumference of circle O such that it is on the opposite side of the circle from point B with respect to AC and

$$\frac{\triangle ABD}{\triangle BCD} = \frac{8}{15}. \quad \cdots\cdots\cdots \quad ①$$

We are to find the lengths of line segments AD and CD.

First, since

$$\angle BAD = \boxed{\text{DEF}}^\circ - \angle BCD,$$

we have $\sin\angle BAD = \sin\angle BCD$. Hence from ① we have

$$\frac{AD}{CD} = \frac{\boxed{\text{G}}}{\boxed{\text{H}}},$$

so we set $AD = \boxed{\text{G}}\,k$ and $CD = \boxed{\text{H}}\,k$, where k is a positive number. Furthermore, since

$$\angle ADC = \boxed{\text{IJK}}^\circ - \angle ABC,$$

we have $\cos\angle ADC = \dfrac{\boxed{\text{L}}}{\boxed{\text{M}}}$. Hence, we obtain $k = \dfrac{\boxed{\text{N}}}{\sqrt{\boxed{\text{OP}}}}$, and then

$$AD = \frac{\boxed{\text{QR}}\sqrt{\boxed{\text{OP}}}}{\boxed{\text{OP}}}, \quad CD = \frac{\boxed{\text{ST}}\sqrt{\boxed{\text{OP}}}}{\boxed{\text{OP}}}.$$

(3) When we denote the point of intersection of the straight line DA and the straight line CB by E, we have

$$\frac{\triangle ABE}{\triangle CDE} = \frac{\boxed{\text{UV}}}{\boxed{\text{WXY}}}.$$

- memo -

This is the end of the questions for Part IV. Leave the answer space **Z** of Part IV blank.

This is the end of the questions for Course 1. Leave the answer spaces for Part V blank.

Please check once more that you have properly marked your course number as "Course 1" on your answer sheet.

Do not take this question booklet out of the room.

Mathematics Course 2

(Advanced Course)

Marking Your Choice of Course on the Answer Sheet

Choose to answer either Course 1 or Course 2.

If you choose Course 2, for example, circle the label "Course 2" and completely fill in the oval under the label on your answer sheet as shown in the example on the right.

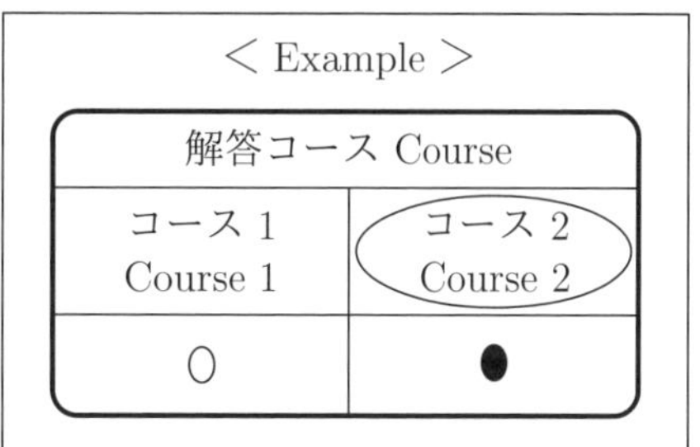

< Example >
解答コース Course
コース 1
Course 1
コース 2
Course 2

If you do not correctly fill in the appropriate oval, your answers will not be graded.

Q 1 Let a be a positive constant. When we move the graph of the quadratic function $y = \frac{1}{4}x^2$ by parallel translation, the resulting parabola and the x-axis intersect at $(-2a,\ 0)$ and $(4a,\ 0)$. Let us consider the equation $y = f(x)$ of this parabola.

(1) The function $f(x)$ can be expressed as

$$f(x) = \frac{\boxed{\mathrm{A}}}{\boxed{\mathrm{B}}}\left(x - \boxed{\mathrm{C}}\,a\right)\left(x + \boxed{\mathrm{D}}\,a\right).$$

(2) The range of values of x such that the value of $y = f(x)$ is less than or equal to $10a^2$ can be obtained by solving the inequality

$$x^2 - \boxed{\mathrm{E}}\,ax - \boxed{\mathrm{FG}}\,a^2 \leqq 0,$$

and it is $-\boxed{\mathrm{H}}\,a \leqq x \leqq \boxed{\mathrm{I}}\,a$.

(3) Suppose that the length of the segment between the intersections of the straight line $y = 10a$ and the graph of $y = f(x)$ is 10. Since $\boxed{\mathrm{J}}\sqrt{\boxed{\mathrm{K}}\,a^2 + \boxed{\mathrm{LM}}\,a} = 10$, we see that the value of a is $\dfrac{\boxed{\mathrm{N}}}{\boxed{\mathrm{O}}}$.

- memo -

Q 2 There is a staircase of 10 steps which we are to climb. We can go up one step at a time or two steps at a time, but we have to use each method at least once.

(1) Suppose we can go up two steps at a time twice or more in a row.

(i) If we climb the staircase going up two steps at a time just 3 times, we will go up one step at a time just **P** times, and there are **QR** different ways of climbing the staircase.

(ii) If we can go up two steps at a time twice or more in a row, there are altogether **ST** different ways of climbing the staircase.

(2) Suppose we cannot go up two steps at a time twice or more in a row.

(i) If we climb the staircase going up two steps at a time just twice, we will go up one step at a time just **U** times, and there are **VW** different ways of climbing the staircase.

(ii) If we cannot go up two steps at a time twice or more in a row, there are altogether **XY** different ways of climbing the staircase.

- memo -

This is the end of the questions for Part I. Leave the answer space Z of Part I blank.

Q 1 Let $\{a_n\}$ be a sequence such that the sum S_n of the terms from the first term to the n-th term is

$$S_n = \frac{n^2 - 17n}{4},$$

and let $\{b_n\}$ be the sequence defined by

$$b_n = a_n \cdot a_{n+5} \qquad (n = 1, 2, 3, \cdots).$$

(1) For $\boxed{\mathsf{A}}$ ~ $\boxed{\mathsf{C}}$ in the following sentences, choose the correct answer from among choices ⓪ ~ ⑨ below.

Let us find the sum T_n of the terms of sequence $\{b_n\}$ from the first term to the n-th term.

Since $a_n = \boxed{\mathsf{A}}$, we have $b_n = \boxed{\mathsf{B}}$. Hence we obtain

$$T_n = \boxed{\mathsf{C}}.$$

⓪ $\dfrac{n-7}{2}$ ① $\dfrac{n-9}{2}$ ② $\dfrac{n-11}{2}$

③ $\dfrac{n^2-12n+27}{4}$ ④ $\dfrac{n^2-13n+36}{4}$ ⑤ $\dfrac{n^2-14n+45}{4}$

⑥ $\dfrac{n(n^2-17n+83)}{12}$ ⑦ $\dfrac{n(n^2-17n+89)}{12}$ ⑧ $\dfrac{n(n^2-18n+83)}{12}$

⑨ $\dfrac{n(n^2-18n+89)}{12}$

(This question is continued on the next page.)

(2) Next, let us find the minimum value of T_n.

When $n \leqq$ **D** or **EF** $\leqq n$, we see that $b_n > 0$. On the other hand, when **G** $\leqq n \leqq$ **H**, we see that $b_n < 0$.

Hence T_n is minimized at $n =$ **I**, $n =$ **J** and $n =$ **K**, and its minimum value is **L**. (Answer in the order such that I < J < K.)

Q 2 Answer the following questions.

(1) When we express the complex number $8+8\sqrt{3}i$ in polar form, we have

$$\boxed{\mathsf{MN}}\left(\cos\frac{\pi}{\boxed{\mathsf{O}}}+i\sin\frac{\pi}{\boxed{\mathsf{P}}}\right).$$

(2) Consider the complex numbers z that satisfy $z^4=8+8\sqrt{3}i$ in the range $0\leqq\arg z<2\pi$. We see that $|z|=\boxed{\mathsf{Q}}$. There are 4 such complex numbers z. When these are denoted by z_1, z_2, z_3, z_4 in the ascending order of their arguments, we have

$$\arg\frac{z_1z_2z_3}{z_4}=\frac{\pi}{\boxed{\mathsf{R}}}.$$

(3) Consider the complex numbers w that satisfy $w^8-16w^4+256=0$ in the range $0\leqq\arg w<2\pi$. There are 8 such complex numbers w. Let us denote them by w_1, w_2, w_3, w_4, w_5, w_6, w_7, w_8 in the ascending order of their arguments. Then four of these coincide with numbers z_1, z_2, z_3, z_4 in (2). That is,

$$w_{\boxed{\mathsf{S}}}=z_1,\quad w_{\boxed{\mathsf{T}}}=z_2,\quad w_{\boxed{\mathsf{U}}}=z_3,\quad w_{\boxed{\mathsf{V}}}=z_4.$$

Also, we have that $w_1w_8=\boxed{\mathsf{W}}$ and $w_3w_4=\boxed{\mathsf{XY}}\,i$.

- memo -

This is the end of the questions for Part II. Leave the answer space **Z** of Part II blank.

Consider the function $f(x) = x^3 - 4x + 4$.

Let the straight line ℓ be the tangent to the graph of $y = f(x)$ at the point A$(-1, 7)$, and the straight line m be the tangent to the graph of $y = f(x)$ that passes through the point B$(0, -12)$. Also, let C be the point of intersection of ℓ and m. Let us denote the angle formed by ℓ and m at C by θ $\left(0 < \theta < \frac{\pi}{2}\right)$. We are to find $\tan\theta$.

(1) The derivative $f'(x)$ of $f(x)$ is

$$f'(x) = \boxed{\text{A}}\, x^{\boxed{\text{B}}} - \boxed{\text{C}}.$$

Hence, the slope of ℓ is $\boxed{\text{DE}}$, and the equation of ℓ is

$$y = \boxed{\text{DE}}\, x + \boxed{\text{F}}.$$

(2) Let us denote by a the x-coordinate of the tangent point of the graph of $y = f(x)$ and line m. Then the equation of m can be expressed in terms of a as

$$y = \left(\boxed{\text{G}}\, a^{\boxed{\text{H}}} - \boxed{\text{I}}\right) x - \boxed{\text{J}}\, a^{\boxed{\text{K}}} + \boxed{\text{L}}.$$

Since line m passes through point B$(0, -12)$, we see that $a = \boxed{\text{M}}$, and the equation of m is

$$y = \boxed{\text{N}}\, x - \boxed{\text{OP}}.$$

Hence, the coordinates of point C, the intersection of ℓ and m, are $\left(\boxed{\text{Q}}, \boxed{\text{R}}\right)$.

(3) Let us denote by α the angle between the positive direction of the x-axis and line ℓ, and by β the angle between the positive direction of the x-axis and line m. Then we see that

$$\tan\alpha = \boxed{\text{ST}}, \quad \tan\beta = \boxed{\text{U}},$$

and hence

$$\tan\theta = \frac{\boxed{\text{V}}}{\boxed{\text{W}}}.$$

- memo -

This is the end of the questions for Part III. Leave the answer spaces X ~ Z of Part III blank.

Consider the function

$$f(x) = \sin x + \frac{\sin 2x}{2} + \frac{\sin 3x}{3}$$

on the interval $0 \leqq x \leqq \pi$. We are to show that $f(x) > 0$ on $0 < x < \pi$, and to find the area S of the region bounded by the graph of $y = f(x)$ and the x-axis.

(1) For $\boxed{\mathbf{K}}$, $\boxed{\mathbf{N}}$, $\boxed{\mathbf{Q}}$, $\boxed{\mathbf{R}}$ in the following sentences, choose the correct answer from the following two choices

⓪ increasing ① decreasing,

and for the other $\boxed{}$, enter the correct number.

When we differentiate $f(x)$, we have

$$f'(x) = \left(\boxed{\mathbf{A}} \cos^2 x - \boxed{\mathbf{B}}\right)\left(\boxed{\mathbf{C}} \cos x + \boxed{\mathbf{D}}\right).$$

Hence, over the range $0 \leqq x \leqq \pi$, there are three x's at which $f'(x) = 0$, and when they are arranged in ascending order, they are

$$x = \frac{\pi}{\boxed{\mathbf{E}}}, \quad \frac{\boxed{\mathbf{F}}}{\boxed{\mathbf{G}}}\pi, \quad \frac{\boxed{\mathbf{H}}}{\boxed{\mathbf{I}}}\pi.$$

Next, looking at whether $f(x)$ is increasing or decreasing, we see that:

on $0 \leqq x \leqq \dfrac{\pi}{\boxed{\mathbf{J}}}$, $f(x)$ is $\boxed{\mathbf{K}}$;

on $\dfrac{\pi}{\boxed{\mathrm{J}}} \leqq x \leqq \dfrac{\boxed{\mathbf{L}}}{\boxed{\mathbf{M}}}\pi$, $f(x)$ is $\boxed{\mathbf{N}}$;

on $\dfrac{\boxed{\mathrm{L}}}{\boxed{\mathrm{M}}}\pi \leqq x \leqq \dfrac{\boxed{\mathbf{O}}}{\boxed{\mathbf{P}}}\pi$, $f(x)$ is $\boxed{\mathbf{Q}}$;

on $\dfrac{\boxed{\mathrm{O}}}{\boxed{\mathrm{P}}}\pi \leqq x \leqq \pi$, $f(x)$ is $\boxed{\mathbf{R}}$.

Also, we have

$$f(0) = 0, \quad f(\pi) = 0, \quad f\left(\frac{\boxed{\mathrm{L}}}{\boxed{\mathrm{M}}}\pi\right) = \frac{\sqrt{\boxed{\mathbf{S}}}}{\boxed{\mathbf{T}}} > 0.$$

Hence we see that $f(x) > 0$ on $0 < x < \pi$.

(This question is continued on the next page.)

(2) The area S of the region bounded by the graph of $y = f(x)$ and the x-axis is

$$S = \frac{\boxed{\mathsf{UV}}}{\boxed{\mathsf{W}}}.$$

This is the end of the questions for Part $\boxed{\text{IV}}$.

Leave the answer spaces $\boxed{\mathsf{X}}$ ~ $\boxed{\mathsf{Z}}$ of Part $\boxed{\text{IV}}$ blank.

This is the end of the questions for Course 2. Leave the answer spaces for Part $\boxed{\text{V}}$ blank.

Please check once more that you have properly marked your course number as "Course 2" on your answer sheet.

Do not take this question booklet out of the room.

日本語　JAPANESE AS A FOREIGN LANGUAGE　**2020年度日本留学試験**

2020 Examination for Japanese University Admission for International Students (EJU)

日 本 語　解 答 用 紙　JAPANESE AS A FOREIGN LANGUAGE ANSWER SHEET

受 験 番 号 Examinee Registration Number		名 前 Name	

↑ あなたの受験票と同じかどうか確かめてください。Check that these are the same as your Examination Voucher. ↑

注意事項 Note

1. 必ず鉛筆（HB）で記入してください。
   Use a medium soft (HB or No. 2) pencil.
2. この解答用紙を汚したり折ったりしてはいけません。
   Do not soil or bend this sheet.
3. マークは下のよい例のように、○わく内を完全にぬりつぶしてください。
   Marking Examples.

よい例 Correct	悪い例 Incorrect			
●	⊗	⊘	◎	◉	○

4. 訂正する場合はプラスチック消しゴムで完全に消し、消しくずを残してはいけません。
   Erase any unintended marks completely and leave no rubber marks.
5. 所定の欄以外には何も書いてはいけません。
   Do not write anything in the margins.
6. この解答用紙はすべて機械で処理しますので、以上の１から５までが守られていないと採点されません。
   The answer sheet will be processed mechanically. Failure to observe instructions above may result in rejection from evaluation.

読解 Reading Comprehension

解答番号	解答欄 Answer 1 2 3 4
1	① ② ③ ④
2	① ② ③ ④
3	① ② ③ ④
4	① ② ③ ④
5	① ② ③ ④
6	① ② ③ ④
7	① ② ③ ④
8	① ② ③ ④
9	① ② ③ ④
10	① ② ③ ④
11	① ② ③ ④
12	① ② ③ ④
13	① ② ③ ④
14	① ② ③ ④
15	① ② ③ ④
16	① ② ③ ④
17	① ② ③ ④
18	① ② ③ ④
19	① ② ③ ④
20	① ② ③ ④
21	① ② ③ ④
22	① ② ③ ④
23	① ② ③ ④
24	① ② ③ ④
25	① ② ③ ④

聴解・聴読解 Listening and Listening-Reading Comprehension

聴読解 Listening-Reading Comprehension

解答番号	解答欄 Answer 1 2 3 4
練習	① ② ● ④
1	① ② ③ ④
2	① ② ③ ④
3	① ② ③ ④
4	① ② ③ ④
5	① ② ③ ④
6	① ② ③ ④
7	① ② ③ ④
8	① ② ③ ④
9	① ② ③ ④
10	① ② ③ ④
11	① ② ③ ④
12	① ② ③ ④

聴解 Listening Comprehension

解答番号	解	答 欄 Answer 1 2 3 4
練習	正しい	① ② ③ ●
	正しくない	● ● ● ④
13	正しい	① ② ③ ④
	正しくない	① ② ③ ④
14	正しい	① ② ③ ④
	正しくない	① ② ③ ④
15	正しい	① ② ③ ④
	正しくない	① ② ③ ④
16	正しい	① ② ③ ④
	正しくない	① ② ③ ④
17	正しい	① ② ③ ④
	正しくない	① ② ③ ④
18	正しい	① ② ③ ④
	正しくない	① ② ③ ④
19	正しい	① ② ③ ④
	正しくない	① ② ③ ④

解答番号	解	答 欄 Answer 1 2 3 4
20	正しい	① ② ③ ④
	正しくない	① ② ③ ④
21	正しい	① ② ③ ④
	正しくない	① ② ③ ④
22	正しい	① ② ③ ④
	正しくない	① ② ③ ④
23	正しい	① ② ③ ④
	正しくない	① ② ③ ④
24	正しい	① ② ③ ④
	正しくない	① ② ③ ④
25	正しい	① ② ③ ④
	正しくない	① ② ③ ④
26	正しい	① ② ③ ④
	正しくない	① ② ③ ④
27	正しい	① ② ③ ④
	正しくない	① ② ③ ④

2020年度日本留学試験

2020 Examination for Japanese University Admission for International Students (EJU)

日 本 語「記　述」　解　答　用　紙

JAPANESE AS A FOREIGN LANGUAGE "WRITING" ANSWER SHEET

受 験 番 号 Examinee Registration Number	

← あなたの受験票と同じかどうか確かめてください。
Check that these are the same on your Examination Voucher.

名 前 Name	

テーマの番号 Theme No.	1	2

← 1または2のどちらかを選び、○で囲んでください。
Circle the number of the theme you selected.（1 or 2）

横書きで書いてください。
Write horizontally. →

この用紙の裏（何も印刷されていない面）には、何も書かないでください。
Do not write anything on the back（unprinted side）of this sheet.

理　科　SCIENCE

2020年度日本留学試験

2020 Examination for Japanese University Admission for International Students (EJU)

【表　FRONT SIDE】

理 科　解 答 用 紙　SCIENCE ANSWER SHEET

受験番号 Examinee Registration Number		名前 Name	

⬆ あなたの受験票と同じかどうか確かめてください。Check that these are the same as your Examination Voucher. ⬆

解答科目 Subject		
物理 Physics	化学 Chemistry	生物 Biology
○	○	○

この解答用紙のこの面に解答する科目を、1つ○で囲み、その下のマーク欄をマークしてください。
Circle the name of the subject of the examination you are taking on this side of the sheet, and fill in the oval under it.

（裏面でもう1つの科目を解答してください。）
(Use the reverse side for the other subject.)

解答番号	1	2	3	4	5	6	7	8	9	解答番号	1	2	3	4	5	6	7	8	9	解答番号	1	2	3	4	5	6	7	8	9
1	①	②	③	④	⑤	⑥	⑦	⑧	⑨	26	①	②	③	④	⑤	⑥	⑦	⑧	⑨	51	①	②	③	④	⑤	⑥	⑦	⑧	⑨
2	①	②	③	④	⑤	⑥	⑦	⑧	⑨	27	①	②	③	④	⑤	⑥	⑦	⑧	⑨	52	①	②	③	④	⑤	⑥	⑦	⑧	⑨
3	①	②	③	④	⑤	⑥	⑦	⑧	⑨	28	①	②	③	④	⑤	⑥	⑦	⑧	⑨	53	①	②	③	④	⑤	⑥	⑦	⑧	⑨
4	①	②	③	④	⑤	⑥	⑦	⑧	⑨	29	①	②	③	④	⑤	⑥	⑦	⑧	⑨	54	①	②	③	④	⑤	⑥	⑦	⑧	⑨
5	①	②	③	④	⑤	⑥	⑦	⑧	⑨	30	①	②	③	④	⑤	⑥	⑦	⑧	⑨	55	①	②	③	④	⑤	⑥	⑦	⑧	⑨
6	①	②	③	④	⑤	⑥	⑦	⑧	⑨	31	①	②	③	④	⑤	⑥	⑦	⑧	⑨	56	①	②	③	④	⑤	⑥	⑦	⑧	⑨
7	①	②	③	④	⑤	⑥	⑦	⑧	⑨	32	①	②	③	④	⑤	⑥	⑦	⑧	⑨	57	①	②	③	④	⑤	⑥	⑦	⑧	⑨
8	①	②	③	④	⑤	⑥	⑦	⑧	⑨	33	①	②	③	④	⑤	⑥	⑦	⑧	⑨	58	①	②	③	④	⑤	⑥	⑦	⑧	⑨
9	①	②	③	④	⑤	⑥	⑦	⑧	⑨	34	①	②	③	④	⑤	⑥	⑦	⑧	⑨	59	①	②	③	④	⑤	⑥	⑦	⑧	⑨
10	①	②	③	④	⑤	⑥	⑦	⑧	⑨	35	①	②	③	④	⑤	⑥	⑦	⑧	⑨	60	①	②	③	④	⑤	⑥	⑦	⑧	⑨
11	①	②	③	④	⑤	⑥	⑦	⑧	⑨	36	①	②	③	④	⑤	⑥	⑦	⑧	⑨	61	①	②	③	④	⑤	⑥	⑦	⑧	⑨
12	①	②	③	④	⑤	⑥	⑦	⑧	⑨	37	①	②	③	④	⑤	⑥	⑦	⑧	⑨	62	①	②	③	④	⑤	⑥	⑦	⑧	⑨
13	①	②	③	④	⑤	⑥	⑦	⑧	⑨	38	①	②	③	④	⑤	⑥	⑦	⑧	⑨	63	①	②	③	④	⑤	⑥	⑦	⑧	⑨
14	①	②	③	④	⑤	⑥	⑦	⑧	⑨	39	①	②	③	④	⑤	⑥	⑦	⑧	⑨	64	①	②	③	④	⑤	⑥	⑦	⑧	⑨
15	①	②	③	④	⑤	⑥	⑦	⑧	⑨	40	①	②	③	④	⑤	⑥	⑦	⑧	⑨	65	①	②	③	④	⑤	⑥	⑦	⑧	⑨
16	①	②	③	④	⑤	⑥	⑦	⑧	⑨	41	①	②	③	④	⑤	⑥	⑦	⑧	⑨	66	①	②	③	④	⑤	⑥	⑦	⑧	⑨
17	①	②	③	④	⑤	⑥	⑦	⑧	⑨	42	①	②	③	④	⑤	⑥	⑦	⑧	⑨	67	①	②	③	④	⑤	⑥	⑦	⑧	⑨
18	①	②	③	④	⑤	⑥	⑦	⑧	⑨	43	①	②	③	④	⑤	⑥	⑦	⑧	⑨	68	①	②	③	④	⑤	⑥	⑦	⑧	⑨
19	①	②	③	④	⑤	⑥	⑦	⑧	⑨	44	①	②	③	④	⑤	⑥	⑦	⑧	⑨	69	①	②	③	④	⑤	⑥	⑦	⑧	⑨
20	①	②	③	④	⑤	⑥	⑦	⑧	⑨	45	①	②	③	④	⑤	⑥	⑦	⑧	⑨	70	①	②	③	④	⑤	⑥	⑦	⑧	⑨
21	①	②	③	④	⑤	⑥	⑦	⑧	⑨	46	①	②	③	④	⑤	⑥	⑦	⑧	⑨	71	①	②	③	④	⑤	⑥	⑦	⑧	⑨
22	①	②	③	④	⑤	⑥	⑦	⑧	⑨	47	①	②	③	④	⑤	⑥	⑦	⑧	⑨	72	①	②	③	④	⑤	⑥	⑦	⑧	⑨
23	①	②	③	④	⑤	⑥	⑦	⑧	⑨	48	①	②	③	④	⑤	⑥	⑦	⑧	⑨	73	①	②	③	④	⑤	⑥	⑦	⑧	⑨
24	①	②	③	④	⑤	⑥	⑦	⑧	⑨	49	①	②	③	④	⑤	⑥	⑦	⑧	⑨	74	①	②	③	④	⑤	⑥	⑦	⑧	⑨
25	①	②	③	④	⑤	⑥	⑦	⑧	⑨	50	①	②	③	④	⑤	⑥	⑦	⑧	⑨	75	①	②	③	④	⑤	⑥	⑦	⑧	⑨

【悪い例 Incorrect Example】

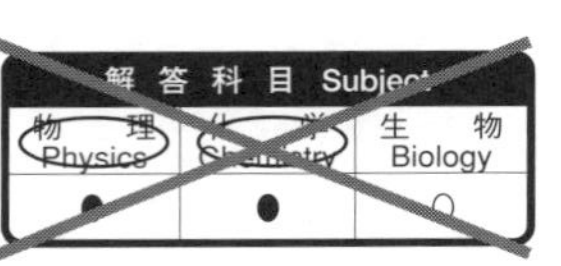

注意事項　Note

1. 必ず鉛筆（HB）で記入してください。
   Use a medium soft (HB or No. 2) pencil.
2. この解答用紙を汚したり折ったりしてはいけません。
   Do not soil or bend this sheet.
3. マークは下のよい例のように、○わく内を完全にぬりつぶしてください。
   Marking Examples.

よい例 Correct	悪い例 Incorrect				
●	⊗	⦸	◎	◐	○

4. 訂正する場合はプラスチック消しゴムで完全に消し、消しくずを残してはいけません。
   Erase any unintended marks completely and leave no rubber marks.
5. 解答番号は1から75までありますが、問題のあるところまで答えて、あとはマークしないでください。
   Use only necessary rows and leave remaining rows blank.
6. 所定の欄以外には何も書いてはいけません。
   Do not write anything in the margins.
7. この解答用紙はすべて機械で処理しますので、以上の1から6までが守られていないと採点されません。
   The answer sheet will be processed mechanically. Failure to observe instructions above may result in rejection from evaluation.

2020年度日本留学試験
2020 Examination for Japanese University Admission for International Students (EJU)

理　科　解　答　用　紙
SCIENCE ANSWER SHEET

解答科目 Subject		
物理 Physics	化学 Chemistry	生物 Biology
○	○	○

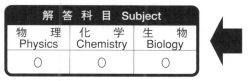

この解答用紙のこの面に解答する科目を、1つ○で囲み、その下のマーク欄をマークしてください。
Circle the name of the subject of the examination you are taking on this side of the sheet, and fill in the oval under it.

解答番号	解答欄 Answer 1	2	3	4	5	6	7	8	9
1	①	②	③	④	⑤	⑥	⑦	⑧	⑨
2	①	②	③	④	⑤	⑥	⑦	⑧	⑨
3	①	②	③	④	⑤	⑥	⑦	⑧	⑨
4	①	②	③	④	⑤	⑥	⑦	⑧	⑨
5	①	②	③	④	⑤	⑥	⑦	⑧	⑨
6	①	②	③	④	⑤	⑥	⑦	⑧	⑨
7	①	②	③	④	⑤	⑥	⑦	⑧	⑨
8	①	②	③	④	⑤	⑥	⑦	⑧	⑨
9	①	②	③	④	⑤	⑥	⑦	⑧	⑨
10	①	②	③	④	⑤	⑥	⑦	⑧	⑨
11	①	②	③	④	⑤	⑥	⑦	⑧	⑨
12	①	②	③	④	⑤	⑥	⑦	⑧	⑨
13	①	②	③	④	⑤	⑥	⑦	⑧	⑨
14	①	②	③	④	⑤	⑥	⑦	⑧	⑨
15	①	②	③	④	⑤	⑥	⑦	⑧	⑨
16	①	②	③	④	⑤	⑥	⑦	⑧	⑨
17	①	②	③	④	⑤	⑥	⑦	⑧	⑨
18	①	②	③	④	⑤	⑥	⑦	⑧	⑨
19	①	②	③	④	⑤	⑥	⑦	⑧	⑨
20	①	②	③	④	⑤	⑥	⑦	⑧	⑨
21	①	②	③	④	⑤	⑥	⑦	⑧	⑨
22	①	②	③	④	⑤	⑥	⑦	⑧	⑨
23	①	②	③	④	⑤	⑥	⑦	⑧	⑨
24	①	②	③	④	⑤	⑥	⑦	⑧	⑨
25	①	②	③	④	⑤	⑥	⑦	⑧	⑨

解答番号	解答欄 Answer 1	2	3	4	5	6	7	8	9
26	①	②	③	④	⑤	⑥	⑦	⑧	⑨
27	①	②	③	④	⑤	⑥	⑦	⑧	⑨
28	①	②	③	④	⑤	⑥	⑦	⑧	⑨
29	①	②	③	④	⑤	⑥	⑦	⑧	⑨
30	①	②	③	④	⑤	⑥	⑦	⑧	⑨
31	①	②	③	④	⑤	⑥	⑦	⑧	⑨
32	①	②	③	④	⑤	⑥	⑦	⑧	⑨
33	①	②	③	④	⑤	⑥	⑦	⑧	⑨
34	①	②	③	④	⑤	⑥	⑦	⑧	⑨
35	①	②	③	④	⑤	⑥	⑦	⑧	⑨
36	①	②	③	④	⑤	⑥	⑦	⑧	⑨
37	①	②	③	④	⑤	⑥	⑦	⑧	⑨
38	①	②	③	④	⑤	⑥	⑦	⑧	⑨
39	①	②	③	④	⑤	⑥	⑦	⑧	⑨
40	①	②	③	④	⑤	⑥	⑦	⑧	⑨
41	①	②	③	④	⑤	⑥	⑦	⑧	⑨
42	①	②	③	④	⑤	⑥	⑦	⑧	⑨
43	①	②	③	④	⑤	⑥	⑦	⑧	⑨
44	①	②	③	④	⑤	⑥	⑦	⑧	⑨
45	①	②	③	④	⑤	⑥	⑦	⑧	⑨
46	①	②	③	④	⑤	⑥	⑦	⑧	⑨
47	①	②	③	④	⑤	⑥	⑦	⑧	⑨
48	①	②	③	④	⑤	⑥	⑦	⑧	⑨
49	①	②	③	④	⑤	⑥	⑦	⑧	⑨
50	①	②	③	④	⑤	⑥	⑦	⑧	⑨

解答番号	解答欄 Answer 1	2	3	4	5	6	7	8	9
51	①	②	③	④	⑤	⑥	⑦	⑧	⑨
52	①	②	③	④	⑤	⑥	⑦	⑧	⑨
53	①	②	③	④	⑤	⑥	⑦	⑧	⑨
54	①	②	③	④	⑤	⑥	⑦	⑧	⑨
55	①	②	③	④	⑤	⑥	⑦	⑧	⑨
56	①	②	③	④	⑤	⑥	⑦	⑧	⑨
57	①	②	③	④	⑤	⑥	⑦	⑧	⑨
58	①	②	③	④	⑤	⑥	⑦	⑧	⑨
59	①	②	③	④	⑤	⑥	⑦	⑧	⑨
60	①	②	③	④	⑤	⑥	⑦	⑧	⑨
61	①	②	③	④	⑤	⑥	⑦	⑧	⑨
62	①	②	③	④	⑤	⑥	⑦	⑧	⑨
63	①	②	③	④	⑤	⑥	⑦	⑧	⑨
64	①	②	③	④	⑤	⑥	⑦	⑧	⑨
65	①	②	③	④	⑤	⑥	⑦	⑧	⑨
66	①	②	③	④	⑤	⑥	⑦	⑧	⑨
67	①	②	③	④	⑤	⑥	⑦	⑧	⑨
68	①	②	③	④	⑤	⑥	⑦	⑧	⑨
69	①	②	③	④	⑤	⑥	⑦	⑧	⑨
70	①	②	③	④	⑤	⑥	⑦	⑧	⑨
71	①	②	③	④	⑤	⑥	⑦	⑧	⑨
72	①	②	③	④	⑤	⑥	⑦	⑧	⑨
73	①	②	③	④	⑤	⑥	⑦	⑧	⑨
74	①	②	③	④	⑤	⑥	⑦	⑧	⑨
75	①	②	③	④	⑤	⑥	⑦	⑧	⑨

【悪い例 Incorrect Example】

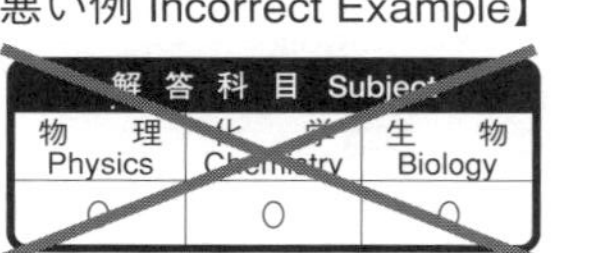

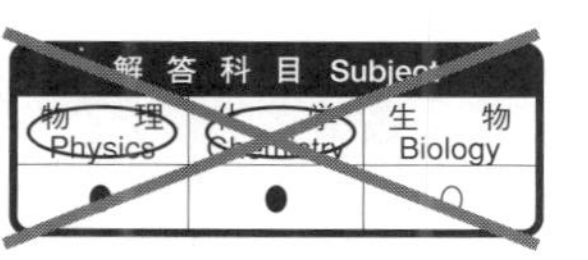

2020年度日本留学試験
2020 Examination for Japanese University Admission for International Students (EJU)

総 合 科 目　解 答 用 紙　JAPAN AND THE WORLD ANSWER SHEET

受験番号 Examinee Registration Number		名前 Name	

↑ あなたの受験票と同じかどうか確かめてください。Check that these are the same as your Examination Voucher. ↑

注意事項 Note

1. 必ず鉛筆(HB)で記入してください。
   Use a medium soft (HB or No. 2) pencil.
2. この解答用紙を汚したり折ったりしてはいけません。
   Do not soil or bend this sheet.
3. マークは下のよい例のように、○わく内を完全にぬりつぶしてください。
   Marking Examples.

よい例 Correct	悪い例 Incorrect
●	⊗ ⊘ ◎ ◐ ○

4. 訂正する場合はプラスチック消しゴムで完全に消し、消しくずを残してはいけません。
   Erase any unintended marks completely and leave no rubber marks.
5. 解答番号は1から60までありますが、問題のあるところまで答えて、あとはマークしないでください。
   Use only necessary rows and leave remaining rows blank.
6. 所定の欄以外には何も書いてはいけません。
   Do not write anything in the margins.
7. この解答用紙はすべて機械で処理しますので、以上の1から6までが守られていないと採点されません。
   The answer sheet will be processed mechanically. Failure to observe instructions above may result in rejection from evaluation.

解答番号	解答欄 Answer 1	2	3	4
1	①	②	③	④
2	①	②	③	④
3	①	②	③	④
4	①	②	③	④
5	①	②	③	④
6	①	②	③	④
7	①	②	③	④
8	①	②	③	④
9	①	②	③	④
10	①	②	③	④
11	①	②	③	④
12	①	②	③	④
13	①	②	③	④
14	①	②	③	④
15	①	②	③	④
16	①	②	③	④
17	①	②	③	④
18	①	②	③	④
19	①	②	③	④
20	①	②	③	④

解答番号	解答欄 Answer 1	2	3	4
21	①	②	③	④
22	①	②	③	④
23	①	②	③	④
24	①	②	③	④
25	①	②	③	④
26	①	②	③	④
27	①	②	③	④
28	①	②	③	④
29	①	②	③	④
30	①	②	③	④
31	①	②	③	④
32	①	②	③	④
33	①	②	③	④
34	①	②	③	④
35	①	②	③	④
36	①	②	③	④
37	①	②	③	④
38	①	②	③	④
39	①	②	③	④
40	①	②	③	④

解答番号	解答欄 Answer 1	2	3	4
41	①	②	③	④
42	①	②	③	④
43	①	②	③	④
44	①	②	③	④
45	①	②	③	④
46	①	②	③	④
47	①	②	③	④
48	①	②	③	④
49	①	②	③	④
50	①	②	③	④
51	①	②	③	④
52	①	②	③	④
53	①	②	③	④
54	①	②	③	④
55	①	②	③	④
56	①	②	③	④
57	①	②	③	④
58	①	②	③	④
59	①	②	③	④
60	①	②	③	④

数　学　MATHEMATICS

2020年度日本留学試験

2020 Examination for Japanese University Admission for International Students (EJU)

【表　FRONT SIDE】

数　学　解　答　用　紙　MATHEMATICS ANSWER SHEET

受験番号 Examinee Registration Number		名前 Name	

↑ あなたの受験票と同じかどうか確かめてください。Check that these are the same as your Examination Voucher. ↑

【悪い例 Incorrect Example】

解答コース Course	
コース 1 Course 1	コース 2 Course 2
○	○

解答コース Course	
コース 1 Course 1	コース 2 Course 2
●	●

注意事項　Note

1. 必ず鉛筆（HB）で記入してください。
   Use a medium soft (HB or No. 2) pencil.
2. この解答用紙を汚したり折ったりしてはいけません。
   Do not soil or bend this sheet.
3. マークは下のよい例のように、◯ わく内を完全にぬりつぶしてください。
   Marking Examples.

よい例　Correct	悪い例　Incorrect
●	⊗ ⊘ ◎ ◐ ○

4. 訂正する場合はプラスチック消しゴムで完全に消し、消しくずを残してはいけません。
   Erase any unintended marks completely and leave no rubber marks.
5. 解答番号はAからZまでありますが、問題のあるところまで答えて、あとはマークしないでください。
   Use only necessary rows and leave remaining rows blank.
6. 所定の欄以外には何も書いてはいけません。
   Do not write anything in the margins.
7. Ⅲ、Ⅳ、Ⅴの解答欄は裏面にあります。
   The answers to parts Ⅲ, Ⅳ, and Ⅴ should be marked on the reverse side of this sheet.
8. この解答用紙はすべて機械で処理しますので、以上の1から7までが守られていないと採点されません。
   The answer sheet will be processed mechanically. Failure to observe the instructions above may result in rejection from evaluation.

解答コース Course	
コース 1 Course 1	コース 2 Course 2
○	○

この解答用紙に解答するコースを、1つ◯で囲み、その下のマーク欄をマークしてください。
Circle the name of the course you are taking and fill in the oval under it.

（Ⅲ以降は裏面）(Use the reverse side for Ⅲ, Ⅳ and Ⅴ.)

Ⅰ

解答記号	解答欄 Answer										
	−	0	1	2	3	4	5	6	7	8	9
A	⊖	⓪	①	②	③	④	⑤	⑥	⑦	⑧	⑨
B	⊖	⓪	①	②	③	④	⑤	⑥	⑦	⑧	⑨
C	⊖	⓪	①	②	③	④	⑤	⑥	⑦	⑧	⑨
D	⊖	⓪	①	②	③	④	⑤	⑥	⑦	⑧	⑨
E	⊖	⓪	①	②	③	④	⑤	⑥	⑦	⑧	⑨
F	⊖	⓪	①	②	③	④	⑤	⑥	⑦	⑧	⑨
G	⊖	⓪	①	②	③	④	⑤	⑥	⑦	⑧	⑨
H	⊖	⓪	①	②	③	④	⑤	⑥	⑦	⑧	⑨
I	⊖	⓪	①	②	③	④	⑤	⑥	⑦	⑧	⑨
J	⊖	⓪	①	②	③	④	⑤	⑥	⑦	⑧	⑨
K	⊖	⓪	①	②	③	④	⑤	⑥	⑦	⑧	⑨
L	⊖	⓪	①	②	③	④	⑤	⑥	⑦	⑧	⑨
M	⊖	⓪	①	②	③	④	⑤	⑥	⑦	⑧	⑨
N	⊖	⓪	①	②	③	④	⑤	⑥	⑦	⑧	⑨
O	⊖	⓪	①	②	③	④	⑤	⑥	⑦	⑧	⑨
P	⊖	⓪	①	②	③	④	⑤	⑥	⑦	⑧	⑨
Q	⊖	⓪	①	②	③	④	⑤	⑥	⑦	⑧	⑨
R	⊖	⓪	①	②	③	④	⑤	⑥	⑦	⑧	⑨
S	⊖	⓪	①	②	③	④	⑤	⑥	⑦	⑧	⑨
T	⊖	⓪	①	②	③	④	⑤	⑥	⑦	⑧	⑨
U	⊖	⓪	①	②	③	④	⑤	⑥	⑦	⑧	⑨
V	⊖	⓪	①	②	③	④	⑤	⑥	⑦	⑧	⑨
W	⊖	⓪	①	②	③	④	⑤	⑥	⑦	⑧	⑨
X	⊖	⓪	①	②	③	④	⑤	⑥	⑦	⑧	⑨
Y	⊖	⓪	①	②	③	④	⑤	⑥	⑦	⑧	⑨
Z	⊖	⓪	①	②	③	④	⑤	⑥	⑦	⑧	⑨

Ⅱ

解答記号	解答欄 Answer										
	−	0	1	2	3	4	5	6	7	8	9
A	⊖	⓪	①	②	③	④	⑤	⑥	⑦	⑧	⑨
B	⊖	⓪	①	②	③	④	⑤	⑥	⑦	⑧	⑨
C	⊖	⓪	①	②	③	④	⑤	⑥	⑦	⑧	⑨
D	⊖	⓪	①	②	③	④	⑤	⑥	⑦	⑧	⑨
E	⊖	⓪	①	②	③	④	⑤	⑥	⑦	⑧	⑨
F	⊖	⓪	①	②	③	④	⑤	⑥	⑦	⑧	⑨
G	⊖	⓪	①	②	③	④	⑤	⑥	⑦	⑧	⑨
H	⊖	⓪	①	②	③	④	⑤	⑥	⑦	⑧	⑨
I	⊖	⓪	①	②	③	④	⑤	⑥	⑦	⑧	⑨
J	⊖	⓪	①	②	③	④	⑤	⑥	⑦	⑧	⑨
K	⊖	⓪	①	②	③	④	⑤	⑥	⑦	⑧	⑨
L	⊖	⓪	①	②	③	④	⑤	⑥	⑦	⑧	⑨
M	⊖	⓪	①	②	③	④	⑤	⑥	⑦	⑧	⑨
N	⊖	⓪	①	②	③	④	⑤	⑥	⑦	⑧	⑨
O	⊖	⓪	①	②	③	④	⑤	⑥	⑦	⑧	⑨
P	⊖	⓪	①	②	③	④	⑤	⑥	⑦	⑧	⑨
Q	⊖	⓪	①	②	③	④	⑤	⑥	⑦	⑧	⑨
R	⊖	⓪	①	②	③	④	⑤	⑥	⑦	⑧	⑨
S	⊖	⓪	①	②	③	④	⑤	⑥	⑦	⑧	⑨
T	⊖	⓪	①	②	③	④	⑤	⑥	⑦	⑧	⑨
U	⊖	⓪	①	②	③	④	⑤	⑥	⑦	⑧	⑨
V	⊖	⓪	①	②	③	④	⑤	⑥	⑦	⑧	⑨
W	⊖	⓪	①	②	③	④	⑤	⑥	⑦	⑧	⑨
X	⊖	⓪	①	②	③	④	⑤	⑥	⑦	⑧	⑨
Y	⊖	⓪	①	②	③	④	⑤	⑥	⑦	⑧	⑨
Z	⊖	⓪	①	②	③	④	⑤	⑥	⑦	⑧	⑨

2020年度日本留学試験
2020 Examination for Japanese University Admission for International Students (EJU)

数　学　解　答　用　紙
MATHEMATICS ANSWER SHEET

Ⅲ

解答記号	解答欄 Answer										
	—	0	1	2	3	4	5	6	7	8	9
A	⊖	⓪	①	②	③	④	⑤	⑥	⑦	⑧	⑨
B	⊖	⓪	①	②	③	④	⑤	⑥	⑦	⑧	⑨
C	⊖	⓪	①	②	③	④	⑤	⑥	⑦	⑧	⑨
D	⊖	⓪	①	②	③	④	⑤	⑥	⑦	⑧	⑨
E	⊖	⓪	①	②	③	④	⑤	⑥	⑦	⑧	⑨
F	⊖	⓪	①	②	③	④	⑤	⑥	⑦	⑧	⑨
G	⊖	⓪	①	②	③	④	⑤	⑥	⑦	⑧	⑨
H	⊖	⓪	①	②	③	④	⑤	⑥	⑦	⑧	⑨
I	⊖	⓪	①	②	③	④	⑤	⑥	⑦	⑧	⑨
J	⊖	⓪	①	②	③	④	⑤	⑥	⑦	⑧	⑨
K	⊖	⓪	①	②	③	④	⑤	⑥	⑦	⑧	⑨
L	⊖	⓪	①	②	③	④	⑤	⑥	⑦	⑧	⑨
M	⊖	⓪	①	②	③	④	⑤	⑥	⑦	⑧	⑨
N	⊖	⓪	①	②	③	④	⑤	⑥	⑦	⑧	⑨
O	⊖	⓪	①	②	③	④	⑤	⑥	⑦	⑧	⑨
P	⊖	⓪	①	②	③	④	⑤	⑥	⑦	⑧	⑨
Q	⊖	⓪	①	②	③	④	⑤	⑥	⑦	⑧	⑨
R	⊖	⓪	①	②	③	④	⑤	⑥	⑦	⑧	⑨
S	⊖	⓪	①	②	③	④	⑤	⑥	⑦	⑧	⑨
T	⊖	⓪	①	②	③	④	⑤	⑥	⑦	⑧	⑨
U	⊖	⓪	①	②	③	④	⑤	⑥	⑦	⑧	⑨
V	⊖	⓪	①	②	③	④	⑤	⑥	⑦	⑧	⑨
W	⊖	⓪	①	②	③	④	⑤	⑥	⑦	⑧	⑨
X	⊖	⓪	①	②	③	④	⑤	⑥	⑦	⑧	⑨
Y	⊖	⓪	①	②	③	④	⑤	⑥	⑦	⑧	⑨
Z	⊖	⓪	①	②	③	④	⑤	⑥	⑦	⑧	⑨

Ⅳ

解答記号	解答欄 Answer										
	—	0	1	2	3	4	5	6	7	8	9
A	⊖	⓪	①	②	③	④	⑤	⑥	⑦	⑧	⑨
B	⊖	⓪	①	②	③	④	⑤	⑥	⑦	⑧	⑨
C	⊖	⓪	①	②	③	④	⑤	⑥	⑦	⑧	⑨
D	⊖	⓪	①	②	③	④	⑤	⑥	⑦	⑧	⑨
E	⊖	⓪	①	②	③	④	⑤	⑥	⑦	⑧	⑨
F	⊖	⓪	①	②	③	④	⑤	⑥	⑦	⑧	⑨
G	⊖	⓪	①	②	③	④	⑤	⑥	⑦	⑧	⑨
H	⊖	⓪	①	②	③	④	⑤	⑥	⑦	⑧	⑨
I	⊖	⓪	①	②	③	④	⑤	⑥	⑦	⑧	⑨
J	⊖	⓪	①	②	③	④	⑤	⑥	⑦	⑧	⑨
K	⊖	⓪	①	②	③	④	⑤	⑥	⑦	⑧	⑨
L	⊖	⓪	①	②	③	④	⑤	⑥	⑦	⑧	⑨
M	⊖	⓪	①	②	③	④	⑤	⑥	⑦	⑧	⑨
N	⊖	⓪	①	②	③	④	⑤	⑥	⑦	⑧	⑨
O	⊖	⓪	①	②	③	④	⑤	⑥	⑦	⑧	⑨
P	⊖	⓪	①	②	③	④	⑤	⑥	⑦	⑧	⑨
Q	⊖	⓪	①	②	③	④	⑤	⑥	⑦	⑧	⑨
R	⊖	⓪	①	②	③	④	⑤	⑥	⑦	⑧	⑨
S	⊖	⓪	①	②	③	④	⑤	⑥	⑦	⑧	⑨
T	⊖	⓪	①	②	③	④	⑤	⑥	⑦	⑧	⑨
U	⊖	⓪	①	②	③	④	⑤	⑥	⑦	⑧	⑨
V	⊖	⓪	①	②	③	④	⑤	⑥	⑦	⑧	⑨
W	⊖	⓪	①	②	③	④	⑤	⑥	⑦	⑧	⑨
X	⊖	⓪	①	②	③	④	⑤	⑥	⑦	⑧	⑨
Y	⊖	⓪	①	②	③	④	⑤	⑥	⑦	⑧	⑨
Z	⊖	⓪	①	②	③	④	⑤	⑥	⑦	⑧	⑨

Ⅴ

解答記号	解答欄 Answer										
	—	0	1	2	3	4	5	6	7	8	9
A	⊖	⓪	①	②	③	④	⑤	⑥	⑦	⑧	⑨
B	⊖	⓪	①	②	③	④	⑤	⑥	⑦	⑧	⑨
C	⊖	⓪	①	②	③	④	⑤	⑥	⑦	⑧	⑨
D	⊖	⓪	①	②	③	④	⑤	⑥	⑦	⑧	⑨
E	⊖	⓪	①	②	③	④	⑤	⑥	⑦	⑧	⑨
F	⊖	⓪	①	②	③	④	⑤	⑥	⑦	⑧	⑨
G	⊖	⓪	①	②	③	④	⑤	⑥	⑦	⑧	⑨
H	⊖	⓪	①	②	③	④	⑤	⑥	⑦	⑧	⑨
I	⊖	⓪	①	②	③	④	⑤	⑥	⑦	⑧	⑨
J	⊖	⓪	①	②	③	④	⑤	⑥	⑦	⑧	⑨
K	⊖	⓪	①	②	③	④	⑤	⑥	⑦	⑧	⑨
L	⊖	⓪	①	②	③	④	⑤	⑥	⑦	⑧	⑨
M	⊖	⓪	①	②	③	④	⑤	⑥	⑦	⑧	⑨
N	⊖	⓪	①	②	③	④	⑤	⑥	⑦	⑧	⑨
O	⊖	⓪	①	②	③	④	⑤	⑥	⑦	⑧	⑨
P	⊖	⓪	①	②	③	④	⑤	⑥	⑦	⑧	⑨
Q	⊖	⓪	①	②	③	④	⑤	⑥	⑦	⑧	⑨
R	⊖	⓪	①	②	③	④	⑤	⑥	⑦	⑧	⑨
S	⊖	⓪	①	②	③	④	⑤	⑥	⑦	⑧	⑨
T	⊖	⓪	①	②	③	④	⑤	⑥	⑦	⑧	⑨
U	⊖	⓪	①	②	③	④	⑤	⑥	⑦	⑧	⑨
V	⊖	⓪	①	②	③	④	⑤	⑥	⑦	⑧	⑨
W	⊖	⓪	①	②	③	④	⑤	⑥	⑦	⑧	⑨
X	⊖	⓪	①	②	③	④	⑤	⑥	⑦	⑧	⑨
Y	⊖	⓪	①	②	③	④	⑤	⑥	⑦	⑧	⑨
Z	⊖	⓪	①	②	③	④	⑤	⑥	⑦	⑧	⑨

2020年度

日本留学試験（第２回）

参考資料

The Reference Data

2020年度(令和2年度)日本留学試験実施要項

1．目　　的

外国人留学生として，我が国の大学（学部）等に入学を希望する者について，日本語力及び基礎学力の評価を行う。

2．実 施 者

独立行政法人日本学生支援機構が，文部科学省，外務省，大学及び国内外の関係機関の協力を得て実施する。

3．試験の方法，内容等

(1)　対　　象：外国人留学生として，我が国の大学等に入学を希望する者

(2)　試 験 日：第１回　令和２年(2020年) ６月21日(日)

※新型コロナウイルスの感染拡大の影響により中止。

第２回　令和２年(2020年)11月８日(日)

(3)　実 施 地：国　内　北海道，宮城県，群馬県，埼玉県，千葉県，東京都，神奈川県，石川県又は富山県，静岡県，愛知県，京都府，大阪府，兵庫県，岡山県又は広島県，福岡県及び沖縄県

国　外　インド（ニューデリー），インドネシア（ジャカルタ及びスラバヤ），韓国（ソウル及びプサン），シンガポール，スリランカ（コロンボ）(注)，タイ（バンコク及びチェンマイ），台湾（台北），フィリピン（マニラ）(注)，ベトナム（ハノイ及びホーチミン），香港，マレーシア（クアラルンプール），ミャンマー（ヤンゴン），モンゴル（ウランバートル）及びロシア（ウラジオストク）

（注）第２回の実施は，新型コロナウイルス感染拡大の影響により中止。

(4)　出題科目等

受験者は，受験希望の大学等の指定に基づき，以下の科目の中から選択して受験する。

科　目	目　　　　　的	時　間	得点範囲
日 本 語	日本の大学等での勉学に対応できる日本語力（アカデミック・ジャパニーズ）を測定する。	125分	読解 聴解・聴読解 ０～400点
			記述 ０～50点
理　　科	日本の大学等の理系学部での勉学に必要な理科（物理・化学・生物）の基礎的な学力を測定する。	80分	０～200点
総合科目	日本の大学等での勉学に必要な文系の基礎的な学力，特に思考力，論理的能力を測定する。	80分	０～200点
数　　学	日本の大学等での勉学に必要な数学の基礎的な学力を測定する。	80分	０～200点

［備考］

①　日本語の科目は，記述，読解，聴解・聴読解の３領域から構成される。

② 理科について，受験者は，受験希望の大学等の指定に基づき，物理・化学・生物から２科目を選択する。

③ 数学について，受験者は，受験希望の大学等の指定に基づき，文系学部及び数学を必要とする程度が比較的少ない理系学部用のコース１，数学を高度に必要とする学部用のコース２のどちらかを選択する。

④ 理科と総合科目を同時に選択することはできない。

⑤ 上記の得点範囲は，日本語の科目の記述を除き，素点ではなく，共通の尺度上で表示する。また，記述については基準に基づき採点する。

⑥ 出題範囲は，各科目のシラバスを参照のこと。

(5) 出題言語：日本語及び英語により出題するので，受験者は，受験希望の大学等の指定を踏まえて，出願の際にどちらかを申告する（日本語の科目は日本語による出題のみ）。

(6) 解答方式：多肢選択方式（マークシート）（日本語の科目は記述式を含む。）

4．出願の手続き等

(1) 出願手続き

① 願　　書：所定のもの

② 受験料：

国　内	（１科目のみの受験者）	7,700円（税込み）
	（２科目以上の受験者）	14,300円（税込み）
国　外	インド	800ルピー
	インドネシア	50,000ルピア
	韓国（１科目のみの受験者）	50,000ウォン
	（２科目以上の受験者）	80,000ウォン
	シンガポール	36シンガポールドル
	スリランカ	1,000スリランカルピー
	タイ	350バーツ
	台湾（１科目のみの受験者）	1,200台湾ドル
	（２科目以上の受験者）	1,600台湾ドル
	フィリピン	250ペソ
	ベトナム	130,000ドン
	香港（１科目のみの受験者）	450香港ドル
	（２科目以上の受験者）	850香港ドル
	マレーシア	60リンギット
	ミャンマー	15米ドル
	モンゴル	14,000トゥグルグ
	ロシア	300ルーブル

③ 受付期間：国　内　（第１回）郵送による出願は令和２年(2020年)２月17日(月)から３月13日(金)まで（当日消印有効）
オンラインによる出願は令和２年(2020年)２月17日(月)から３月13日(金)17時まで

（第２回）　郵送による出願は令和２年(2020年) ７月６日(月)から７月31日(金)まで（当日消印有効）
オンラインによる出願は令和２年(2020年) ７月６日(月)から７月31日(金)17時まで

国　外（第１回）　令和２年(2020年) ２月17日(月)から３月13日(金)まで

（第２回）　令和２年(2020年) ７月６日(月)から７月31日(金)まで

④　出　　願：国　内　独立行政法人日本学生支援機構留学生事業部留学試験課に提出する。

国　外　各国・地域の現地機関に提出する。

⑵　出願方法

国　内：出願手続き等の細目については，独立行政法人日本学生支援機構のウェブサイトで公表する。
郵送による出願に必要な「2020年度日本留学試験受験案内（願書付き）」は，令和２年(2020年) ２月17日(月)から１部本体486円＋消費税で全国の主要書店において販売予定。

国　外：各国・地域の現地機関と調整のうえ，決定する。

⑶　受験票の送付

国　内：願書を受理したものについて，次に掲げる期日（予定）に発送する。
第１回　令和２年(2020年) ５月22日(金)
第２回　令和２年(2020年)10月16日(金)
［備考］受験票，結果の通知の発送料については，受験料に含む。

国　外：各国・地域の現地機関と調整のうえ，決定する。
［備考］受験票，結果の通知の発送料については，受験案内等で公表する。

５．結果の通知等

⑴　受験者への通知

次に掲げる期日（予定）に，試験の成績を通知する。
第１回　令和２年(2020年) ７月29日(水) ※試験中止のため，通知無し。
第２回　令和２年(2020年)12月18日(金)
［備考］国内においてオンラインによる出願を行った者は，同日より，オンライン上での成績照会を開始する。

⑵　大学等からの成績照会

別途定める所定の登録手続きを行った大学等に対しては，⑴に掲げる期日より，オンライン上での成績照会を開始する。

照会先：独立行政法人日本学生支援機構　留学生事業部留学試験課
〒153-8503　東京都目黒区駒場４－５－29
電話：03－6407－7457　　FAX：03－6407－7462
E-Mail：jasso_eju@jasso.go.jp

2020年度日本留学試験（第２回）実施地別応募者数・受験者数一覧（国内・国外）

実施国・地域	都道府県・都市	応募者数（人）	受験者数（人）
日　本	北海道	79	54
	宮　城	355	293
	群　馬	63	46
	埼　玉	805	650
	千　葉	652	488
	東　京	14,799	10,551
	神奈川	594	473
	富　山	42	35
	静　岡	333	308
	愛　知	887	753
	京　都	1,329	1,097
	大　阪	2,784	2,210
	兵　庫	640	519
	広　島	552	426
	福　岡	2,043	1,701
	沖　縄	41	38
国内小計		25,998	19,642
インド	ニューデリー	76	42
インドネシア	ジャカルタ	380	181
	スラバヤ	61	34
韓　国	ソウル	3,510	2,988
	プサン	779	662
シンガポール		12	9
スリランカ	コロンボ（※）	24	――
タ　イ	バンコク	95	69
	チェンマイ	8	8
台　湾	台　北	303	241
フィリピン	マニラ（※）	――	――
ベトナム	ハノイ	137	103
	ホーチミン	113	96
香　港		826	174
マレーシア	クアラルンプール	204	196
ミャンマー	ヤンゴン	28	10
モンゴル	ウランバートル	266	177
ロシア	ウラジオストク	4	2
国外小計		6,826	4,992
総合計		32,824	24,634

※コロンボとマニラについては，新型コロナウイルス感染拡大の影響により中止。

2020年度日本留学試験（第２回）試験会場一覧

国・地域	都道府県又は都市	試　験　会　場	
日　本	北海道	北海道大学 札幌キャンパス	
	宮　城	東北大学 川内北キャンパス	
	群　馬	高崎白銀ビル	
	埼　玉	埼玉大学	TKP 大宮ビジネスセンター
		TKP大宮駅西口カンファレンスセンター	
	千　葉	千葉大学 西千葉キャンパス	TKP ガーデンシティ幕張
		TKP ガーデンシティ千葉	
	東　京	上智大学 四谷キャンパス	東京大学教養学部 駒場キャンパス
		明治大学 駿河台キャンパス	青山学院大学 青山キャンパス
		拓殖大学 文京キャンパス	中央大学 多摩キャンパス
		帝京大学 八王子キャンパス	一橋大学 国立キャンパス
		法政大学 多摩キャンパス	創価大学
		ヤマザキ動物看護大学 南大沢キャンパス	東京ビッグサイト TFT ビル
		TKP品川カンファレンスセンターANNEX	TKP 品川カンファレンスセンター新館
		TKP 東京駅大手町カンファレンスセンター	TKP 虎ノ門駅前カンファレンスセンター
		TKP ガーデンシティ竹橋	
	神奈川	関東学院大学 金沢八景キャンパス	
	富　山	富山大学 五福キャンパス	
	静　岡	ツインメッセ静岡	
	愛　知	愛知教育大学 刈谷キャンパス	
	京　都	京都経済短期大学	京都大学 吉田キャンパス
	大　阪	大阪大学 豊中キャンパス	大阪電気通信大学 寝屋川キャンパス
		大阪電気通信大学 駅前キャンパス	
	兵　庫	芦屋大学 六麓荘キャンパス	TKP 三宮ビジネスセンター
	広　島	県立広島大学 広島キャンパス	
	福　岡	九州大学 大橋キャンパス	九州大学 伊都キャンパス
		福岡女学院中学校・高等学校	KCS 福岡情報専門学校
		TKP 博多駅筑紫口ビジネスセンター	TKP 小倉駅前カンファレンスセンター
	沖　縄	琉球大学 千原キャンパス	
イ ン ド	ニューデリー	Sri Venkateswara College, Delhi	
インドネシア	ジャカルタ	インドネシア大学 DEPOK キャンパス	
	スラバヤ	17 August 1945 University of Surabaya	
韓　国	ソウル	龍山高等学校	蠶室高等学校
		石村中学校	可楽中学校
		九老高等学校	
	プサン	大眞電子通信高等学校	慶南工業高等学校
シンガポール		シンガポール日本文化協会	
スリランカ	コロンボ	中止	
タ　イ	バンコク	タイ国元日本留学生協会（OJSAT）	
	チェンマイ	チェンマイ大学	
台　湾	台北	語言訓練測験中心	台湾大学社会及社工館
フィリピン	マニラ	中止	
ベトナム	ハノイ	ベトナム・日本人材協力センター（VJCC）	
	ホーチミン	ホーチミン市社会科学人文大学	
香　港		九龍灣國際展貿中心（KITEC）	
マレーシア	クアラルンプール	サンウェイ大学	
ミャンマー	ヤンゴン	MAJA	
モンゴル	ウランバートル	モンゴル・日本センター	モンゴル国立大学 図書館
		モンゴル国立大学 ２号館	
ロ シ ア	ウラジオストク	極東連邦総合大学	

日本語シラバス

＜試験の目的＞

この試験は，日本の高等教育機関（特に大学学部）に，外国人留学生として入学を希望する者が，大学等での勉学・生活において必要となる言語活動に，日本語を用いて参加していくための能力をどの程度身につけているか，測定することを目的とする。

日本語シラバス

Ⅰ　試験の構成

この試験は，理解に関わる能力を問う領域（読解，聴解，聴読解）と，産出に関わる能力を問う領域（記述）からなる。

Ⅱ　各領域の概要

1．読解，聴解，聴読解領域

読解は，主として文章によって出題されるが，文章以外の視覚情報（図表や箇条書きなど）が提示されることもある。聴解は，すべて音声によって出題され，聴読解は，音声と視覚情報（図表や文字情報）によって出題される。

(1)　問われる能力

読解，聴解，聴読解領域では，文章や談話音声などによる情報を理解し，それらの情報の関係を把握し，また理解した情報を活用して論理的に妥当な解釈を導く能力が問われる。具体的には以下のような能力が問われる。

①　直接的理解能力：

言語として明確に表現されていることを，そのまま理解することができるかを問う。たとえば，次のようなことが問われる。

- 個々の文・発話内で表現されている内容を，正確に理解することができるか
- 文章・談話全体の主題・主旨を，的確にとらえることができるか

②　関係理解能力：

文章や談話で表現されている情報の関係を理解することができるかを問う。たとえば，次のようなことが問われる。

- 文章・談話に含まれる情報のなかで，重要な部分，そうでない部分を見分けることができるか
- 文章・談話に含まれる情報がどういう関係にあるかを理解することができるか
- 異なる形式・媒体（音声，文字，図表など）で表現されている情報を比較・対照することができるか

③　情報活用能力：

理解した情報を活用して論理的に妥当な解釈が導けるかを問う。たとえば，次のようなことが問われる。

- 文章・談話の内容を踏まえ，その結果や帰結などを導き出すことができるか

- 文章・談話で提示された具体的事例を一般化することができるか
- 文章・談話で提示された一般論を具体的事例に当てはめることができるか
- 異なる形式・媒体（音声，文字，図表など）で表現された情報同士を相補的に組み合わせて妥当な解釈が導けるか

(2) 出題される文章や談話の種類

(1)で挙げられた能力は，大学等での勉学・生活の場において理解が必要となる文章や談話を題材として問われる。具体的には以下のような文章・談話である。

読解

- 説明文
- 論説文
- （大学等での勉学・生活にかかわる）実務的・実用的な文書／文章　など

聴解，聴読解

- 講義，講演
- 演習や調査活動に関わる発表，質疑応答および意見交換
- 学習上または生活上の相談ならびに指導，助言
- 実務的・実用的な談話 など

2．記述領域

(1) 問われる能力

記述領域では，「与えられた課題の指示に従い，自分自身の考えを，根拠を挙げて筋道立てて書く」ための能力が問われる。具体的には以下のようなことが問われる。

- 与えられた課題の内容を正確に理解し，その内容にのっとった主張・結論を提示することができるか
- 主張・結論を支えるための，適切かつ効果的な根拠や実例等を提示することができるか
- 主張・結論を導き出すに当たって，一つの視点からだけでなく，多角的な視点から考察をおこなうことができるか
- 主張・結論とそれを支える根拠や実例等を，適切かつ効果的に，また全体としてバランスのとれた構成をなすように配列することができるか
- 高等教育の場において，文章として論述をおこなう際にふさわしい構文・語彙・表現等を，適切かつ効果的に使用できるか

(2) 出題される課題

- 提示された一つまたは複数の考え方について，自分の意見を論じる
- ある問題について現状を説明し，将来の予想や解決方法について論じる　等

基礎学力（理科）シラバス

＜試験の目的＞

この試験は，外国人留学生として，日本の大学（学部）等に入学を希望する者が，大学等において勉学するに当たり必要とされる理科科目の基礎的な学力を測定することを目的とする。

＜試験の種類＞

試験は，物理・化学・生物で構成され，そのうちから２科目を選択するものとする。

＜出題の範囲＞

出題の範囲は，以下のとおりである。なお，小学校・中学校で学ぶ範囲については既習とし，出題範囲に含まれているものとする。出題の内容は，それぞれの科目において，項目ごとに分類され，それぞれの項目は，当該項目の主題又は主要な術語によって提示されている。

物理シラバス

出題範囲は，日本の高等学校学習指導要領の「物理基礎」及び「物理」の範囲とする。

I　力学

1．運動と力

(1) 運動の表し方
位置，変位，速度，加速度，相対運動，落体の運動，水平投射，斜方投射

(2) さまざまな力
力，重力，摩擦力，抗力，張力，弾性力，液体や気体から受ける力

(3) 力のつり合い
力の合成・分解，力のつり合い

(4) 剛体にはたらく力のつり合い
力のモーメント，合力，偶力，剛体のつり合い，重心

(5) 運動の法則
ニュートンの運動の3 法則，力の単位と運動方程式，単位系と次元

(6) 摩擦や空気の抵抗を受ける運動
静止摩擦力，動摩擦力，空気の抵抗と終端速度

2．エネルギーと運動量

(1) 仕事と運動エネルギー
仕事の原理，仕事率，運動エネルギー

(2) 位置エネルギー
重力による位置エネルギー，弾性力による位置エネルギー

(3) 力学的エネルギーの保存

(4) 運動量と力積
運動量と力積，運動量保存則，分裂と合体

(5) 衝突
反発係数（はねかえり係数），弾性衝突，非弾性衝突

3．さまざまな力と運動

(1) 等速円運動
速度と角速度，周期と回転数，加速度と向心力，等速でない円運動の向心力

(2) 慣性力
慣性力，遠心力

(3) 単振動
変位，速度，加速度，復元力，振幅，周期，振動数，位相，角振動数，ばね振り子，単振り子，単振動のエネルギー

(4) 万有引力
惑星の運動（ケプラーの法則），万有引力，重力，万有引力の位置エネルギー，力学的エネルギーの保存

Ⅱ　熱

1．熱と温度

⑴　熱と温度

熱運動，熱平衡，温度，絶対温度，熱量，熱容量，比熱，熱量の保存

⑵　物質の状態

物質の三態，融点，沸点，融解熱，蒸発熱，潜熱，熱膨張

⑶　熱と仕事

熱と仕事，内部エネルギー，熱力学第１法則，不可逆変化，熱機関，熱効率，熱力学第２法則

2．気体の性質

⑴　理想気体の状態方程式

ボイルの法則，シャルルの法則，ボイル・シャルルの法則，理想気体の状態方程式

⑵　気体分子の運動

気体分子の運動と圧力・絶対温度，気体の内部エネルギー，単原子分子，二原子分子

⑶　気体の状態変化

定積変化，定圧変化，等温変化，断熱変化，モル比熱

Ⅲ　波

1．波

⑴　波の性質

波動，媒質，波源，横波と縦波

⑵　波の伝わり方とその表し方

波形，振幅，周期，振動数，波長，波の速さ，正弦波，位相，波のエネルギー

⑶　重ね合わせの原理とホイヘンスの原理

重ね合わせの原理，干渉，定常波（定在波），ホイヘンスの原理，反射の法則，屈折の法則，回折

2．音

⑴　音の性質と伝わり方

音の速さ，音の反射・屈折・回折・干渉，うなり

⑵　発音体の振動と共振・共鳴

弦の振動，気柱の振動，共振・共鳴

⑶　ドップラー効果

ドップラー効果，音源が動く場合，観測者が動く場合，音源と観測者が動く場合

3．光

⑴　光の性質

可視光，白色光，単色光，光と色，スペクトル，分散，偏光

⑵　光の伝わり方

光の速さ，光の反射・屈折，全反射，光の散乱，レンズ，球面鏡

⑶　光の回折と干渉

回折，干渉，ヤングの実験，回折格子，薄膜による干渉，空気層による干渉

Ⅳ　電気と磁気

1．電場

⑴　静電気力

物体の帯電，電荷，電気量，電気量保存の法則，クーロンの法則

⑵　電場

電場，点電荷のまわりの電場，電場の重ね合わせ，電気力線

⑶　電位

静電気力による位置エネルギー，電位と電位差，点電荷のまわりの電位，等電位面

⑷　電場の中の物体

電場中の導体，静電誘導，静電遮蔽，接地，電場中の不導体，誘電分極

⑸　コンデンサー

コンデンサー，電気容量，誘電体，コンデンサーに蓄えられる静電エネルギー，コンデンサーの接続

2．電流

⑴　電流

電流，電圧，オームの法則，抵抗と抵抗率，ジュール熱，電力，電力量

⑵　直流回路

抵抗の直列接続と並列接続，電流計，電圧計，キルヒホッフの法則，抵抗率の温度変化，抵抗の測定，電池の起電力と内部抵抗，コンデンサーを含む回路

⑶　半導体

n 型半導体，p 型半導体，pn 接合，ダイオード

3．電流と磁場

⑴　磁場

磁石，磁極，磁気力，磁気量，磁場，磁力線，磁化，磁性体，磁束密度，透磁率，磁束

⑵　電流がつくる磁場

直線電流がつくる磁場，円形電流がつくる磁場，ソレノイドの電流がつくる磁場

⑶　電流が磁場から受ける力

直線電流が磁場から受ける力，平行電流が及ぼし合う力

⑷　ローレンツ力

ローレンツ力，磁場中の荷電粒子の運動，ホール効果

4．電磁誘導と電磁波

⑴　電磁誘導の法則

電磁誘導，レンツの法則，ファラデーの電磁誘導の法則，
導体が磁場を横切るときの誘導起電力，ローレンツ力と誘導起電力，渦電流

⑵　自己誘導，相互誘導

自己誘導，自己インダクタンス，コイルに蓄えられるエネルギー，相互誘導，
相互インダクタンス，変圧器

⑶　交流

交流の発生（交流電圧，交流電流，周波数，位相，角周波数），抵抗を流れる交流，実効値

(4) 交流回路

コイルのリアクタンスと位相差，コンデンサーのリアクタンスと位相差，消費電力，交流回路のインピーダンス，共振回路，振動回路

(5) 電磁波

電磁波，電磁波の発生，電磁波の性質，電磁波の種類

V　原子

1．電子と光

(1) 電子

放電，陰極線，電子，比電荷，電気素量

(2) 粒子性と波動性

光電効果，光子，Ｘ線，コンプトン効果，ブラッグ反射，物質波，電子線の干渉と回折

2．原子と原子核

(1) 原子の構造

原子核，水素原子のスペクトル，ボーアの原子模型，エネルギー準位

(2) 原子核

原子核の構成，同位体，原子質量単位，原子量，原子核の崩壊，放射線，放射能，半減期，核反応，核エネルギー

(3) 素粒子

素粒子，４つの基本的力

化学シラバス

出題範囲は，日本の高等学校学習指導要領の「化学基礎」及び「化学」の範囲とする。

I　物質の構成

1．物質の探究

(1) 純物質と混合物
元素，同素体，化合物，混合物，混合物の分離，精製

(2) 物質の状態
物質の三態（気体，液体，固体），状態変化

2．物質の構成粒子

(1) 原子構造
電子，陽子，中性子，質量数，同位体

(2) 電子配置
電子殻，原子の性質，周期律・周期表，価電子

3．物質と化学結合

(1) イオン結合
イオン結合，イオン結晶，イオン化エネルギー，電子親和力

(2) 金属結合
金属結合，自由電子，金属結晶，展性・延性

(3) 共有結合
共有結合，配位結合，共有結合の結晶，分子結晶，結合の極性，電気陰性度

(4) 分子間力
ファンデルワールス力，水素結合

(5) 化学結合と物質の性質
融点・沸点，電気伝導性・熱伝導性，溶解度

4．物質の量的取扱いと化学式

(1) 物質量など
原子量，分子量，式量，物質量，モル濃度，質量%濃度，質量モル濃度

(2) 化学式
分子式，イオン式，電子式，構造式，組成式（実験式）

II　物質の状態と変化

1．物質の変化

(1) 化学反応式
化学反応式の表し方，化学反応の量的関係

(2) 酸・塩基
酸・塩基の定義と強弱，水素イオン濃度，pH，中和反応，中和滴定，塩

(3) 酸化・還元

酸化・還元の定義，酸化数，金属のイオン化傾向，酸化剤・還元剤

2．物質の状態と平衡

(1) 状態の変化

分子の熱運動と物質の三態，気体分子のエネルギー分布，絶対温度，沸点，融点，融解熱，蒸発熱

(2) 気体の性質

理想気体の状態方程式，混合気体，分圧の法則，実在気体と理想気体

(3) 溶液の平衡

希薄溶液，飽和溶液と溶解平衡，過飽和，固体の溶解度，気体の溶解度，ヘンリーの法則

(4) 溶液の性質

蒸気圧降下，沸点上昇，凝固点降下，浸透圧，コロイド溶液，チンダル現象，ブラウン運動，透析，電気泳動

3．物質の変化と平衡

(1) 化学反応とエネルギー

化学反応と熱・光，熱化学方程式，反応熱と結合エネルギー，ヘスの法則

(2) 電気化学

電気分解，電極反応，電気エネルギーと化学エネルギー，電気量と物質の変化量，ファラデーの法則

(3) 電池

ダニエル電池や代表的な実用電池（乾電池，鉛蓄電池，燃料電池など）

(4) 反応速度と化学平衡

反応速度と速度定数，反応速度と濃度・温度・触媒，活性化エネルギー，可逆反応，化学平衡及び化学平衡の移動，平衡定数，ルシャトリエの原理

(5) 電離平衡

酸・塩基の強弱と電離度，水のイオン積，弱酸・弱塩基の電離平衡，塩の加水分解，緩衝液

Ⅲ　無機化学

1．無機物質

(1) 典型元素（主要族元素）

各族の代表的な元素の単体と化合物の性質や反応，及び用途

1 族：水素，リチウム，ナトリウム，カリウム

2 族：マグネシウム，カルシウム，バリウム

12 族：亜鉛，水銀

13 族：アルミニウム

14 族：炭素，ケイ素，スズ，鉛

15 族：窒素，リン

16 族：酸素，硫黄

17 族：フッ素，塩素，臭素，ヨウ素

18 族：ヘリウム，ネオン，アルゴン

(2) 遷移元素

クロム，マンガン，鉄，銅，銀，及びそれらの化合物の性質や反応，及び用途

(3) 無機物質の工業的製法

アルミニウム，ケイ素，鉄，銅，水酸化ナトリウム，アンモニア，硫酸など

(4) 金属イオンの分離・分析

2．無機物質と人間生活

上記の物質のほか，人間生活に広く利用されている金属やセラミックス

- 代表的な金属の例：チタン，タングステン，白金，ステンレス鋼，ニクロム
- 代表的なセラミックスの例：ガラス，ファインセラミックス，酸化チタン（Ⅳ）

Ⅳ　有機化学

1．有機化合物の性質と反応

(1) 炭化水素

アルカン，アルケン，アルキンの代表的な化合物の構造，性質及び反応，石油の成分と利用など

構造異性体・立体異性体（シス-トランス異性体，光学異性体（鏡像異性体））

(2) 官能基をもつ化合物

アルコール，エーテル，カルボニル化合物，カルボン酸，エステルなど代表的化合物の構造，性質及び反応

油脂・セッケンなど

(3) 芳香族化合物

芳香族炭化水素，フェノール類，芳香族カルボン酸，芳香族アミンなど代表的な化合物の構造，性質及び反応

2．有機化合物と人間生活

(1) 上記の物質のほか，単糖類，二糖類，アミノ酸など人間生活に広く利用されている有機化合物

[例] グルコース，フルクトース，マルトース，スクロース，グリシン，アラニン

(2) 代表的な医薬品，染料，洗剤などの主な成分

[例] サリチル酸の誘導体，アゾ化合物，アルキル硫酸エステルナトリウム

(3) 高分子化合物

i　合成高分子化合物：代表的な合成繊維やプラスチックの構造，性質及び合成

[例] ナイロン，ポリエチレン，ポリプロピレン，ポリ塩化ビニル，ポリスチレン，ポリエチレンテレフタラート，フェノール樹脂，尿素樹脂

ii　天然高分子化合物：タンパク質，デンプン，セルロース，天然ゴムなどの構造や性質，DNA などの核酸の構造

iii　人間生活に広く利用されている高分子化合物

（例えば，吸水性高分子，導電性高分子，合成ゴムなど）の用途，資源の再利用など

生物シラバス

出題範囲は，日本の高等学校学習指導要領の「生物基礎」及び「生物」の範囲とする。

I　生命現象と物質

1．細胞と分子

(1) 生体物質と細胞
　細胞小器官
　原核細胞と真核細胞
　細胞骨格

(2) 生命現象とタンパク質
　タンパク質の構造
　タンパク質の働き　［例］酵素

2．代謝

(1) 生命活動とエネルギー
　ATP とその役割

(2) 呼吸　［例］解糖系，クエン酸回路，電子伝達系，発酵と解糖

(3) 光合成　［例］光化学系Ⅰ，光化学系Ⅱ，カルビン・ベンソン回路，電子伝達系

(4) 細菌の光合成と化学合成

(5) 窒素同化

3．遺伝情報とその発現

(1) 遺伝情報と DNA
　DNA の二重らせん構造
　遺伝子と染色体とゲノム

(2) 遺伝情報の分配
　体細胞分裂による遺伝情報の分配
　細胞周期と DNA の複製
　DNA の複製のしくみ

(3) 遺伝情報の発現
　遺伝子の発現のしくみ　［例］転写，翻訳，スプライシング
　遺伝情報の変化　［例］遺伝子突然変異

(4) 遺伝子の発現調節
　転写レベルの調節
　選択的遺伝子発現
　発現調節による細胞分化

(5) バイオテクノロジー　［例］遺伝子組換え，遺伝子導入

Ⅱ　生殖と発生

1．有性生殖

⑴　減数分裂と受精

減数分裂による遺伝子の分配

受精による多様な遺伝的組み合わせ

性染色体

⑵　遺伝子と染色体

遺伝子の連鎖と組換え

染色体の乗換えと遺伝子の組換え

2．動物の発生

⑴　配偶子形成と受精

⑵　初期発生の過程

⑶　細胞の分化と形態形成

3．植物の発生

⑴　配偶子形成と受精，胚発生

⑵　植物の器官の分化　［例］花の形態形成

Ⅲ　生物の体内環境の維持

1．体内環境

⑴　体液の循環系

⑵　体液の成分とその濃度調節

⑶　血液凝固のしくみ

2．体内環境の維持のしくみ

⑴　自律神経やホルモンによる調節　［例］血糖濃度の調節

3．免疫

⑴　免疫で働く細胞

⑵　免疫のしくみ

Ⅳ　生物の環境応答

1．動物の反応と行動

⑴　刺激の受容と反応

受容器とその働き

効果器とその働き

神経系とその働き

⑵　動物の行動

2．植物の環境応答

⑴　植物ホルモンの働き　［例］オーキシンの働き，ジベレリンの働き

⑵　植物の光受容体の働き　［例］フィトクロムの働き

V　生態と環境

1．個体群と生物群集

(1)　個体群

個体群とその構造

個体群内の相互作用

個体群間の相互作用

(2)　生物群集

生物群集とその構造

2．生態系

(1)　生態系の物質生産と物質循環

［例］食物網と栄養段階，炭素循環とエネルギーの流れ，窒素循環

(2)　生態系と生物多様性

遺伝的多様性

種多様性

生態系の多様性

生態系のバランスと保全

(3)　植生の多様性と分布　［例］植生の遷移

(4)　気候とバイオーム

Ⅵ　生物の進化と系統

1．生物進化のしくみ

(1)　生命の起源と生物の変遷

生命の誕生

生物の進化

ヒトの進化

(2)　進化のしくみ

個体間の変異（突然変異）

遺伝子頻度の変化とそのしくみ

分子進化と中立進化

種分化

共進化

2．生物の系統

(1)　生物の系統による分類　［例］DNA 塩基配列の比較

(2)　高次の分類群と系統

基礎学力（総合科目）シラバス

<試験の目的>

試験科目「総合科目」は，多文化理解の視野からみた現代の世界と日本についてのテーマが中心となる。その目的は，留学生が日本の大学での勉学に必要と考えられる現代日本についての基本的知識をもち，あわせて，近現代の国際社会の基本的問題について論理的に考え，判断する能力があるかを判定することにある。

具体的には，政治・経済・社会を中心として地理，歴史の各分野から総合的に出題される。出題の範囲は，以下の各分野における項目からなり，それぞれの項目は関連する主要な用語で示されている。

総合科目シラバス

Ⅰ　政治・経済・社会

1．現代の社会
情報社会，少子高齢社会，多文化理解，生命倫理，社会保障と社会福祉，地域社会の変貌，不平等の是正，食料問題，エネルギー問題，環境問題，持続可能な社会

2．現代の経済
経済体制，市場経済，価格メカニズム，消費者，景気変動，政府の役割と経済政策，労働問題，経済成長，国民経済，貿易，為替相場，国際収支

3．現代の政治
民主主義の原理，日本国憲法，基本的人権と法の支配，国会，内閣，裁判所，議会制民主主義，地方自治，選挙と政治参加，新しい人権

4．現代の国際社会
国際関係と国際法，グローバリゼーション，地域統合，国連と国際機構，南北問題，人種・エスニシティ・民族問題，地球環境問題，国際平和と国際協力，日本の国際貢献

Ⅱ　地理

現代世界の特色と諸課題の地理的考察
地球儀と地図，距離と方位，空中写真と衛星画像，標準時と時差，地理情報，気候，地形，植生，世界の生活・文化・宗教，資源と産業，人口，都市・村落，交通と通信，自然環境と災害・防災，日本の国土と環境

Ⅲ　歴史

1．近代の成立と世界の一体化
産業革命，アメリカ独立革命，フランス革命，国民国家の形成，帝国主義と植民地化，日本の近代化とアジア

2．20世紀の世界と日本
第一次世界大戦とロシア革命，世界恐慌，第二次世界大戦と冷戦，アジア・アフリカ諸国の独立，日本の戦後史，石油危機，冷戦体制の崩壊

基礎学力（数学）シラバス

＜試験の目的＞

この試験は，外国人留学生として，日本の大学（学部）等に入学を希望する者が，大学等において勉学するに当たり必要とされる数学の基礎的な学力を測定することを目的とする。

＜試験の種類＞

数学の試験には，コース1とコース2がある。コース1は，数学をそれほど必要としない学部・学科のための試験であり，コース2は，数学を高度に必要とする学部・学科のための試験である。受験者は，各自の志望する大学の学部・学科の指定に従い，コース1かコース2のどちらか一方を選択する。

＜記号・用語＞

記号は日本の高等学校の標準的な教科書に準拠する。

日本語で出題される試験問題では，日本の高等学校の教科書で通常用いられている用語を使用し，英語で出題される試験問題では，英語の標準的な用語を使用する。

＜出題範囲＞

出題範囲は以下のとおりである。なお，小学校・中学校で学ぶ範囲については既習とし，出題範囲に含まれているものとする。

- コース1の出題範囲は，以下の出題項目のうち1，2，3，4，5，6を範囲とする。
- コース2の出題範囲は，以下の出題項目の1から18までのすべてを範囲とする。

数学シラバス （高等学校学習指導要領との対照つき）

＜出題項目＞

1．数と式…数学Ⅰ

(1) 数と集合

① 実数

② 集合と命題

(2) 式の計算

① 式の展開と因数分解

② 1次不等式

③ 絶対値と方程式・不等式

2．2次関数…数学Ⅰ

(1) 2次関数とそのグラフ

① 2次関数の値の変化

② 2次関数の最大・最小

③ 2次関数の決定

(2) 2次方程式・2次不等式

① 2 次方程式の解

② 2 次関数のグラフと2 次方程式

③ 2 次関数のグラフと2 次不等式

3．図形と計量…数学Ⅰ

(1) 三角比

① 正弦，余弦，正接

② 三角比の相互関係

(2) 三角比と図形

① 正弦定理，余弦定理

② 図形の計量（空間図形への応用を含む）

4．場合の数と確率…数学A

(1) 場合の数

① 数え上げの原則（集合の要素の個数，和の法則，積の法則を含む）

② 順列・組合せ

(2) 確率とその基本的な性質

(3) 独立な試行と確率

(4) 条件付き確率

5．整数の性質…数学A

(1) 約数と倍数

(2) ユークリッドの互除法

(3) 整数の性質の応用

6．図形の性質…数学A

(1) 平面図形

① 三角形の性質

② 円の性質

(2) 空間図形

① 直線と平面

② 多面体

7．いろいろな式…数学Ⅱ

(1) 式と証明

① 整式の除法，分数式，二項定理，恒等式

② 等式と不等式の証明

(2) 高次方程式

① 複素数と2 次方程式の解

② 因数定理

③ 高次方程式の解法と性質

8．図形と方程式…数学Ⅱ

(1) 直線と円

① 点の座標

② 直線の方程式

③ 円の方程式

④ 円と直線の関係

(2) 軌跡と領域

① 軌跡と方程式

② 不等式の表す領域

9．指数関数・対数関数…数学Ⅱ

(1) 指数関数

① 指数の拡張

② 指数関数とそのグラフ

(2) 対数関数

① 対数の性質

② 対数関数とそのグラフ

③ 常用対数

10．三角関数…数学Ⅱ

(1) 一般角

(2) 三角関数とその基本的な性質

(3) 三角関数とそのグラフ

(4) 三角関数の加法定理

(5) 加法定理の応用

11. 微分・積分の考え… 数学Ⅱ

(1) 微分の考え

① 微分係数と導関数

② 導関数の応用

接線，関数値の増減（関数の値の変化，最大・最小，極大・極小）

(2) 積分の考え

① 不定積分と定積分

② 面積

12. 数列… 数学B

(1) 数列とその和

① 等差数列と等比数列

② いろいろな数列

(2) 漸化式と数学的帰納法

① 漸化式と数列

② 数学的帰納法

13. ベクトル… 数学B

(1) 平面上のベクトル

① ベクトルとその演算

② ベクトルの内積

(2) 空間座標とベクトル

① 空間座標

② 空間におけるベクトル

14. 複素数平面… 数学Ⅲ

(1) 複素数平面

① 複素数の図表示

② 複素数の極形式

(2) ド・モアブルの定理

(3) 複素数と図形

15. 平面上の曲線… 数学Ⅲ

(1) 2次曲線

放物線，楕円，双曲線

(2) 媒介変数による表示

(3) 極座標による表示

16. 極限… 数学Ⅲ

(1) 数列とその極限

① 数列の極限

② 無限級数の和

(2) 関数とその極限

① 分数関数と無理関数
② 合成関数と逆関数
③ 関数の極限
④ 関数の連続性

17. 微分法…数学Ⅲ

(1) 導関数
① 関数の和・差・積・商の導関数
② 合成関数の導関数，逆関数の導関数
③ 三角関数・指数関数・対数関数の導関数

(2) 導関数の応用
接線，関数値の増減，速度，加速度

18. 積分法…数学Ⅲ

(1) 不定積分と定積分
① 積分とその基本的な性質
② 置換積分法・部分積分法
③ いろいろな関数の積分

(2) 積分の応用
面積，体積，長さ

EJU Syllabus for Japanese as a Foreign Language

<Purpose of the Examination>

This examination is designed for foreign students who plan to study at Japanese universities and colleges. The purpose of this examination is to measure their ability to communicate in the Japanese language that is required for higher education as well as daily life in Japan.

EJU Syllabus for Japanese as a Foreign Language

I　Contents of the Examination

This examination consists of two major parts: production (writing) and comprehension (reading comprehension, listening comprehension, and listening & reading comprehension).

II　Description of each Section

1. Reading comprehension, listening comprehension, and listening & reading comprehension

The questions set for the reading comprehension are mainly written texts, and some visual information (graph, chart, list, etc.) may be presented. The questions set for the listening comprehension use only sounds, and the listening & reading comprehension use sounds and visual information (graph, chart, and textual information).

(1) Abilities tested

In the sections of reading comprehension, listening comprehension, and listening & reading comprehension, the examination will assess the abilities to understand information in written or spoken text, to comprehend relationships between information, and to infer a logically valid interpretation. The examination include following questions.

(i) Ability to understand details and the main idea of the text

This type of question will require the abilities to understand information explicitly expressed in the text. For example, the following abilities will be tested.

- Understand details of the text.
- Understand main ideas of the text.

(ii) Ability to comprehend relationships between information

This type of question will require the abilities to comprehend the relationships between information expressed in the text. For example, the following abilities will be tested.

- Distinguish an important part of the text from the rest.
- Recognize relationships between the information.
- Compare or contrast information expressed in various forms such as sound, text, graphic, etc.

(iii) Ability to utilize information

This type of question will require the abilities to utilize comprehended information in order to infer a logically valid interpretation. For example, the following abilities will be tested.

- Draw a conclusion using information given in the text.

- Generalize cases given in the text.
- Apply general explanation/ideas to particular cases.
- Infer a valid interpretation complementarily combining the information given in various forms, such as sound, text or graphic, etc.

(2) Written and spoken texts used

The abilities listed in (1) will be examined based on written or spoken texts that need to be understood on the occasion of studying and campus life. Examples of written or spoken texts are as follows.

Reading comprehension

- Explanatory text
- Editorial text
- Practical document/text (regarding studying, campus life, etc.), and others

Listening comprehension, listening & reading comprehension

- Lecture or speech
- Presentation and discussion regarding exercise or survey
- Consultation, instruction and advice about study and life
- Practical conversation, and others

2. Writing

(1) Abilities tested

In the area of writing, the examination will evaluate the ability to follow the instructions and to write one's own ideas with convincing reasons. For example, the following abilities will be evaluated.

- Understand what is required in a given task and present an argument or conclusion based on what is understood.
- Present appropriate and effective evidence or examples that support the argument or conclusion.
- Review the argument or conclusion from multiple perspectives.
- Organize an essay by arranging an argument or conclusion, and its supporting evidence or example appropriately and effectively.
- Use appropriate sentence structure, vocabulary, expressions, etc. to write a dissertation in a place of higher education.

(2) Tasks required

- To argue about one or several suggested concepts.
- To explain the current status of a specific issue, and to predict its outcome or to find a solution.

EJU Syllabus for Basic Academic Abilities(Science)

<Purpose of the Examination>

The purpose of this examination is to test whether international students have the basic academic ability in science necessary for studying at universities or other such higher educational institutions in Japan.

<Classification of Examination>

The examination consists of three subjects, i.e. physics, chemistry, and biology; examinees will select two of these subjects.

<Scope of Questions>

The scope of questions is as follows. What is taught in elementary and junior high schools is regarded to have been already learned and therefore is to be included in the scope of the EJU. What questions consists of in each subject is classified into categories, each of which is presented by topics and scientific terms.

Physics

The scope of questions will follow the scope of "Basic Physics" and "Advanced Physics" of the Course of Study for high schools in Japan.

I Mechanics

1. Motion and force
   (1) Description of motion
   Position, displacement, velocity, acceleration, relative motion, free fall, projectile motion
   (2) Various forces
   Force, gravity, frictional force, normal force, tension, elastic force, force exerted by liquid or gas
   (3) Equilibrium of forces
   Resultant and resolution of forces, equilibrium of forces
   (4) Equilibrium of forces acting on rigid bodies
   Torque, resultant force, couple of forces, equilibrium of rigid bodies, center of mass
   (5) Laws of motion
   Newton's laws of motion, unit of force and equation of motion, system of units and dimension
   (6) Motion in the presence of friction and/or air resistance
   Static friction force, kinetic friction force, air resistance and terminal velocity
2. Energy and momentum
   (1) Work and kinetic energy
   Principle of work, power, kinetic energy
   (2) Potential energy
   Potential energy due to gravity, potential energy due to elastic force
   (3) Conservation of mechanical energy
   (4) Momentum and impulse
   Momentum and impulse, law of conservation of momentum, fission and coalescence
   (5) Collision
   Coefficient of restitution, elastic collision, inelastic collision
3. Various forces and motion
   (1) Uniform circular motion
   Velocity and angular velocity, period and rotational frequency, acceleration and centripetal force, centripetal force in non-uniform circular motion
   (2) Inertial force
   Inertial force, centrifugal force
   (3) Simple harmonic motion
   Displacement, velocity, acceleration, restoring force, amplitude, period, frequency, phase, angular frequency, spring pendulum, simple pendulum, energy of simple harmonic motion
   (4) Universal gravitation

Planetary motion (Kepler's laws), universal gravitation, gravity, potential energy of universal gravitation, conservation of mechanical energy

II Thermodynamics

1. Heat and temperature

(1) Heat and temperature

Thermal motion, thermal equilibrium, temperature, absolute temperature, heat quantity, heat capacity,specific heat, conservation of heat quantity

(2) States of matter

Three states of matter (gas, liquid, solid), melting point, boiling point, heat of fusion, heat of evaporation, latent heat, heat expansion

(3) Heat and work

Heat and work, internal energy, the first law of thermodynamics, irreversible change, heat engine, thermal efficiency, the second law of thermodynamics

2. Properties of gas

(1) Equation of state of ideal gas

Boyle's law, Charles' law, Boyle-Charles' law, equation of state of ideal gas

(2) Motion of gas molecules

Motion of gas molecules and pressure/absolute temperature, internal energy of gas, monatomic molecule, diatomic molecule

(3) Change of state of gases

Isochoric change, isobaric change, isothermal change, adiabatic change, molar specific heat

III Waves

1. Waves

(1) Properties of waves

Wave motion, medium, wave source, transverse and longitudinal waves

(2) Propagation of waves and how to express it

Wave form, amplitude, period, frequency, wave length, wave velocity, sinusoidal wave, phase, energy of wave

(3) Superposition principle and Huygens' principle

Superposition principle, interference, standing wave, Huygens' principle, law of reflection, law of refraction, diffraction

2. Sound

(1) Properties and propagation of sound

Velocity of sound, reflection, refraction, diffraction and interference of sound, beat

(2) Vibrations of sounding body and resonance

Vibration of string, vibration of air column, resonance

(3) Doppler effect

Doppler effect, case of moving sound source, case of moving observer, case of moving sound source and moving observer

3. Light

(1) Properties of light

Visible light, white light, monochromatic light, light and color, spectrum, dispersion, polarization

(2) Propagation of light

Velocity of light, reflection and refraction of light, total reflection, scattering of light, lenses, spherical mirror

(3) Diffraction and interference of light

Diffraction, interference, Young's experiment, diffraction grating, thin-film interference, air wedge interference

Ⅳ Electricity and Magnetism

1. Electric field

(1) Electrostatic force

Charged object, electric charge, electric quantity, principle of conservation of charge, Coulomb's law

(2) Electric field

Electric field, electric field of a point charge, principle of superposition of electric field, lines of electric force

(3) Electric potential

Potential energy by electrostatic force, electric potential and potential difference, electric potential of a point charge, equipotential surfaces

(4) Matter in electric fields

Conductor in an electric field, electrostatic induction, electrostatic shielding, ground, insulator in an electric field, dielectric polarization

(5) Capacitor

Capacitor, electric capacitance, dielectrics, electrostatic energy stored in a capacitor, connection of capacitors

2. Electric current

(1) Electric current

Electric current, voltage, Ohm's law, resistance and resistivity, Joule's heat, electric power, electric energy

(2) Direct current circuits

Series and parallel connections of resistors, ammeter, voltmeter, Kirchhoff's rules, temperature dependence of resistivity, measurement of resistance, electromotive force and internal resistance of battery, circuit with capacitors

(3) Semiconductor

n-type semiconductor, *p*-type semiconductor, *p-n* junction, diode

3. Current and magnetic field

(1) Magnetic field

Magnets, magnetic poles, magnetic force, magnetic charge, magnetic field, lines of magnetic force, magnetization, magnetic materials, density of magnetic flux, permeability, magnetic flux

(2) Magnetic fields generated by currents

Magnetic fields generated by straight currents, magnetic fields generated by circular currents, magnetic fields generated by solenoid currents

(3) Magnetic forces on currents

Magnetic force on a straight current, force between parallel currents

(4) Lorentz force

Lorentz force, motion of charged particles in a magnetic field, Hall effect

4. Electromagnetic induction and electromagnetic wave

(1) Laws of electromagnetic induction

Electromagnetic induction, Lenz's law, Faraday's law of electromagnetic induction, induced electromotive force in a conductor crossing a magnetic field, Lorentz force and induced electromotive force, eddy current

(2) Self-induction, mutual induction

Self-induction, self-inductances, energy stored in a coil, mutual induction, mutual inductances, transformer

(3) Alternating current (AC)

Generation of AC (AC voltage, AC, frequency, phase, angular frequency), AC flowing through a resistor, effective values

(4) AC circuits

Reactance of coil and phase difference, reactance of capacitor and phase difference, electric power consumption, impedance of AC circuits, resonant circuit, oscillation circuit

(5) Electromagnetic waves

Electromagnetic wave, generation of electromagnetic wave, properties of electromagnetic waves, classification of electromagnetic waves

V Atoms

1. Electrons and light

(1) Electrons

Discharge, cathode ray, electrons, specific charge, elementary electric charge

(2) Wave-particle duality

Photoelectric effect, photon, X-ray, Compton effect, Bragg reflection, matter wave, interference and diffraction of electron beam

2. Atoms and nuclei

(1) Structure of atoms

Nucleus, spectrum of hydrogen atom, Bohr's model of atoms, energy level

(2) Nuclei

Compositions of nuclei, isotope, atomic mass unit, atomic weight, nuclear decay, radiation, radioactivity, half-life, nuclear reaction, nuclear energy

(3) Elementary particles

Elementary particles, four fundamental types of forces

Chemistry

The scope of questions will follow the scope of "Basic Chemistry" and "Advanced Chemistry" of the Course of Study for high schools in Japan.

I Structure of Matter

1. Study of matter

(1) Pure substances and mixtures

Elements, allotropes, compounds, mixtures, separation of mixture, purification

(2) States of matter

Three states of matter (gas, liquid, and solid), changes of state

2. Particles constituting substances

(1) Structure of the atom

Electron, proton, neutron, mass number, isotope

(2) Electron configuration

Electron shell, properties of atoms, the periodic law, periodic table, valence electrons

3. Substances and chemical bonds

(1) Ionic bonds

Ionic bond, ionic crystal, ionization energy, electron affinity

(2) Metallic bonds

Metallic bond, free electron, metallic crystal, malleability

(3) Covalent bonds

Covalent bond, coordinate bond, crystal of covalent bond, molecular crystals, polar nature of bond, electronegativity

(4) Intermolecular force

van der Waals force, hydrogen bond

(5) Chemical bonds and properties of substances

Melting point and boiling point, electric conductivity and thermal conductivity, solubility

4. Quantitative treatment of substances and chemical formula

(1) Amount of substance

Atomic weight, molecular weight, formula weight, amount of substance, molar concentration, mass percent concentration, molarity

(2) Chemical formulas

Molecular formula, ion formula, electron formula (Lewis structures), structural formula, compositional formula (empirical formula)

II State and Change of Substances

1. Change of substances

(1) Reaction formula

Expression of reaction formula, quantitative relation of chemical reaction

(2) Acids and bases

Definition and strength of acids and bases, hydrogen ion concentration, pH, neutralization reaction, neutralization titration, salt

(3) Oxidation and reduction

Definition of oxidation and reduction, oxidation number, ionization tendency of metal, oxidizing agent and reducing agent

2. State and equilibrium of substances

(1) Change of state

Thermal motion of molecules and the three states of substance, thermal energy distribution of gas molecule, absolute temperature, boiling point, melting point, heat of fusion, heat of vaporization

(2) Properties of gases

State equation of ideal gas, mixed gas, law of partial pressure, real gas and ideal gas

(3) Equilibrium of solutions

Dilute solution, saturated solution and solubility equilibrium, supersaturation, solubility of solid, solubility of gas, Henry's law

(4) Nature of solutions

Depression of vapor pressure, elevation of boiling point, depression of freezing point, osmotic pressure, colloidal solution, Tyndall effect, Brownian motion, dialysis, electrophoresis

3. Change and equilibrium of substances

(1) Chemical reaction and energy

Heat and light in chemical reaction, thermochemical equation, heat of reaction and bond energy, Hess's law

(2) Electrochemistry

Electrolysis, electrode reaction, electrical energy and chemical energy, quantity of electricity and amount of change in substance, Faradey's law

(3) Electric cell

Daniell cell and typical practical batteries (dry cell, lead storage battery, fuel cell, etc.)

(4) Rate of reaction and chemical equilibrium

Rate of reaction and rate constant, rate of reaction and concentration, temperature, and catalyst, activation energy, reversible reaction, chemical equilibrium and its shift, equilibrium constant, Le Chatelier's principle

(5) Eletrolytic dissociation equilibrium

Strength and degree of electrolytic dissociation of acid and base, ionic product of water, electrolytic dissociation equilibrium of weak acid and weak base, hydrolysis of salt, buffer solution

Ⅲ Inorganic Chemistry

1. Inorganic substances

(1) Typical elements (main group elements)

Properties, reactions and uses of representative elements of each group and their compounds

Group 1 : hydrogen, lithium, sodium, potassium
Group 2 : magnesium, calcium, barium
Group 12 : zinc, mercury
Group 13 : aluminum
Group 14 : carbon, silicon, tin, lead
Group 15 : nitrogen, phosphorus
Group 16 : oxygen, sulfur
Group 17 : fluorine, chlorine, bromine, iodine
Group 18 : helium, neon, argon

(2) Transition elements

Properties, reactions and uses of chromium, manganese, iron, copper, siiver, and their compounds

(3) Industrial manufacturing methods of inorganic substances

Aluminum, silicon, iron, copper, sodium hydroxide, ammonia, sulfuric acid, etc.

(4) Separation and analysis of metallic ions

2. Inorganic substances and our daily life

In addition to the substances mentioned Ⅲ-1, metals and ceramics widely utilized in human life.

[Examples of typical metal] titanium, tungsten, platinum, stainless steel, nichrome

[Examples of typical ceramics] glass, fine ceramics, titanium (Ⅳ) oxide

Ⅳ Organic Chemistry

1. Properties and reactions of organic compound

(1) Hydrocarbons

Structures, properties and reactions of representative alkanes, alkenes, alkynes, composition and uses of petroleum

Structural isomers and stereoisomers (cis-*trans* isomers, optical isomers (enantiomers))

(2) Compounds with functional groups

Structures, properties and reactions of representative compounds such as alcohols, ethers, carbonyl compounds, carboxylic acids, ester, etc.

Oils and soaps, etc.

(3) Aromatic compounds

Structures, properties and reaction of representative compounds such as aromatic hydrocarbons, phenols, aromatic carboxylic acids, and aromatic amines

2. Organic compounds and our daily life

(1) In addition to the substances listed in Ⅳ-1, organic compounds widely utilized in human life such as monosaccharides, disaccharides, and amino acids

[Examples] glucose, fructose, maltose, sucrose, glycine, alanine

(2) Main ingredients of typical drugs, dyes, and detergents

[Examples] derivatives of salicylic acid, azo compounds, sodium alkyl sulfate

(3) Polymeric compounds

i Synthetic polymers: structures, properties and syntheses of typical synthetic fibers and plastics

[Examples] nylon, polyethylene, polypropylene, poly (vinyl chloride), polystyrene, polyethylene terephthalate, phenol resin, urea resin

ii Natural polymers

Structures and properties of proteins, starch, cellulose, natural rubber, structures and properties of nucleic acid such as DNA

iii Applications of polymers widely utilized in human life (e.g. water-absorbent polymer, conductive polymers, synthetic rubber), recycling of resources, etc.

Biology

The scope of questions will follow the scope of "Basic Biology" and "Advanced Biology" of the Course of Study for high schools in Japan.

I Biological Phenomena and Substances

1. Cells and molecules
   - (1) Biological substances and cells
     - Organelle
     - Prokaryotic and eukaryotic cells
     - Cytoskeleton
   - (2) Biological phenomena and proteins
     - Protein structure
     - Protein function [Example] enzyme
2. Metabolism
   - (1) Life activities and energy
     - ATP and its role
   - (2) Respiration [Example] glycolytic pathway, citric acid cycle, electron transport system, fermentation and glycolysis
   - (3) Photosynthesis [Example] photosystem I, photosystem Ⅱ, Caivin-Benson cycle, electron transport system
   - (4) Bacterial photosynthesis and chemosynthesis
   - (5) Nitrogen assimilation
3. Genetic information and its expression
   - (1) Genetic information and DNA
     - Double-helix structure of DNA
     - Gene, chromosome and genome
   - (2) Segregation of genetic information
     - Segregation of genetic information by somatic cell division
     - Cell cycle and DNA replication
     - Mechanism of DNA replication
   - (3) Expression of genetic information
     - Mechanism of gene expression [Example] transcription, translation, splicing,
     - Changes in genetic information [Example] gene mutation
   - (4) Control of gene expression
     - Regulation of transcriptional level
     - Selective gene expression
     - Cell differentiation by gene expression control
   - (5) Biotechnology [Example] genetic transformation, gene transfer

Ⅱ Reproduction and Generation

1. Sexual reproduction
   (1) Meiosis and fertilization
       Gene segregation by meiosis
       Genetically diverse combination by fertilization
       Sex chromosomes
   (2) Genes and chromosomes
       Genetic linkage and gene recombination
       Chromosomal crossing-over and gene recombination
2. Animal development
   (1) Animal gametogenesis and fertilization
   (2) Early developmental process in animals
   (3) Cell differentiation and morphogenesis in animals
3. Plant development
   (1) Plant gametogenesis, fertilization and embryogenesis
   (2) Organ differentiation in plant [Example] floral morphogenesis

Ⅲ Homeostasis of the internal environment in living organisms

1. The internal environment in living organisms
   (1) Fluid movement in the circulatory system
   (2) The composition of body fluid and its concentration control
   (3) Mechanism of blood coagulation
2. Homeostatic mechanism of the internal environment in living organisms
   (1) Internal regulation by autonomic nerves and hormones
       [Example] control of blood glucose level
3. Immunity
   (1) Cells in immune system
   (2) Mechanism of immune system

Ⅳ Organisms' response to external signals

1. Reactions and actions of animals to external signals
   (1) Perception and response to stimulus
       Sensory receptors and their functions
       Effectors and their functions
       Nervous systems and their functions
   (2) Animal behavior
2. Plant responses to external signals
   (1) Functions of plant hormones
       [Example] functions of auxins, functions of gibberellins
   (2) Functions of plant photoreceptors
       [Example] functions of phytochrome

V Ecology and Environment

1. Populations and communities

(1) Populations

Populations and their structures

Interaction within populations

Interaction among populations

(2) Communities

Communities and their structures

2. Ecosystems

(1) Matter production and cycle of matter in ecosystems

[Example] food web and trophic level, carbon cycle and flow of energy, nitrogen cycle

(2) Ecosystems and biodiversity

Genetic diversity

Species diversity

Diversity of ecosystems

Ecological balance and conservation

(3) Diversity and distribution of vegetation [Example: succession of vegetation]

(4) Climates and biomes

VI Biological Evolution and Phylogeny

1. Mechanism of biological evolution

(1) Origin of life and transition of organisms

Beginning of life

Evolution of organisms

Human evolution

(2) Mechanism of evolution

Variation between individuals (mutation)

Changes in gene frequency and its mechanism

Molecular evolution and neutral evolution

Species differentiation

Coevolution

2. Phylogeny of organisms

(1) Phylogenetic classification of organisms [Example] Comparison of DNA base sequence

(2) Higher taxa and phylogeny

EJU Syllabus for Basic Academic Abilities (Japan and the World)

<Aims and Nature of the Examination>

Japan and the World takes up themes centered mainly on the contemporary world and Japan as seen from the perspective of multicultural understanding. It is aimed at measuring international students' mastery of the basic knowledge of contemporary Japan deemed necessary to study at the college level in Japan, as well as their capacity to think logically and critically about basic issues in modern international society.

<Syllabus>

The topics of the questions are selected mainly from the fields of Politics, Economy, and Society, as well as from Geography and History. The syllabus below lists the major thematic groups of each field, and the topical areas from which questions may be drawn.

Japan and the World

I Politics, Economy and Society

1. Contemporary Society

   Information society, Aging society with fewer children,Multicultural understanding, Bio-ethics, Social security and social welfare, Transformation of local communities, Redress of inequality, Food issues, Energy issues, Environmental issues, Sustainable society

2. Economy

   Economic systems, Market economy, Price mechanism, Consumers, Business cycle, Government roles and economic policy, Labor issues, Economic growth, National economy, International trade, Foreign exchange, Balance of payments

3. Politics

   Principle of democracy, the Constitution of Japan, Fundamental human rights and the rule of law, Diet, Cabinets, Courts, Parliamentary democracy, Local government, Elections and political participation,New human rights

4. International Society

   International relations and international law, Globalization, Regional integration, United Nations and other international organizations, North-South problem, Race/ethnicity and ethnic issues, Global environment issues, International peace and international cooperation, Japan's international contributions

Ⅱ Geography

Geographical examination of features and issues of the modern world

Globes and maps, Distance and direction, Aerial photography and satellite pictures, Standard time and time differences, Geographical information, Climate, Natural features, Vegetation, Lifestyles/cultures/religions around the world, Resources and industries, Population, Urban and rural settlement, Traffic and communication, Natural environment and disasters/disaster prevention, Land and environment of Japan

Ⅲ History

1. Development of modern society and interdependence of the world

   The Industrial Revolution, The American Revolution, The French Revolution, Formation of the nation-state, Imperialism and colonialization, Modernization of Japan and Asia

2. Japan and the world in the 20th century

   World War I and the Russian Revolution, The Great Depression, World War II and the Cold War, Independence of Asian and African nations, Postwar Japanese history, Oil Crisis, The end of the Cold War

EJU Syllabus for Basic Academic Abilities(Mathematics)

<Purpose of the Examination>

The purpose of this examination is to test whether international students have the basic academic ability in mathematics necessary for studying at universities or other such higher educational institutions in Japan.

<Classification of Examination>

There are two courses. Course 1 is for undergraduate faculties and departments for which a basic knowledge of mathematics is considered sufficient. Course 2 is for undergraduate faculties and departments for which math is very important.

At the time of taking the examination the examinee must choose whether to take Course 1 or Course 2 ; the examinees should follow the instructions given by the university or the department to which they are applying.

<Symbols and Terminologies>

The symbols are the ones used in Japanese high school text books; the English version of the test uses standard English terms, and the Japanese version of the test uses terms used in Japanese high school text books.

<Scope of Questions>

The topics covered by the examination are as follows.

- The Course 1 examination covers only topics 1 to 6.
- The Course 2 examination covers all 18 topics.

The topics are covered by the standard text books used in Japanese high schools.

In addition, it is assumed that material covered in Japanese elementary and junior high schools has been mastered.

Mathematics (the correspondence with the Course of Study for high schools is attached)

<Topics>

1. Numbers and expressions… Mathematics Ⅰ

(1) Numbers and sets

① Real numbers

② Sets and propositions

(2) Calculation of expressions

① Expansion and factorization of polynomials

② Linear inequalities

③ Equations and inequalities containing absolute values

2. Quadratic functions… Mathematics Ⅰ

(1) Quadratic functions and their graphs

① Variation in values of quadratic functions

② Maximum and minimum values of quadratic functions

③ Determining quadratic functions

(2) Quadratic equations and inequalities

① Solutions of quadratic equations

② Quadratic equations and the graphs of quadratic functions

③ Quadratic inequalities and the graphs of quadratic functions

3. Figures and measurements… Mathematics Ⅰ

(1) Trigonometric ratios

① Sine, cosine, tangent

② Relations between trigonometric ratios

(2) Trigonometric ratios and figures

① Sine formulas, cosine formulas

② Measurement of figures (including application to solid figures)

4. The number of possible outcomes and probability… Mathematics A

(1) The number of possible outcomes

① Principles of counting (including the number of elements of a set, the law of sums, the law of products)

② Permutations, combinations

(2) Probability and its fundamental properties

(3) Independent trials and probability

(4) Conditional probability

5. Properties of integers… Mathematics A

(1) Divisors and multiples

(2) Euclidean algorithm

(3) Applications of the properties of integers

6. Properties of figures… Mathematics A

(1) Plane figures

① Properties of triangles

② Properties of circles

(2) Solid figures

① Lines and planes

② Polyhedrons

7. Miscellaneous Expressions… Mathematics Ⅱ

(1) Expressions and proofs

① Division of polynomials, fractional expressions, binomial theorem, identities

② Proofs of equalities and inequalities

(2) Equations of higher degree

① Complex numbers and solutions of quadratic equations

② Factor theorem

③ Properties of equations of higher degree and methods of soiving them

8. Figures and equations… Mathematics Ⅱ

(1) Lines and circles

① Coordinates of a point

② Equations of (straight) lines

③ Equations of circles

④ Relative positions of a circle and a line

(2) Locus and region

① Locus defined by an equality

② Region defined by inequalities

9. Exponential and logarithmic functions… Mathematics Ⅱ

(1) Exponential functions

① Expansion of exponents

② Exponential functions and their graphs

(2) Logarithmic functions

① Properties of logarithms

② Logarithmic functions and their graphs

③ Common logarithms

10. Trigonometric functions… Mathematics Ⅱ

(1) General angles

(2) Trigonometric functions and their basic properties

(3) Trigonometric functions and their graphs

(4) Addition theorems for trigonometric functions

(5) Applications of the addition theorems

11. The concepts of differentiation and integration.… Mathematics Ⅱ

(1) The concept of differentiation

① Differential coefficients and derivatives

② Applications of the derivative

Tangent lines, increase/decrease in function value (variation in the value of functions, maximums and minimums, local maximums and minimums)

(2) The concept of integration

① Indefinite integrals and definite integrals

② Areas

12. Sequences of numbers… Mathematics B

(1) Sequences and their sums

① Arithmetic progressions and geometric progressions

② Various sequences

(2) Recurrence formulae and mathematical induction

① Recurrence formulae and sequences

② Mathematical induction

13. Vectors… Mathematics B

(1) Vectors on a plane

① Vectors and their operations

② Scalar products (inner products) of vectors

(2) Space coordinates and vectors

① Space coordinates

② Vectors in a space

14. Complex plane… Mathematics Ⅲ

(1) Complex plane

① Geometric representation of complex numbers

② Trigonometric form (polar form) of complex numbers

(2) De Moivre's theorem

(3) Complex numbers and figures

15. Curves on a plane··· Mathematics Ⅲ

(1) Quadratic curves

Parabolas, ellipses, hyperbolas

(2) Parametric representations

(3) Representation in polar coordinates

16. Limits··· Mathematics Ⅲ

(1) Sequences and their limits

① Limits of sequences

② Sums of infinite series

(2) Functions and their limits

① Fractional functions and irrational functions

② Composite functions and inverse functions

③ Limits of functions

④ Continuity of functions

17. Differential calculus··· Mathematics Ⅲ

(1) Derivatives

① Derivatives of the sum/difference/product/quotient of two functions

② Derivatives of composite functions, derivatives of inverse functions

③ Derivatives of trigonometric functions, exponential functions, logarithmic functions

(2) Applications of the derivative

Tangent lines, increase/decrease in value of functions, velocity, acceleration

18. Integral calculus··· Mathematics Ⅲ

(1) Indefinite and definite integrals

① Integrals and their basic properties

② Integration by substitution, integration by parts

③ Integrals of various functions

(2) Applications of the integral

Area, volume, length

◎聴読解問題スクリプト

Track 4

練習　学生がコンピュータの画面を見ながら先生の説明を聞いています。学生は今，画面のどの項目を選べばいいですか。

えー，これから，この大学のコンピュータの使い方について説明します。今日は，大まかな説明しかしませんが，もっと詳しいことを知りたい人は，右上の「利用の仕方」などを見ておいてください。ああ，今じゃなくて，あとで見ておいてください。今日はまず，利用者の登録をします。では，画面の左下の項目を選んでください。

Track 6

1番　女子学生と男子学生が，消費スタイルについての図を見ながら自分たちの場合について話しています。この男子学生が話している経験は，図のどの項目に当てはまりますか。

女子学生：ねえ，これ，日本人の消費スタイルを四つに分けたんだって。横軸は物やサービスを買うとき，お気に入りにこだわるかどうか，縦軸は価格を重要だと考えるかどうかを示してるの。

男子学生：へー，じゃあ，例えば高くても自分が好きな有名ブランドの商品を買うっていうのはプレミアム消費だね。

女子学生：うん，私は，着るものはデザインにこだわる方かな。でも，できるだけ安く買いたいから，セールの時に買うようにしてるよ。

男子学生：うーん，それはいいね。あ，この前，外にいるとき急にすごい雨が降ってきて，あわててすぐ近くにあったデパートに入って傘を探したんだけど，どれもすごく高くて…。

女子学生：それで，どうしたの？

男子学生：うん…しょうがないから買ったよ。傘なんか高級品じゃなくてもよかったんだけど，急いでたし，安い傘を売ってる店を探すのがめんどうになってね。

Track 7

2番　先生が，人と人との間で行われるモノのやりとりの相互性について，資料を見せながら説明しています。この先生の質問に対する答えはどれですか。

人は他の人にモノを与えたり，それに対してお返しをしたりといったやりとりをします。この図は，そういったやりとりを分類したものです。AとBは人を表し，矢印は物が移動する方向を示しています。また，点線の矢印は、お返しがないことを表しています。

アは，AがBに物をあげる際に，Bからのお礼を期待しないということを表しています。親から子へ，上司から部下へといった場合に多いタイプです。イでは，AがBにモノを与えたら，それと同じくらい価値のあるモノがお返しとして期待されます。友達同士や，隣人などの関係で多いタイプです。ウは，自分は損をしないで何かを得ようとすることを表しています。例えば，相手をだまして物を安く手に入れるとか，物を盗むといったことがこれにあてはまります。

では，質問です。例えば，先生が学生に食事をご馳走した場合，日本では，先生にお返しをしなければ人間関係が崩れるということはまずないでしょうし，また先生のほうも見返りを期待していないでしょう。この場合，この三つの図，あるいはそれ以外の関係の，どれになるでしょうか。

Track 8

3番 生物学の先生が，ある実験について話しています。魚が体をこする行動をしたのはどの場合ですか。

ホンソメワケベラという魚が，鏡に映った姿を自分であると認識できているかどうか調べた実験があります。この魚は自分の体に何か付いているのが見えると，体をこすって落とそうとする習性があります。まず，そのホンソメワケベラの喉など，自分の眼では見えないところに茶色の印を付け，鏡のない所にいる間は印の部分を触ったりこすったりしないことを確認しました。そして，鏡を見せると，8匹中7匹が石に体をこすりつけて印を落とそうとしました。印がないときや，透明の印をつけたときは，鏡を見せても体をこすりつけませんでした。このことから，ホンソメワケベラは鏡に映った自分の姿を認識していると考えられます。

Track 9

4番 先生が，「おかゆ」を冷凍した実験について話しています。この先生は，「おかゆ」を冷凍して保存するのに適した条件はどれだと言っていますか。

おかゆは，米を炊くときに普通よりも水を多く加えたもので，普通に炊いた米よりもやわらかく，粘り気があるのが特徴です。これを冷凍して保存する場合，どのようにすれば炊いた直後のようなおいしさが保てるのか，条件を変えて調べました。

まず表のように温度や，形，重量について異なる条件で冷凍しました。形や量といった条件を設定したのは形や量もおかゆの冷え方に影響すると考えられるためです。

そして，一度冷凍したものを温めて，硬さや粘り気を炊いた直後のおかゆと比較しました。その結果，マイナス20度のものよりマイナス40度のもののほうが，炊いた直後のおかゆの状態に近いということが分かりました。また，重さは100グラムのほうが200グラムよりよいようです。なお，この条件では，形による影響はあまり見られませんでした。

(Track 10)

5番

試験問題として成立していますが，
出版上の都合により本問題の掲載はいたしません。

(Track 11)

6番　男子学生と女子学生が，救急車の有料化について話しています。この男子学生は，最後に資料のどの意見に賛成しましたか。

男子学生：日本では救急車が無料でしょう。だから、症状が軽いのにタクシー代わりに呼ぶ人もいるんだって。昨日授業で，そういう不適正な救急車の利用を減らすにはどうしたらいいか議論したんだ。これ、資料。

女子学生：へえー。そういう人がいるなら，有料にするのはどうかな。

男子学生：え？　お金とるの？

女子学生：ん…。じゃあ，有料でも，均一料金じゃなくて，緊急性が低いほど料金が上がるっていうのはどう？

男子学生：うーん。でも僕はやっぱり有料化には反対だな。

女子学生：どうして。

男子学生：だって，どのくらい緊急かなんて医者でもなきゃわからないよ。救急車を呼ぶ前にいくらかかるかわからなきゃ，料金が気になって呼ぶかどうか迷うだろう？　その間に状態が悪化することだってあると思うよ。

女子学生：じゃあ，救急車を呼ぶべきかどうか相談窓口に電話で聞いて，呼んだほうがいいって言われた場合は呼ぶことにすればいいんじゃない？

男子学生：本当に緊急の場合には，電話で相談している時間も命にかかわるかも。だったら，必要がないのに救急車を使った場合には罰金を払わせればいいと思う。そうすれば，不適正な利用は減らせると思うな。

(Track 12)

7番 先生が，チームで仕事をするときのリーダーの役割について話しています。この先生の話によると，リーダーが最も力を入れるべきなのは，図のどのサポートだと言っていますか。

仕事をするとき，チームのメンバーに対してリーダーが行うサポートの種類は，この図のように分類されます。ハード面でのサポートとは，「人」，「機材」，それに，それらを手に入れるための「お金」のことです。ソフト面のサポートとは，目に見える形にならないもの，たとえば，経験から培ったやり方や技術，それと，顧客や業界の現在の動きなどの客観的情報の提供です。

これらのサポートの，どの部分が欠けていても仕事はうまく進みません。リーダーとして，特にメンバーに提供すべきなのは，チーム内で引き継がれてきた，仕事の進め方についてのアドバイスです。少々予算などに問題があっても，方法を工夫すれば，目的を達成できる場合もあるからです。

(Track 13)

8番 先生が，ツチハンミョウという虫について話しています。この先生の話によると，この虫の成長過程で死ぬ確率が最も高いのは，どの段階ですか。

冬から春になると，ツチハンミョウという虫は，興味深い方法で成長します。卵からかえったばかりの１齢幼虫は，花の中に身をひそめ，メスのハチが来るのを待ちます。ハチがきたらその体につかまり，一緒にハチの巣まで移動します。そしてそのハチが卵を産むと，その卵を食べてしまいます。これが生まれて初めてのえさになります。卵を食べた幼虫は脱皮して，２齢幼虫になります。そのあとは，ハチが自分の幼虫のために集めたえさなどを横取りして食べて大きくなり，さなぎをへて，成虫になります。

ツチハンミョウの成長過程では，初めてのえさにありつくことが大変難しく，その段階において，ほとんどが命を落としてしまいます。そのため，ツチハンミョウは１年に数万個というたくさんの卵を産むのです。

(Track 14)

9番 先生が，プレゼンテーションのための視覚資料の作成について説明しています。この先生が挙げた例では，視覚化の種類のうち，どれに問題があったと言っていますか。

研究結果を発表するときのプレゼンテーションでは，口頭の発表とスライドなどの視覚資料を組み合わせます。視覚資料の作成には図のように，四つのポイントがあります。先日私は，ある人のプレゼンテーションに参加して，こうしたポイントの重要性を痛感しました。そこで使用されていたスライドは，内容が少数の単語からなるフレーズにまとめられ，色使いもよく考えられていたのですが，グラフや表がなかったためイメージがつかめず，印象に残らない発表となりました。

(Track 15)

10番 先生が，広告の効果を上げるための戦略について話しています。この先生が最後に挙げる例は，図のどの戦略が成功したと言えますか。

広告の戦略は，大きく「表現戦略」と「媒体戦略」の二つに分けられます。「表現戦略」とは，どのような消費者層に，その商品のどんな特性を最も強調して，どのように伝えるかということを明確にすることです。一方「媒体戦略」は，いかに効率よくターゲットに広告メッセージを届けるかということです。ここで言う「媒体」とは，テレビ，新聞，ダイレクトメールなど，広告の手段として何を使うかということです。

さて，広告を出しても期待したほど効果が上がらないという場合があります。例えば，ある洗剤の「今までの洗剤よりももっときれいに洗える」という特性を，「汚れがよく落ちる」と宣伝したのに売り上げが伸びないという場合です。ところが，「驚くほど真っ白に」と言いかえたら急に売れ出したということもあります。このように，言い方しだいで広告の効果が大きく変わることもあるのです。

Track16

11番　先生が，日本国内での大豆と米の生産量の関係について説明しています。この先生の話によると，米の生産量が増加したのは大豆生産量のグラフのどの部分に対応しますか。

日本では，大豆と米の生産量には，深い関係があります。1970年代，食生活の変化などによって米が余るようになり，日本政府は米に替えて大豆を生産することを推奨しました。ところが，1980年代の終わりになると，政府が保管している米の在庫量が減ってきたことから，米の生産量を増やすように方針を転換しました。それにともなって，大豆の生産量は急激に減っていきました。その後，米の在庫が回復すると，再び米の生産が減り，大豆の生産が増加したのです。また，大豆栽培に影響を与える要因として，米の生産量以外に，異常気象などがあります。一年だけ急に数字が落ち込んでいる年がありますが，これはそうした原因によるものです。

Track17

12番　先生が授業で，CC ライセンスについて話しています。この先生が最後にする質問の答えは，どれですか。

インターネット上の画像や動画などは，一定の条件を守れば他人が自由に使える場合があります。この条件を伝える手段の一つとして，CC ライセンスがあります。CC ライセンスは，この条件を守ってくれれば，私の作品を使ってもいいですよ，という作者の意思を 4 種類の記号で表します。

まず a は，それを使うときに原作者の氏名や作品のタイトルなどを表示しなければいけないということを示します。b は営利目的で使ってはいけない，ということを表し，c は元の作品に変更を加えてはいけない，ということを表します。d は，作品を利用する場合には，必ず元と同じ CC ライセンスをつけて公開しなければならないということを示しています。

では，例のような組み合わせの CC ライセンスが示された作品の場合，使用の際に許されていることは何ですか。

◎聴解問題スクリプト

(Track 20)

練習 女子学生と男子学生が，待ち合わせの場所で話しています。この二人は，これからどうしますか。

女子学生：あ，お待たせ。山田さんはまだ？
男子学生：うん。さっき連絡があって，ちょっと遅れるって。待ってるって言ったんだけど，先に行ってくれって。
女子学生：でも，山田さん，研究会の場所，知ってるのかな？
男子学生：大丈夫だよ。先にどうぞって言ったんだから。
女子学生：そう言ってるのなら，大丈夫ね。

この二人はこれからどうしますか。
1．山田さんを待ってから行く。
2．山田さんに先に行ってもらう。
3．山田さんに連絡をする。
4．山田さんより先に行く。

(Track 22)

13番 先生が，子供に関する調査について話しています。この先生は，体験したことが子供の記憶に残るためには，何が必要だと言っていますか。

子供の体験に関する調査によると，「朝日や夕日，つまり太陽が昇るところや沈むところを見たことがあるか」という質問に対し，ほとんどないと答えた子供が３割をこえる結果になったそうです。朝日や夕日は，わざわざ海や山などの自然の中に出かけなくても，日々見られるはずです。どんなに忙しい子供であっても，空を見上げる時間もないということはないでしょう。それなのに，なぜ朝日や夕日が，子供の記憶に残っていないのでしょうか。

私には，朝日や夕日を見たときに，「きれいだね」と隣で一緒に眺めてくれる人がいました。それで，自然の美しさに気づくことができたのです。自分の体験をだれかと分かち合ったことで，深く記憶に刻まれた訳です。今の子供は，そうした機会が少ないのではないでしょうか。

この先生は，体験したことが子供の記憶に残るためには，何が必要だと言っていますか。

1．同じ体験を繰り返す機会

2．海や山などの自然の中で遊ぶ時間

3．体験したことを覚えておく記憶力

4．感動する体験を一緒にしてくれる人

Track 23

14番 留学生と先生が，無洗米という米について話しています。この先生は，どうして無洗米は普通の米よりもおいしいと言っていますか。

留学生：先生，日本ではお米は炊く前に洗うと聞いたんですが，本当ですか。

先生　：ええ。普通は洗ってから炊きますね。お米には表面にヌカというものがついていて，少しにおいがあるんです。だから，それを洗って取り除いたほうがおいしくなるんですよ。

留学生：そうなんですか。私の国ではお米を洗う習慣がないので，知りませんでした。

先生　：日本でも，最近は「無洗米」という，洗わなくてもいいお米がありますよ。

留学生：へえ，それは，どういうお米なんですか。

先生　：今売られているほとんどの無洗米は，米についているヌカを機械ではがし取ってあるんです。実は，家庭で米を水洗いしても，ヌカが取りきれずに残ってしまうことが多いんですが，あらかじめ機械で処理された無洗米は，きれいに取ってあるから，普通のお米よりおいしいって言う人もいるんですよ。

この先生は，どうして無洗米は普通の米よりもおいしいと言っていますか。

1．無洗米は，一度洗って乾かした米だから

2．無洗米は，水分を吸収しやすいから

3．無洗米は，表面の部分を機械で取り除いているから

4．無洗米は，においの少ない品種だから

Track 24

15番 先生が，メモの取り方について話しています。この先生は，大切なのはどのようなことだと言っていますか。

メモを取るということについては，大きく分けて二種類の意見があるようです。一つは，ともかくどんなことでもメモを取るべきだという意見で，もう一つは，メモを取らなければ覚えていられないようなことは，重要ではないのだから，そんなことをメモする必要はないという意見です。

しかし，実は，両方とも正しくないのではないかと私は思っています。それは，同じ話を聞い

ても，どんな点に関心を持つかや，どこまで記憶していられるかは，人によって全く異なるからです。

結局のところ，自分にとって何が重要か，そして，自分の記憶力はどれくらいで，どのようにメモを取れば自分の記憶を補えるのかを知ることが大切なのではないでしょうか。メモを取る必要のある情報は，自分にしかわかりません。ですから，万人に共通するよいメモの取り方はないのだと思います。

この先生は，大切なのはどのようなことだと言っていますか。

1．どんな小さなことでもメモに書いておく。
2．自分自身に適したメモの取り方を見つける。
3．なるべくメモに書かずに覚える習慣をつける。
4．だれが見てもわかるようにメモを取る。

(Track25)

16番 先生が，授業で，老後住みたい住宅についての調査結果を紹介し，説明しています。この説明によると，女性は男性に比べて，住宅のどのような点を重視する傾向があると言えますか。

ある住宅メーカーが，55歳から65歳の男女を対象に，老後はどんな家に住みたいかというアンケート調査をしました。その結果は，多いほうから，一階建ての家，マンション，二階建ての家の順でした。一階建てを選ぶ理由は，階段を上ったり降りたりすることがないため体に負担が少ないから，また，マンションを選ぶ理由は，買い物や病院に行くのに便利な場所にある場合が多いからということでした。

さらに男女別に集計した結果を見ると，男性では一階建てを希望する人が最も多く，全体の43%を占めています。女性は50%以上の人がマンションを希望しており，性別による違いが見られました。

この説明によると，女性は男性に比べて，住宅のどのような点を重視する傾向があると言えますか。

1．静かな環境にあること
2．出かけるのに便利なこと
3．家の中での移動の負担が少ないこと
4．近くに人が住んでいて安全なこと

Track26

17番　先生が，国宝と呼ばれる日本の芸術品について話しています。この先生の話によると，国宝の対象とならないのは，どのようなものですか。

日本には，「国宝」と呼ばれる国の宝物として認められた芸術品が数多くあります。国宝は，国内にある芸術品の中でも，特に優れていると認められたもので，絵画や工芸品，建築物など，様々なものがあります。

国宝と聞くと，国が所有しているものと思われがちですが，実は地方自治体や企業，また個人が所有しているものもあります。ですから，国の許可があれば，所有者は売ったり買ったりすることもできます。ただし，海外に持ち出すことは認められていません。

また，日本国内にあれば，外国で作られた作品でも国宝になり得ますが，たとえどんなに優れた芸術品であっても，すでに国外にある日本の作品は，国宝の指定を受けることができません。

この先生の話によると，国宝の対象とならないのは，どのようなものですか。

1．外国人の建築家が設計した，日本国内にある建築物

2．日本に住む外国人が所有している，日本国内にある絵画

3．外国から日本に持ち込まれた，海外製の彫刻

4．外国の美術館が所有している，日本で作られた工芸品

Track27

18番　女子学生と男子学生が，話しています。この男子学生は，この会話の中で話題に挙がっている人について，どのような人だと言っていますか。

女子学生：ねえ，いつも自分のことばかり話そうとする人って，たまにいない？

男子学生：え，どういう人？

女子学生：例えば，だれかが最近行ったおいしいレストランの話を始めたら，自分はもっとおいしいお店を知ってるって話し始めるとか。

男子学生：あ，いるね。そういう人って，実は脳のはたらきが関係する場合があるって聞いたことあるよ。

女子学生：え，脳のはたらき？

男子学生：うん。脳の記憶をつかさどる部分の活動が活発で，過去の体験とか出来事を鮮明に記憶していて，その記憶をすぐ引き出すことができる人っているんだって。

女子学生：へえ。

男子学生：それで人の話を聞いたら，自分の頭の中にある関連することが出てきて，つい話したくなるんじゃないかっていうことだよ。

この男子学生は，この会話の中で話題に挙がっている人について，どのような人だと言っていますか。

1．話し方がはっきりしている人
2．関連のある事柄がすぐに思い出せる人
3．他の人のことを常に考えている人
4．人の話を記憶することができない人

Track 28

19番　先生が，イヌの鳴き声に関する実験について，話しています。この先生は，実験によって，どのようなことが明らかになったと言っていますか。

イヌの鳴き声について調べた実験があります。この実験では，まず，あるイヌの，飼い主と遊んでいるときの鳴き声，怪しい人を見たときの警戒の鳴き声，自分のえさが取られそうになったときに守るための鳴き声，という３種類の鳴き声を録音しました。そして，録音した鳴き声を，目の前にえさが置かれている別のイヌに聞かせました。すると，別のイヌは，これらの３種類の鳴き声のうち，えさを守る鳴き声を聞いたときに，えさから離れるように後ろに下がって行く傾向があったのです。つまり，えさを守っているという意図が，別のイヌに伝わった訳です。

一方，同じ鳴き声を人間が聞くと，遊んでいる鳴き声は区別できますが，警戒の鳴き声とえさを守る鳴き声はよく似ているため，区別するのは相当難しいことがわかっています。

この先生は，実験によって，どのようなことが明らかになったと言っていますか。

1．イヌは，録音した鳴き声を聞き分けることができない。
2．イヌは，別のイヌの鳴き声を聞き分けることはできない。
3．イヌは，人間には聞き分けられない鳴き声を聞き分けることができる。
4．イヌは，人間と同じように，鳴き声を詳しく聞き分けることができる。

Track 29

20番　先生が，「縁」と「絆」という二つの言葉について話しています。この先生は，「縁」と「絆」についてどのように説明していますか。

縁とは，住んだ場所，生まれた家，入った会社などによって，人と人との間に生まれるつながりのことを言います。しかし，最近はこの縁という言葉があまり使われず，代わりに絆という言葉をよく聞くようになりました。絆とは，人と人との間で作りあげる，離れがたいつながりのことを言います。つまり，縁というのは，そこに存在するものですが，絆は，人間同士が築いていくものだと言えるでしょう。例えば，何らかの縁により人との出会いがあり，やがて結婚して夫婦になったとします。しかし，そこに絆を築くことができない夫婦もいるかもしれません。自然に生じた縁を，お互いに離れがたい強いつながりにしていくというのは簡単なことではないのです。

この先生は，「縁」と「絆」についてどのように説明していますか。

1．縁は人為的に作る関係，絆は自然にできる関係である。

2．最近は，絆よりも縁を大切に考える人が多い。

3．最近は，縁も絆もあまり使われない言葉になっている。

4．縁はそこにあるもの，絆は作りあげるものである。

Track 30

21番 先生が，ツノハシバミという植物について話しています。この先生が不思議だと思ったのは，ツノハシバミのどのようなことですか。

植物の中でも，虫に花粉を運んでもらっているものは，虫を呼び寄せるために，美しい花を咲かせることが多いです。一方，風に花粉を運んでもらっている植物は，虫を呼び寄せる必要がないため，地味な色をしていることが多いです。

しかし，ツノハシバミという植物の花は違います。私は，森で初めてツノハシバミの花を見たとき，その美しさに大変驚きました。ツノハシバミは，風に花粉を運んでもらうので，虫に頼る必要がないにもかかわらず，いったいどうしてこんな花をつけているのか，たいへん不思議に思ったことを覚えています。

この先生が不思議だと思ったのは，ツノハシバミのどのようなことですか。

1．森の中にある植物なのに，虫に花粉を運んでもらうこと

2．花の色が地味なのに，花粉を運んでくれる虫がいること

3．虫に花粉を運んでもらわないのに，花が美しいこと

4．美しい色の花と地味な色の花が，混ざって咲いていること

Track 31

22番 ラジオの番組で，女性アナウンサーが，道路に積もった雪を取り除くシステムについて，男性レポーターに質問しています。この男性レポーターは，このシステムの利点は何だと言っていますか。

アナウンサー：雪の多い地方では，冬になると道路の雪を取り除く作業が大変だそうですね。

レポーター　：はい，郊外や山奥では，雪で道路がどこにあるのかさえわからないこともあります。また，雪が崖の上に張り出して積もることもあるので，かなり危ない作業です。そこで，GPS を利用するという新しい方法が始まりました。

アナウンサー：GPSは，人工衛星を利用して自分の位置がわかるシステムですね。
レポーター　：はい。これにより危険箇所や障害物との位置関係が正確にわかり，安心して作業ができるようになりました。
アナウンサー：んー，なるほど。
レポーター　：ただし，そのためには雪の無い時期にあらかじめ正確な地図を作っておくことが必要だそうです。

この男性レポーターは，このシステムの利点は何だと言っていますか。
1．雪の無い時期から作業ができること
2．危険な場所がどこかわかること
3．人間の代わりに機械が危険な作業をすること
4．地図が無くても作業ができること

(Track 32)

23番　先生が，海の中にすむ光を出す生物について話しています。この先生が例に挙げる魚は，どのような方法で敵から身を守っていると考えられていますか。

深い海には，光を出す多様な生物が生息しています。光を出す目的はさまざまで，群れを作るための合図，メスへの求愛行動，敵を驚かすことなどが考えられています。

そのほかに，自分の姿を隠すために光を出す魚もいます。その一つが，おなかの部分から光を出すハダカイワシという魚です。この魚は，昼間は太陽の光がわずかに届く，深さ1,000メートルぐらいの海中にいます。光が水の中に射し込むと，自分の姿が下からは黒くみえ，敵に見つかりやすくなってしまうので，それを防ぐために光っていると考えられています。

実際に，この魚に関する実験では，魚を水槽に入れ，上から光を当てて，その光の明るさを変えてみると，周りの明るさに応じておなかの部分から出す光の明るさを変えていることがわかっています。

この先生が例に挙げる魚は，どのような方法で敵から身を守っていると考えられていますか。
1．光を出して，自分の姿を目立たなくする。
2．光を出すことで敵を驚かせる。
3．光によってできた影の中に隠れる。
4．光を合図にして群れを作る。

Track33

24番　先生が授業で，生物が生きていくために必要な要素について話しています。この先生は，生物の要素の「情報」と同じような働きをするものの例として，何を挙げていますか。

生物が生まれ，生きていくためには，欠かすことができない要素が三つあります。それは「情報」「物質」「エネルギー」です。「情報」とは，例えば遺伝情報などがそうで，これを基に生物が作られ，維持されています。「物質」とは，生物を構成している分子です。「エネルギー」というのは，例えば，動物が他の動物や植物を食べて得ている生きる源となるものです。

人間が作った機械も，機械が動くための三つの要素があります。これは，生物を維持するための要素とよく似ています。例えば，自動車について考えてみると，自動車を作るときは，エンジンや車輪など様々な部品を組み合わせます。そして組み合わせるためには，設計図が必要で，それに基づいて作っていきます。さらに，自動車を動かすエネルギーとしてガソリンなどの燃料を使っている，というわけです。

この先生は，生物の要素の「情報」と同じような働きをするものの例として，何を挙げていますか。

1．自動車用の道路地図
2．自動車の設計図
3．自動車の燃料
4．自動車の部品

Track34

25番　女子学生と男子学生が，授業で行う発表について話しています。この女子学生は，どうすれば発表者も聞き手も学ぶことができる発表になると言っていますか。

女子学生：来週の発表の準備，進んでる？

男子学生：いや。前に立って発表するの，正直，苦手なんだよね。自分でもよくわかっていないところを質問されたら困るな…とか思っちゃうし。

女子学生：ああ。でも，授業の発表は，お互いに助け合う場だって，前に私のゼミの先生から言われたことがあるよ。

男子学生：え，どういうこと？

女子学生：発表者と聞き手が，補い合うってこと。例えば，二つの問題点について発表したいけど，まだ一つ目の問題点しか解決策が見つかっていないっていうときは，残りの問題点については，「だれかこの解決策がわかる人はいませんか」って，聞いている人たちに助けてもらうの。

男子学生：えー，それでもいいんだ。

女子学生：うん。発表する人と発表を聞く人っていう対立するような状態じゃなくなるから，お互いに学び合える場になるんだって。

男子学生：そう考えると，ちょっと気が楽になるなあ。

この女子学生は，どうすれば発表者も聞き手も学ぶことができる発表になると言っていますか。

1．聞き手の質問に答えながら発表する。
2．すべての問題点を解決してから発表する。
3．事前に先生に内容を補ってもらってから発表する。
4．聞き手に助言を求めながら発表する。

Track 35

26番　先生が，ある湖について話しています。この先生は，湖の中に杉の木がある理由について，どのように言っていますか。

今日は，珍しいものが見られる湖を紹介しましょう。その湖は，木々が生い茂る山々に囲まれています。ボートに乗って湖の中をのぞきこむと，あちらこちらに大きい杉の木が立ったまま沈んでいるのが見えます。なぜ，湖の中に杉の木があるのでしょうか。

杉の木の年代を調べたところ，2100年前のものであることがわかりました。この湖は，3000年前にできたので，湖ができる前に生えていた杉の木が，そのまま湖に沈んだというわけではありません。実は，この地域では，過去に何度も巨大地震が起きました。湖ができたあとに起きた地震によって，周囲の山に生えていた木々が，土ごと滑るように移動し，湖の中に入ったのではないかと考えられているのです。

この先生は，湖の中に杉の木がある理由について，どのように言っていますか。

1．地震により，周囲の山から杉の木が湖に滑り込んだから
2．昔，杉の木が生えていた場所が，地震で湖になったから
3．地震で倒れた杉の木が，湖の中に捨てられていたから
4．長い年月をかけて，湖の底から杉の木が育ったから

Track36

27番　先生が,「ジャーナリズム論」という授業で，これから学ぶ内容について話しています。この先生は，今日の授業の目的は，どのようなことだと言っていますか。

この授業は,「ジャーナリズム論」という名前ですが，はじめての今日は,「ジャーナリズムはどうあるべきか」とか「よきジャーナリストとはどのような人か」といったテーマは取り上げません。

そもそも世の中に存在するさまざまな学問は，なぜ学問と呼ばれるのでしょうか。ジャーナリズム論を一つの新しい学問として考えたとき，ジャーナリズム論は学問と呼べるのでしょうか。まずは，そのことを検証してみる必要があると考えます。今日の授業のテーマは，まさにそこにあります。

この先生は，今日の授業の目的は，どのようなことだと言っていますか。

1．ジャーナリズム論は学問と言えるのか考えること
2．よきジャーナリストはどうあるべきか明らかにすること
3．世の中にジャーナリズムは必要か検証すること
4．ジャーナリズム論の主要なテーマとは何か話し合うこと

2020年度

日本留学試験（第２回）

正 解 表

The Correct Answers

2020年度日本留学試験(第2回)試験問題 正解表 The Correct Answers

〈日本語〉 Japanese as a Foreign Language

記　述…解答例を355，356ページに掲載

読解

問		解答番号	正解
I		1	**4**
II		2	**2**
III		3	**1**
IV		4	**2**
V		5	**4**
VI		6	**3**
VII		7	**4**
VIII		8	**3**
IX		9	**2**
X		10	**3**
XI	問1	11	**1**
	問2	12	**4**
XII	問1	13	**2**
	問2	14	**2**
XIII	問1	15	**4**
	問2	16	**4**
XIV	問1	17	**4**
	問2	18	**1**
XV	問1	19	**3**
	問2	20	**4**
XVI	問1	21	**2**
	問2	22	**1**
XVII	問1	23	**1**
	問2	24	**3**
	問3	25	**2**

聴読解

問	解答番号	正解
1番	1	**1**
2番	2	**1**
3番	3	**4**
4番	4	**3**
5番	5	**3**
6番	6	**3**
7番	7	**2**
8番	8	**1**
9番	9	**2**
10番	10	**2**
11番	11	**2**
12番	12	**4**

聴解

問	解答番号	正解
13番	13	**4**
14番	14	**3**
15番	15	**2**
16番	16	**2**
17番	17	**4**
18番	18	**2**
19番	19	**3**
20番	20	**4**
21番	21	**3**
22番	22	**2**
23番	23	**1**
24番	24	**2**
25番	25	**4**
26番	26	**1**
27番	27	**1**

〈理　科〉Science

物理 Physics			
問Q.		解答番号 row	正解 A.
I	問1	1	**4**
	問2	2	**2**
	問3	3	**5**
	問4	4	**4**
	問5	5	**3**
	問6	6	**4**
II	問1	7	**3**
	問2	8	**6**
	問3	9	**3**
III	問1	10	**3**
	問2	11	**5**
	問3	12	**5**
IV	問1	13	**6**
	問2	14	**2**
	問3	15	**2**
	問4	16	**4**
	問5	17	**4**
	問6	18	**1**
V	問1	19	**1**

化学 Chemistry		
問Q.	解答番号 row	正解 A.
問1	1	**1**
問2	2	**6**
問3	3	**5**
問4	4	**3**
問5	5	**2**
問6	6	**5**
問7	7	**3**
問8	8	**6**
問9	9	**5**
問10	10	**8**
問11	11	**4**
問12	12	**6**
問13	13	**3**
問14	14	**1**
問15	15	**4**
問16	16	**2**
問17	17	**2**
問18	18	**6**
問19	19	**4**
問20	20	**4**

生物 Biology		
問Q.	解答番号 row	正解 A.
問1	1	**1**
問2	2	**2**
問3	3	**7**
問4	4	**3**
問5	5	**4**
問6	6	**2**
問7	7	**3**
問8	8	**2**
問9	9	**6**
問10	10	**1**
問11	11	**5**
問12	12	**5**
問13	13	**4**
問14	14	**3**
問15	15	**4**
問16	16	**3**
問17	17	**3**
問18	18	**6**

〈総合科目〉Japan and the World

問Q.	解答番号 row	正解 A.
問 1	1	**1**
	2	**2**
	3	**2**
	4	**1**
問 2	5	**4**
	6	**2**
	7	**3**
	8	**4**
問 3	9	**3**
問 4	10	**4**
問 5	11	**2**
問 6	12	**3**
問 7	13	**4**
問 8	14	**1**
問 9	15	**4**
問 10	16	**1**
問 11	17	**1**
問 12	18	**3**
問 13	19	**2**
問 14	20	**3**
問 15	21	**2**

問Q.	解答番号 row	正解 A.
問16	22	**2**
問17	23	**3**
問18	24	**2**
問19	25	**1**
問20	26	**4**
問21	27	**4**
問22	28	**4**
問23	29	**2**
問24	30	**3**
問25	31	**3**
問26	32	**2**
問27	33	**1**
問28	34	**1**
問29	35	**3**
問30	36	**4**
問31	37	**2**
問32	38	**1**

〈数　学〉Mathematic

コース1　Course1			
問Q.		解答番号 row	正解 A.
Ⅰ	問1	ABCD	**1442**
		EFG	**248**
		HI	**68**
		JKLM	**2940**
		NO	**59**
	問2	P	**4**
		QR	**35**
		ST	**87**
		U	**6**
		VW	**21**
		XY	**40**
Ⅱ	問1	A	**6**
		BC	**32**
		D	**0**
		E	**2**
		FG	**02**
		H	**1**
		IJ	**99**
		K	**3**
		L	**2**
	問2	MN	**02**
		O	**1**
		P	**1**
		QRS	**132**
		T	**2**
		U	**1**
		VW	**32**
Ⅲ		ABCD	**3493**
		EFGH	**7212**
		IJK	**237**
		L	**2**
		M	**1**
		N	**6**
		O	**7**
		PQ	**96**
		RST	**147**
		U	**2**
		VW	**24**
		XY	**21**
Ⅳ		ABC	**−14**
		DEF	**180**
		GH	**45**
		IJK	**180**
		LM	**14**
		NOP	**431**
		QR	**16**
		ST	**20**
		UVWXY	**31100**

コース2　Course2			
問Q.		解答番号 row	正解 A.
Ⅰ	問1	ABCD	**1442**
		EFG	**248**
		HI	**68**
		JKLM	**2940**
		NO	**59**
	問2	P	**4**
		QR	**35**
		ST	**87**
		U	**6**
		VW	**21**
		XY	**40**
Ⅱ	問1	A	**1**
		B	**4**
		C	**9**
		DEF	**310**
		GH	**58**
		I	**1**
		J	**8**
		K	**9**
		L	**6**
	問2	MN	**16**
		OP	**33**
		Q	**2**
		R	**6**
		STUV	**1357**
		W	**4**
		XY	**−4**
Ⅲ		ABC	**324**
		DE	**−1**
		F	**6**
		GHI	**324**
		JKL	**234**
		M	**2**
		NOP	**812**
		QR	**24**
		ST	**−1**
		U	**8**
		VW	**97**
Ⅳ		ABCD	**2121**
		E	**4**
		FG	**23**
		HI	**34**
		J	**4**
		K	**0**
		LM	**23**
		N	**1**
		OP	**34**
		Q	**0**
		R	**1**
		ST	**34**
		UVW	**209**

記述問題１　解答例

　買う立場からすれば、同じものを入手できるのならば、安ければ安いほどよい。生活必需品が安価になれば、生活に余裕が生まれる。また、以前は一般家庭にはなかったような高価な品でも、値段が下がったことによって一般に普及したものもある。それは人々の生活水準全体の向上につながってきたのだ。

　しかし、ものの値段が安くなるということは、その商品を生産する側の利益が少なくなるということである。消費者としては値下げを歓迎しがちだが、値下げに対応しようとすれば、生産者はコストを削減しなければならなくなる。具体的には、原料をより安いものにしたり、人件費を削減したりすることになるだろう。「無駄の削減」といえば聞こえはよいが、時に生産者の努力で何とかなるレベルを超えてしまうこともあるように思える。そうなれば、商品の品質が低下したり、本来必要な安全管理がされなくなったりして、結果的に消費者が損をしたり、危ない目に遭ったりすることになる。

　消費者である私たちにとって「ものの値段が高いほうがよい」とは思いづらいが、長期的な視点で見れば、適切な対価を支払うことが必要だと言えるだろう。

記述問題２　解答例

　昨今、電子化されたデータを使うことで紙の使用を減らす、ペーパーレス化が進められている。これには様々な利点がある一方で、対処すべき問題もある。

　例えば、学校の教科書や配布資料などをペーパーレス化する利点について考えてみよう。まず、生徒は通学する時に教科書や資料などの重い荷物を持つ必要がなくなる。次に、教科書や資料、宿題等に使用されていた紙資源の節約になる。そして、教師と保護者との情報のやりとりをオンライン上で行えば、情報共有にかかる時間が短縮される。

　一方で、ペーパーレス化を進めるにあたって、まず、教育現場だけでなく、家庭にもインターネットの通信環境や機器が整っていないという現状がある。また、すべての教師や生徒、保護者がスムーズに機器を使用できる状態ではないことも問題だ。使用が得意な人と苦手な人の間で学習効果に差が生じる恐れもある。

　これらの問題に対処するためには、学校への予算確保や家庭への経済的な支援、さらに機器の使用に慣れるよう、練習をする機会を設けるなどの支援を迅速に進めることが必要だ。

「記述」採点基準

「記述」の採点にあたっては，以下の基準に基づき採点し，得点を表示します。

得点	基準
５０点	（レベルＳ） 課題に沿って，書き手の主張が，説得力のある根拠とともに明確に述べられている。かつ，効果的な構成と洗練された表現が認められる。
４５点	（レベルＡ） 課題に沿って，書き手の主張が，妥当な根拠とともに明確に述べられている。かつ，効果的な構成と適切な表現が認められる。
４０点	
３５点	（レベルＢ） 課題にほぼ沿って，書き手の主張が，おおむね妥当な根拠とともに述べられている。かつ，妥当な構成を持ち，表現に情報伝達上の支障が認められない。
３０点	
２５点	（レベルＣ） 課題を無視せず，書き手の主張が，根拠とともに述べられている。しかし，その根拠の妥当性，構成，表現などに不適切な点が認められる。
２０点	
１０点	（レベルＤ） 書き手の主張や構成が認められない。あるいは，主張や構成が認められても，課題との関連性が薄い。また，表現にかなり不適切な点が認められる。
０点	（ＮＡ）＊ 採点がなされるための条件を満たさない。

レベルＡ，Ｂ，Ｃについては，同一水準内で上位の者と下位の者を区別して得点を表示する。

＊０点（ＮＡ）に該当する答案は以下のとおりである。

- 白紙である。
- 課題と関連のない記述である。
- 課題文をそのまま書いているだけである。
- 課題に関連する日本語の記述（課題文をそのまま書いた部分を除く）が 40 字に満たない。
- 問題冊子の表紙等を引き写している部分がある。
- その他，委員会の議を経て，０点とするに至当な理由があると判断されたもの。

Score Rating of "Writing" Section

We will score the "Writing" section according to the following rating standard and indicate the respective scores.

<table>
<tr><th>Score</th><th>Rating</th></tr>
<tr><td>50</td><td>(Level S)
An essay at this level
・ clearly addresses the topic with persuasive reasons
・ is well organized and developed
・ uses refined expressions in language</td></tr>
<tr><td>45</td><td rowspan="2">(Level A)
An essay at this level
・ clearly addresses the topic with appropriate reasons
・ is well organized and developed
・ uses appropriate expressions in language</td></tr>
<tr><td>40</td></tr>
<tr><td>35</td><td rowspan="2">(Level B)
An essay at this level
・ addresses the topic with mostly appropriate reasons
・ is generally well organized, though it may have occasional problems
・ may use inappropriate expressions in language</td></tr>
<tr><td>30</td></tr>
<tr><td>25</td><td rowspan="2">(Level C)
An essay at this level
・ roughly addresses the topic with reasons, which may be inappropriate
・ may have problems in its organization
・ uses inappropriate expressions in language</td></tr>
<tr><td>20</td></tr>
<tr><td>10</td><td>(Level D)
An essay at this level
・ does not address the topic
・ is disorganized and underdeveloped
・ has serious errors in usage</td></tr>
<tr><td>0</td><td>(NA) *
An essay does not meet the rating conditions.</td></tr>
</table>

Each of Levels A, B and C has two grades: higher and lower.

* An essay is given a score of 0 (NA) if:

- It is blank.
- It is not relevant to the topic.
- It only repeats the topic statement.
- Its Japanese text relevant to the topic is less than 40 characters in length, excluding the part repeating the topic statement.
- It contains text copied from the question booklet cover or elsewhere.
- It is judged by the committee after deliberation as having another proper reason to be considered NA.

2020年度　日本留学試験（第２回）試験問題
（聴解・聴読解問題CD付）

発行日…………　2021 年 1 月 31 日　初版第 1 刷

編著者…………　独立行政法人　日本学生支援機構
〒 153-8503　東京都目黒区駒場 4-5-29
電話　03-6407-7457
ホームページ　https://www/jasso.go.jp/

印刷所…………　倉敷印刷株式会社

発行所…………　株式会社　凡　人　社
〒 102-0093　東京都千代田区平河町 1-3-13
電話 03-3263-3959
ホームページ https://www.bonjinsha.com/

ISBN978-4-89358-966-8

CDトラック番号一覧

トラック番号	問題番号等	トラック番号	問題番号等
1	音量調節	19	聴解の説明
2	試験全体の説明	20	聴解練習
3	聴読解の説明	21	聴解練習の解説
4	聴読解練習	22	聴解13番
5	聴読解練習の解説	23	聴解14番
6	聴読解 1 番	24	聴解15番
7	聴読解 2 番	25	聴解16番
8	聴読解 3 番	26	聴解17番
9	聴読解 4 番	27	聴解18番
10	※	28	聴解19番
11	聴読解 6 番	29	聴解20番
12	聴読解 7 番	30	聴解21番
13	聴読解 8 番	31	聴解22番
14	聴読解 9 番	32	聴解23番
15	聴読解10番	33	聴解24番
16	聴読解11番	34	聴解25番
17	聴読解12番	35	聴解26番
18	聴読解終了の合図	36	聴解27番
		37	聴解終了及び 解答終了の合図

※ 聴読解 5 番の音声は収録されていません。